Migrations, mobilité et réseaux religieux au Burkina Faso

Migrations, mobilités
et réseaux religieux
au Burkina Faso

Édité par
Alice Degorce & Ludovic O. Kibora

AMALION

© Amalion 2021

Amalion
BP 5637 Dakar-Fann
Dakar CP 10700
Sénégal
http://www.amalion.net

ISBN 978-2-35926-106-6 (broché)
ISBN 978-2-35926-108-0 (ebook)

Conception de la couverture par Will McCarty

Achevé d'imprimer par Imprint Academic, Seychelles Farm, Upton Pyne, EX5 5HY, UK

Cet ouvrage a été réalisé dans le cadre du projet ANR « L'insertion par le religieux des migrants au Burkina Faso » (ANR Relinsert), 2018–2021, n° ANR-17-CE41-0002-01.

Sommaire

I

Des regards renouvelés
sur les migrations burkinabè

II
Nouveaux terrains du religieux
et des mobilités à Ouagadougou

Tableaux

Cartes

Figures

Contributeurs

Issouf Bonsa est doctorant en géographie à l'Université Joseph Ki-Zerbo de Ouagadougou. Spécialiste des Systèmes d'information géographique (SIG), ses recherches portent sur les dynamiques urbaines et religieuses et sur l'implantation des lieux de culte dans la ville de Ouagadougou au Burkina Faso.

Yacouba Cissao est docteur en sociologie (Université Joseph Ki-Zerbo de Ouagadougou), chercheur à l'Institut des sciences des sociétés du Centre national de la recherche scientifique et technologique (INSS/CNRST). Il est également membre du laboratoire du Groupe de recherche sur les initiatives locales (GRIL) et du Laboratoire d'anthropologie comparative, engagée et transnationale (LACET). Ses recherches portent principalement sur la régulation des conflits dans le milieu rural, la migration, le fait religieux et les questions de sécurité. Il est auteur et co-auteur de publications, dont « La gestion des conflits dans le département de Tenkodogo (Burkina Faso) : Entre besoin et rejet de l'État », *Revue NZASSA/*Numéro 2, Bouaké, 2019 ; et *Sécurité par le bas : Perceptions et perspectives citoyennes des défis de sécurité au Burkina Faso,* avec Sten Hagberg et al. (Uppsala University 2019).

Alice Degorce est anthropologue, chargée de recherche à l'IRD et membre de l'Institut des mondes africains (IMAF, UMR 8171 CNRS 243 IRD AMU EHESS EPHE Université Paris 1). Ses travaux portent sur les pratiques religieuses et langagières des migrants au Burkina Faso. Elle a notamment publié : *Chants funéraires des Mossi (Burkina Faso)* dans la collection Classiques Africains (2014) et a codirigé les ouvrages collectifs *Rencontres religieuses et dynamiques sociales* avec Ludovic O. Kibora et Katrin Langewiesche (Amalion 2019), et *Se chercher en migrations. Expériences burkinabè,* avec Sylvie Bredeloup et Augustin Palé (L'Harmattan 2019). Elle coordonne avec Ludovic O. Kibora le programme ANR « L'insertion par le religieux des migrants au Burkina Faso » (Relinsert).

Aïssa Diallo est titulaire d'un Master 2 en Systèmes d'Information Géographique (SIG-AGEDD), option aménagement du territoire à l'Université Joseph Ki-Zerbo de Ouagadougou. Co-encadrée par Aude Nikiema et Katrin Langewiesche, elle a récemment soutenu son mémoire sur « Les mobilités thérapeutiques et le Centre médical Ahmadiyya de Somgandé (Ouagadougou) ».

Siaka Gnessi est docteur en sociologie de l'Université Bourgogne Franche-Comté en France. Il est chargé de recherche à l'Institut des sciences des sociétés (INSS/CNRST) et, depuis 2017, chercheur associé au Laboratoire C3S (Culture, Sport, Santé, Société) de l'Université de Besançon (France). Ses domaines de recherches prioritaires sont la sociologie des organisations, les systèmes et politiques publiques de protection sociale, les personnes vulnérables, la religion, l'insertion des jeunes, la sociologie de l'enfance, la sécurité et la gouvernance des collectivités territoriales. Il est co-auteur de deux ouvrages publiés en 2016 et 2019, respectivement sur les transformations sociopolitiques et sur la sécurité au Burkina Faso.

Ludovic Ouhonyioué Kibora est docteur en anthropologie, ethnologie, sciences des religions de l'Université Paris 7 Denis Diderot. Il est Directeur et maître de recherche à l'Institut des sciences des sociétés (INSS/CNRST). Enseignant et encadreur d'étudiants dans les universités publiques et privées du Burkina Faso, il travaille actuellement sur des thématiques variées liées à l'anthropologie du changement social. Il est auteur de l'ouvrage *Du dehors au-dedans, l'alliance chez les Kasena* (Université Paris 7 Denis Diderot, 1997) ; co-auteur de l'ouvrage *Sécurité par le bas. Perception et participation aux défis de sécurité au Burkina Faso*, avec Sten Hagberg et al. (Uppsala University 2019) et co-édité *Rencontres religieuses et dynamiques sociales* avec Alice Degorce et al. (Amalion 2019) ; et plusieurs publications dans les revues et collections scientifiques.

Katrin Langewiesche est anthropologue à l'Institut d'ethnologie et des études africaines de l'Université Johannes Gutenberg de Mayence (Allemagne). Ses intérêts de recherche portent sur la pluralité religieuse dans les sociétés africaines modernes, les théories de la conversion, les mouvements islamiques et catholiques, les ONG confessionnelles, ainsi que sur des développements méthodologiques et épistémologiques en sciences sociales. Elle a notamment publié *Mobilité religieuse. Changements religieux au Burkina Faso* (Lit Verlag 2003), *La mission au féminin dans un monde globalisé* (dossier thématique de la revue *Histoire, Mondes et Cultures religieuse*, 2014), *Rencontres religieuses et* *dynamiques sociales au Burkina Faso* (co-édité avec A. Degorce & L.O. Kibora, Amalion 2019).

Aude Nikiema est géographe, maître de recherche à l'Institut des sciences des sociétés (INSS/CNRST). Spécialisée dans l'approche spatiale des phénomènes grâce à l'utilisation du Système d'information géographique, elle a participé à différentes recherches permettant de comprendre la croissance spatiale de la ville et sa construction par la distribution des équipements. Elle a publié avec Alice Degorce et Honorine Sawadogo, « Les mères de jumeaux autour des mosquées à Ouagadougou : réappropriations, mobilités et mutations urbaines », dans *Les Cahiers d'Outre-Mer,* n° 274 en 2019 et avec Emmanuel Bonnet, Salifou Sidbega et Valéry Ridde, « Les accidents de la route à Ouagadougou, un révélateur de la gestion urbaine », *Lien social et Politiques,* n° 78, 2017.

Yacouba Ouedraogo est maître-assistant d'histoire et chef du département d'histoire et archéologie de l'Université Joseph Ki-Zerbo. Ses recherches portent essentiellement sur les mobilités de retour des étudiants en lien avec le religieux et sur les rapports entre islam et politique. Il a publié en 2019 « Intégrer l'administration burkinabè : parcours du combattant pour les diplômés arabophones », in Bredeloup Sylvie et al. (dir.), *Se chercher en migration. Expériences burkinabè* (L'Harmattan 2019).

Maud Saint-Lary est anthropologue rattachée à l'Institut des mondes africains (IMAF). Elle effectue depuis de nombreuses années des recherches sur les dynamiques de l'islam en Afrique, notamment au Burkina Faso. Elle est également membre et co-fondatrice du Laboratoire de Sciences Sociales Appliquées. Elle est l'auteure de *Réislamisations au Burkina Faso. Questions de genre et enjeux sociaux* (Karthala 2019).

Ousseny Sigué est géographe, chargé de recherche (CAMES) depuis 2013 à l'Institut des sciences des sociétés du Centre national de la recherche scientifique et technologique (INSS/CNRST) du Burkina Faso. Il est spécialiste de la géographie des transports. Il a à son actif des publications sur les transport routier, ferroviaire et aérien. L'auteur s'intéresse également à la question de la sécurité routière.

Irissa Zidnaba est chargé de recherche à l'Institut des sciences des sociétés du Centre national de la recherche scientifique et technologique (INSS/CNRST) à Ouagadougou, Burkina Faso. Géographe des populations, il travaille sur les migrations internationales et sur les questions de populations et de développement. Il a notamment publié « Intégration socio-spatiale des étrangers au Burkina Faso : des perceptions favorables mais évolutives », *Revue des Sciences Sociales-PASRES,*

N° 20, juillet-septembre 2018, pp. 131–146 ; et avec Goubgou Irissa « La gestion de la diaspora burkinabè : le défi de management », *Science et technique, Lettres, Sciences sociales et humaines,* Ouagadougou, N° 5, 2020, pp. 455–473.

AU CARREFOUR DU RELIGIEUX
ET DES MIGRATIONS AU BURKINA FASO.
UNE INTRODUCTION

Alice Degorce & Ludovic O. Kibora

L e Burkina Faso présente la double particularité de connaître une
situation religieuse plurielle et une importante tradition migratoire. Des fidèles des religions traditionnelles, du christianisme
et de l'islam se côtoient en effet quotidiennement. Parallèlement, des
migrations en direction des pays côtiers se sont développées de façon
presque concomitante à celle de l'introduction des religions chrétiennes
dans la première moitié du XXe siècle, soit au cours de la période
coloniale.

Selon le recensement général de la population de 2006, le Burkina
Faso compte environ 60,5 % de musulmans, 23,2 % de chrétiens (dont
19 % de catholiques et 4,2 % de protestants) et 15,3 % « d'animistes »
(INSD 2009 : 93). Ces chiffres, s'ils ne laissent entrevoir ni la diversité
des parcours individuels et familiaux, ni les particularités régionales,
donnent au moins un reflet de la pluralité à l'œuvre dans le contexte
burkinabè. Cette situation pluri-religieuse est en effet relativement iné-
dite dans la bande sahélo-saharienne à majorité musulmane, présen-
tant une configuration plus proche de celles de pays côtiers comme
le Bénin ou la Côte d'Ivoire (Degorce, Kibora et Langewiesche 2019).
Cette pluralité fait également souvent l'objet de débats. Le politologue
René Otayek l'a par exemple qualifiée de « religiosité tranquille », en
comparaison à la situation de pays voisins où les Églises évangéliques
occupaient une place grandissante dans l'espace public, ou qui rencontraient au contraire l'émergence d'un islam politique (Otayek 1999 : 35).
L'International Crisis Group, dans un rapport de 2016, alertait sur les
menaces pesant sur cette pluralité religieuse dans un contexte national
et sous-régional marqué par l'émergence de groupes armés se réclamant
du djihad islamique (International Crisis Group 2016).

La cohabitation de plusieurs courants de l'islam, du christianisme et des religions traditionnelles, tant au niveau des structures confessionnelles que des pratiques individuelles ou familiales, a en effet concouru à qualifier cette situation de relativement pacifique. La question des « statistiques religieuses » demeure cependant assez complexe (Pilon, Degorce et Langewiesche 2019) et les chiffres ne reflètent pas forcément les pratiques. Certains chercheurs ont pu mettre en évidence la manière dont la concurrence interreligieuse s'est exprimée par exemple pendant la période coloniale avec l'introduction des christianismes (Bouron 2012), ou pendant la période postcoloniale entre différents courants de l'islam (Beucher, Kibora et Kolesnore 2019 ; Madore 2016). Les migrations ont également pu constituer un enjeu de concurrence entre religions, notamment durant la période coloniale, mais aussi un facteur de mobilités religieuses et un vecteur de la transnationalisation du religieux dans la sous-région.

ISLAM ET CATHOLICISME DANS LES MIGRATIONS EN CÔTE D'IVOIRE ET AU GHANA

Les mobilités religieuses et les conversions apparaissent particulièrement importantes pour appréhender les parcours religieux des migrants. Dans ses travaux, Katrin Langewiesche remarque que les migrations en Côte d'Ivoire permettaient aux cadets de tenter d'échapper à l'autorité de leurs aînés, ces migrations s'accompagnant généralement d'une conversion à l'islam. Les mobilités étaient alors plurielles, s'entendant sur les plans à la fois géographique, religieux et social : « Les vieux se rendent bien compte que la migration et la conversion à l'islam qui l'accompagne accélèrent l'accès à l'indépendance des jeunes et diminuent leur pouvoir sur la génération la plus productive du village » (Langewiesche 2003 : 201).

Dans les années 1950, le diplomate et anthropologue américain Elliot P. Skinner avait déjà étudié les conversions à l'islam des Moose en lien avec la migration. Dans un article publié en 1958, il note en effet l'importance de la conversion religieuse pour les migrants burkinabè au Ghana ou en Côte d'Ivoire, après avoir remarqué que beaucoup se convertissaient à la religion dominante sur leur lieu de migration dans le but de s'intégrer. La religion était alors un élément permettant d'éviter toute mise à l'écart. La crainte de ne pas avoir de funérailles organisées en cas de décès en migration motivait aussi ces conversions, qui n'ont pas empêché pour certains de revenir aux religions dites « traditionnelles » de retour au Burkina Faso :

« Chaque Mossi, qu'il soit musulman ou non musulman, souhaite des funérailles convenables et, avec l'augmentation du nombre de voyages, le fait d'être musulman ou païen est d'une grande importance. De nombreux jeunes migrants en Ashanti ont rapporté que leurs camarades païens qui mourraient étaient inhumés sans cérémonie, tandis que les chrétiens et musulmans locaux prenaient soin de leurs coreligionnaires décédés. [...] Il est également vrai que même les Mossi qui travaillaient pour les musulmans dans les fermes et trouvaient opportun de «prier» (selon l'expression employées par les Mossi pour se référer à la conversion à l'islam) sont rapidement revenus au paganisme à leur retour, pour échapper au mécontentement des membres de leur lignage. J'ai enregistré plusieurs cas de païens qui ne sont devenus musulmans qu'à leur retour de l'étranger, en retrouvant tous leurs proches convertis à l'islam. » (Skinner 1958 : 1107–1108) [traduction de l'auteur].

Comme le remarque P.E. Skinner, des situations très diverses se côtoient et un retour de migration peut aussi être l'occasion d'une nouvelle mobilité religieuse, si la communauté de départ a elle-même connu d'importants phénomènes de conversions, en l'occurrence à l'islam dans l'extrait ci-dessus. Ce type de conversions aurait toutefois eu un impact minimal dans la diffusion de l'islam au Burkina Faso selon l'auteur, ce que pourrait en effet confirmer la comparaison avec d'autres contingences historiques ayant entraîné des conversions, par exemple en lien avec la colonisation[1].

Les conversions en migration ont cependant inquiété l'Église catholique, comme en témoignent encore certains acteurs en poste dans les régions de départ des migrants vers la Côte d'Ivoire dans les années 1960–1970[2]. D'autres auteurs recueillent aussi des témoignages concernant les conversions à l'islam en migration. Katrin Langewiesche écrit ainsi, à partir de ses enquêtes dans le Yatenga, que : « la plupart des hommes qui ont voyagé ou travaillé dans ces pays-là [le Ghana ou la Côte d'Ivoire], se sont convertis à l'islam pour intégrer les réseaux de solidarité indispensables à leur réussite à l'étranger » (Langewiesche 2003 : 335).

Jean-Bernard Ouédraogo cite également un témoignage recueilli dans le sud-ouest du pays à propos de ces liens entre migrations et conversions à l'islam :

« Voici comment un vieux Karaboro explique le rôle de la migration dans les conversions religieuses : "Avec les bouleversements dans le monde, les enfants ont commencé à voyager. Ils ont vu que lorsque quelqu'un meurt, on demande s'il priait ; s'il ne priait pas personne ne s'intéresse à lui ; il est à la charge des non-pratiquants. Les gens ont trouvé mieux d'y adhérer (...) Nous qui ne sommes pas au village, mais en ville, si tu ne pratiques pas, le jour où tu auras des ennuis, personne ne te viendra en aide. C'est ce qui nous a poussés à pratiquer l'islam." » (Ouédraogo 1997 : 67)

Ces propos sur la conversion et ses raisons, notamment à propos de l'insertion dans les sociétés d'accueil, de l'accès à des réseaux de solidarité et des préoccupations sur ce qui sera fait en cas de décès sur le lieu d'installation en migration, rejoignent les observations de Skinner.

Dans les archives des missionnaires catholiques, Jean-Bernard Ouédraogo retrouve aussi des extraits relatant les inquiétudes de l'Église face aux conversions des Gouin à l'islam à Bouaké en Côte d'Ivoire (ibid.). L'historien Jean-Marie Bouron décrit également les préoccupations des catholiques face aux phénomènes migratoires en direction des pays côtiers[3] dans les années 1950–1960, du fait de l'adhésion à l'islam des migrants :

> « Loin de leur paroisse, les migrants se tiennent à distance des chrétientés locales. Sans comprendre la langue, ils refusent de se présenter au confessionnal. [...] En Haute-Volta, lorsque les néophytes se retrouvent isolés par l'expérience migratoire ou lorsque celle-ci amène des non-convertis vers le sud, c'est bien souvent à l'islam que profite la migration. Dans un contexte de mobilité, cette religion offre un espace de solidarité plus vaste que le catholicisme. Pour recevoir un emploi, trouver un logement ou obtenir de la nourriture, les émigrants ont souvent affaire à des musulmans. Les occasions sont multiples pour encourager la conversion à l'islam. » (Bouron 2013 : 596)

En plus des conversions à l'islam, la désertion des hommes capables de travailler – qui quittaient certaines régions du Burkina Faso pour la Côte d'Ivoire – inquiétait également les missionnaires catholiques. Magloire Somé et Jean-Marie Bouron soulignent dans leurs travaux la nécessité qu'a ressentie l'Église de mettre en place une « stratégie d'évangélisation de la mobilité » (Somé 2015 : 296). La migration était alors entourée de représentations relativement négatives du côté des missionnaires catholiques œuvrant dans « le plateau moaaga », en particulier à propos du retour des migrants :

> « Toujours est-il, regrettent les missionnaires du pays moaga, que "nombre de païens reviennent au pays avec un nom musulman et sont difficilement gagnés à notre religion". Le retour des migrants, justement, concentre les inquiétudes catholiques. On redoute cette jeunesse qui "a gagné relativement de grosses sommes d'argent, mais a également beaucoup perdu au point de vue moral". On déplore qu'un imaginaire suspect accompagne l'importation de biens de prestige. On craint la "dissolution des mœurs" qui déflore cette jeunesse en quête de liberté. En abandonnant "leur ingénuité et leur simplicité", les migrants rompent le charme de la chrétienté d'antan soumise et malléable. La migration passe pour une "épidémie" qui contamine toute la société : la pratique religieuse s'en trouve affectée, les

jeunes filles deviennent licencieuses, chacun veut à son tour bénéficier des sous-produits de la civilisation matérialiste » (Bouron 2013 : 596–597).[4]

Jean-Marie Bouron observe néanmoins que même des catéchistes partaient tenter l'aventure de la migration en Côte d'Ivoire ou au Ghana dans les années 1950–1960 (Bouron 2013 : 213, 595). L'Église a alors décidé de former des « Pères volants », spécialement chargés de suivre les migrants sur leurs routes et de maintenir les liens avec la langue et les missions d'origine (Bouron 2013 : 598). Jean-Marie Bouron écrit ainsi que « la figure d'un nouveau missionnaire apparaît » (ibid.). Impulsée par les pratiques religieuses en migration et par les circulations des hommes et des religions entre le Burkina Faso et les pays côtiers (Ghana, Côte d'Ivoire).

La conversion, le plus souvent à l'islam dans les exemples discutés ici, constitue donc un élément central dans les premières observations des pratiques religieuses en migration. La possible flexibilité qui l'accompagne concourt également à caractériser le fait religieux au Burkina Faso. Katrin Langewiesche utilise ainsi le concept de « conversions réversibles », afin de décrire les parcours religieux pluriels, et parfois complexes, qu'elle a pu observer lors de ses enquêtes de terrain dans le Yatenga. Ces conversions réversibles ou les appartenances religieuses plurielles, lorsque plusieurs pratiques religieuses sont cumulées, ne sont cependant pas sans susciter parfois des tensions, notamment au niveau familial ou local. Sandra Fancello (2007) décrit ainsi l'exemple d'un enfant de migrant burkinabè en Côte d'Ivoire qui, revenu au Burkina Faso dans la région de Ouahigouya pour ses études, a choisi de se convertir au pentecôtisme au lieu de suivre l'islam comme le reste de sa famille. Toutefois, comme Sandra Fancello le précise en s'inspirant des travaux de Pierre-Joseph Laurent autour de la notion de « consensus social » dans la société moaaga au Burkina Faso : « même lorsque la conversion de musulmans au pentecôtisme (…) est mal acceptée par l'entourage du nouveau converti, la pacification progressive des relations sociales est la règle. La fin des conflits rétablit l'entente (*wum taaba*) ainsi que l'entraide (*sông taaba*) entre les villageois et les membres d'une famille (Laurent 2003 ; Fancello 2006) » (Fancello 2007 : 31).

Cet exemple permet d'aborder un autre cas de figure qui concerne les parcours des enfants de migrants, en particulier de ceux nés de parents burkinabè en Côte d'Ivoire et qui sont nombreux à venir au Burkina Faso pour y poursuivre leurs études (Kibora 2012). Dans ces parcours migratoires « à l'envers » par rapport à ceux de leurs parents, de nouveaux choix et de nouveaux parcours de conversion peuvent s'observer. L'importance du « consensus social », soulignée par Laurent (2003) et Fancello (2007), nous paraît ainsi essentielle pour saisir non seulement la temporisation de la concurrence interreligieuse, lorsqu'elle se déplace du niveau institutionnel à la sphère privée, mais également la possibilité pour les migrants de s'appuyer sur les pratiques religieuses pour s'intégrer sur leur lieu d'installation.

À côté de la concurrence entre le catholicisme et l'islam autour de la conversion des migrants en Côte d'Ivoire et au Ghana, les protestants évangéliques ont développé une approche différente face aux migrations burkinabè, s'appuyant sur elles pour accroître leur stratégie d'évangélisation.

PROTESTANTISME ÉVANGÉLIQUE ET MIGRATIONS

Les « protestants », pour reprendre l'appellation utilisée localement pour désigner les différents courants évangélistes et pentecôtistes, sont arrivés en 1921 au Burkina Faso, avec l'implantation de la mission des Assemblées de Dieu à Ouagadougou. Celle-ci fut suivie en 1923 de la mission de l'Alliance chrétienne à Bobo-Dioulasso, tandis que la Sudan Interior Mission (SIM) s'implante en 1930 dans l'est du pays, la Worldwide Evangelization Crusade[5] en 1937 en pays lobi et l'Église de Pentecôte en 1945 près de Léo (Somé 2015 : 286–287 ; Fancello 2006 : 89).

En 1961, la Fédération des Églises et Missions Évangéliques (FEME), qui regroupe actuellement treize Églises évangéliques[6], a été créée. Comme le souligne Sandra Fancello, si les Églises protestantes n'ont eu de cesse de s'implanter au Burkina Faso à partir de cette période, leur multiplication a cependant réellement connu un essor à partir des années 1980, avec l'implantation de multiples Églises nouvelles. Certaines d'entre elles ont été importées des pays côtiers, comme en 1984 la mission Alpha du Ghana à Ouagadougou et en 1985 l'Église biblique de la vie profonde du Nigeria (Fancello 2006 : 89–90). À cette époque également, en 1987, le pasteur Mamadou Karambiri ouvre le Centre International d'Évangélisation (CIE), qui a marqué le paysage protestant et, plus globalement, le paysage religieux burkinabè, par l'ampleur de ce Ministère et par la nouvelle forme de pentecôtisme qu'il a contribué à promouvoir, plus proche du néo-pentecôtisme que l'on observait jusqu'alors plutôt dans les pays côtiers. Une multitude de ministères évangéliques, de tailles souvent inégales, s'observe actuellement à Ouagadougou. Ces Églises sont désormais bien ancrées dans le paysage religieux urbain. Parmi les groupes connus les plus récemment implantés au Burkina Faso, on peut encore citer la Winner's Chapel nigériane, venue au début des années 2000 ou l'Église universelle du royaume de Dieu, qui a inauguré son temple de Ouagadougou en 2011.

Les Assemblées de Dieu restent les plus représentées sur le territoire burkinabè et les plus importantes sur le plan numérique. Au cours de leur histoire, elles se sont appuyées non seulement sur les réseaux migratoires mais aussi sur la structuration de la société moaaga pour diffuser leur évangile au-delà du territoire burkinabè. Là où l'Église catholique burkinabè s'inquiétait des effets des migrations vers la Côte d'Ivoire et le Ghana, les Assemblées de Dieu se sont au contraire appuyées sur ces réseaux.

Pierre-Joseph Laurent décrit ce processus dans l'étude qu'il a consacrée aux Assemblées de Dieu au Burkina Faso (Laurent 2003). Selon lui en effet, la chefferie moaaga, sa hiérarchisation et « l'intériorisation d'une allégeance à une classe nobiliaire » (Laurent 2003 : 55), couplées à la tradition migratoire vers la Côte d'Ivoire, ont poussé les missions étrangères à associer les pasteurs moose à leur projet d'évangélisation du continent (ibid.). Selon P.-J. Laurent : « Une analyse attentive de l'expansion des Assemblées de Dieu en Afrique de l'Ouest démontre la présence, dès les années 30 déjà, de prédicateurs mossi aux côtés des missionnaires américains » (ibid.). Il cite plusieurs exemples (Laurent 2003 : 55–56). En 1936, l'Église des Assemblées de Dieu de Dapaongo au Bénin a été ouverte par des prédicateurs moose, suivie en 1937 d'une autre ouverture à Accra, au Ghana. En 1947, l'Église du Togo est fondée et présidée par un pasteur moaaga dès ses débuts. La Côte d'Ivoire a, quant à elle, connu une première mission d'évangélisation en 1957 par un couple de Français, qui n'y est resté que quelques semaines. En 1958, une délégation plus importante de pasteurs burkinabè partit y fonder l'Église des Assemblées de Dieu de Côte d'Ivoire. Ceux-ci seraient partis à la fois pour y travailler dans les plantations, à l'image d'autres migrants burkinabè, et à la mission. Pierre-Joseph Laurent cite un document des Assemblées de Dieu qui rapporte en effet que : « Le pasteur Bila Ouédraogo a amené des jeunes Voltaïques en Côte d'Ivoire pour travailler dans les plantations des autochtones et aussi, à la mission... »[7] (Laurent 2003 : 56). Au Sénégal également, les pasteurs américains qui ont fondé les premières missions des Assemblées de Dieu à Kaolack et à Tambacounda en 1960 étaient accompagnés de pasteurs moose. Après un épisode de direction par des pasteurs sénégalais, les pasteurs burkinabè en ont assuré ensuite la gestion. Ces exemples montrent bien comment les missionnaires des Assemblées de Dieu ont su s'appuyer sur la tradition migratoire et les routes vers les pays voisins pour assurer l'expansion de leur Église.

À l'inverse, en plus d'être l'épicentre de l'expansion d'une Église comme celle des Assemblées de Dieu, le Burkina Faso connaît aussi l'implantation d'évangélistes venant de pays voisins sur son territoire. Sandra Fancello a étudié l'implantation d'une église d'origine ghanéenne au Burkina Faso, l'Église de Pentecôte (*Church of Pentecost*), fondée en 1953 au Ghana et importée à la fin des années 1950 au Burkina Faso par un groupe de pasteurs dissidents des Assemblées de Dieu, parti chercher au Ghana une nouvelle affiliation religieuse qu'ils implantèrent à Ouagadougou (Fancello 2006).

L'une des Églises évangéliques bien implantée dans le paysage protestant burkinabè est le Centre international d'évangélisation (CIE) de Mamadou Karambiri. Le parcours migratoire et religieux du fondateur du CIE, décrit par Sandra Fancello, passe pour sa part par la France (Fancello 2006). Alors qu'il était musulman, il s'est en effet converti aux Assemblées de Dieu au cours de ses études à Toulouse, en France. De retour au Burkina Faso, il prend son indépendance par rapport aux Assemblées de Dieu et fonde son propre ministère dans les années 1980. Sa pratique de la religion l'apparente aux pasteurs ivoiriens ou ghanéens : « Mamadou Karambiri appartient [...] à une nouvelle génération de leaders qui correspond davantage à ceux que l'on peut rencontrer dans les pays côtiers comme la Côte d'Ivoire et le Ghana » (Fancello 2006). De nombreuses biographies de pasteurs sont ainsi marquées par des épisodes migratoires (Degorce 2017 ; Maskens 2014). Le CIE a désormais des implantations dans plusieurs villes du pays, dans plusieurs pays africains (Côte d'Ivoire, Niger...), mais aussi en France (en Normandie). L'évangélisation s'entend ainsi le long d'autres routes migratoires, de l'Afrique vers l'Europe, selon une « mission inversée » (Mary et Fancello 2010)[8].

Les Églises protestantes peuvent aussi s'adresser directement à une communauté de migrants. Pascal Rouamba a étudié dans les années 1990 une Église baptiste nigériane à Ouagadougou, la First Baptist Church, fondée en 1939 par des migrants yorubas. Comme le décrit l'auteur, cette Église n'avait cependant pas de projet de prosélytisme au-delà de la communauté yoruba, ni d'activité du type culte de délivrance ou de guérison attirant potentiellement de nouveaux fidèles. Elle s'adresse exclusivement aux migrants nigérians yorubas, et leur confère un repère identitaire et un lien avec leur pays d'origine (Rouamba 1999).

Pierre-Joseph Laurent s'intéresse également aux Assemblées de Dieu en milieu urbain, à Ouagadougou, et à la façon dont les ruraux se tournent vers ces Églises, recherchant selon ses enquêtes « une forme de modernité, dans le sens de la recherche d'une plus grande liberté » (1999 : 143). Si l'émancipation par rapport aux schémas sociaux villageois (lignage, chefferie) constitue selon lui un motif de conversion aux Assemblées de Dieu, en milieu urbain, notamment dans les quartiers populaires ou en zone périurbaine, ces Églises constituent un groupe social où les individus, notamment lorsqu'ils arrivent en ville, retrouvent un réseau de sociabilité, notamment dans les groupes de prière pratiquant les cultes de délivrance. Ces observations font ainsi écho aux logiques guidant les conversions à l'islam des migrants dans les pays côtiers et mettant au premier plan la nécessité d'être socialement inséré et la recherche de solidarités sur le lieu de migration.

L'examen de la littérature sur les religions au Burkina Faso permet donc de mettre en avant comment des liens étroits ont été tissés avec les pratiques migratoires tout au long de l'histoire récente du pays. Les sources disponibles dans la littérature scientifique rendent en effet compte de travaux menés depuis les années 1950 (ou portant sur cette période), jusqu'aux années 2000. Les travaux présentés dans ce livre questionnent ainsi l'actualité de ces liens entre les réseaux des différents courants religieux, les migrations et les mobilités dans le contexte burkinabè.

NOUVELLES APPROCHES DU RELIGIEUX, DES MIGRATIONS ET DES MOBILITÉS BURKINABÈ

Cet ouvrage vise en effet à rendre compte de recherches récentes sur les pratiques religieuses en migration au Burkina Faso, fruit des travaux d'une équipe composée de chercheuses et de chercheurs de l'Institut des Sciences de sociétés (INSS), de l'Université Pr Joseph Ki-Zerbo au Burkina Faso, et de l'Institut des Mondes Africains (IMAF) en France, qui ont travaillé au sein du projet ANR « L'insertion par le religieux des migrants au Burkina Faso (Relinsert) ». Ce livre est également l'occasion de mettre en avant les travaux de jeunes chercheurs qui, s'inspirant des réflexions menées, ont ouvert de nouvelles pistes en lien avec leurs recherches sur la santé, les transports ou encore les dynamiques urbaines. Ce livre cherche ainsi à rendre compte de cette diversité des approches, notamment due au caractère pluridisciplinaire de l'équipe impliquée dans le projet. Composée de socio-anthropologues, de géographes, d'historiens et de socio-démographes, chacun de ses membres a en effet pu proposer un questionnement ou une approche méthodologique en lien avec la problématique du projet.

Le projet Relinsert s'inspire des travaux antérieurs, notamment des observations d'Elliott P. Skinner sur les conversions en Côte d'Ivoire des migrants moose (Skinner 1958). Ayant également fait le constat sur nos terrains respectifs de liens entre réseaux religieux et migratoires, il nous a semblé important d'interroger la contemporanéité de cette problématique dans le contexte social changeant des sociétés burkinabè, où l'offre religieuse et les routes migratoires ne cessent de se diversifier (Degorce, Kibora et Langewiesche 2019 ; Bredeloup, Degorce et Palé 2019 ; Bredeloup et Zongo 2016 ; Zongo 2010). Dans cette perspective, les pratiques individuelles de conversion (Langewiesche 2003 ; Fancello

2007), les ONG confessionnelles (Bava 2018 ; LeBlanc et Gosselin 2016 ; Robin 2014), les lieux de cultes (Degorce, Sawadogo et Nikièma 2016) sont ici pensés en tant que « ressources religieuses en migration » (Bava et Boissevain 2014), sur lesquelles s'appuyer au cours des mobilités. Dans les études présentées ici, le religieux en migration est principalement envisagé dans des situations d'installations ou de réinstallations au Burkina Faso, où ces réseaux peuvent être mobilisés pour permettre l'insertion sociale des migrants.

Le projet était initialement prévu pour se décliner autour de trois terrains principaux, Ouagadougou, Koudougou et le « pays bissa », auquel un quatrième s'est ajouté avec la ville de Bobo-Dioulasso. En tant que capitale du Burkina Faso, Ouagadougou constitue en effet un pôle attractif majeur dans le pays, attirant de nouveaux habitants venant d'autres régions, de pays voisins ou encore des migrants de retour préférant s'installer en milieu urbain. Siège de nombreux organismes de coopération internationale et d'ONG, la capitale est également le siège des faîtières des associations religieuses[9] ou de nombreux courants religieux. Troisième ville du pays, Koudougou est pour sa part au cœur d'une des principales et des plus anciennes régions de départ en Côte d'Ivoire des migrants moose[10]. Le pays bissa est quant à lui la région d'origine de nombreux migrants ayant pour destination l'Italie, et oscillant entre cette destination et l'Afrique du Nord, notamment la Libye. À ces trois pôles, s'est donc ajouté l'ouest du pays, notamment la ville de Bobo-Dioulasso. Deuxième ville du Burkina Faso, jadis « capitale économique », cette ville attractive proche du Mali et de la Côte d'Ivoire est également la ville cosmopolite d'installation de nombreux migrants. Elle a aussi été le lieu de réinstallation de nombreux Burkinabè de retour de Côte d'Ivoire après la crise qu'a connu ce pays au début des années 2000.

Considérer le religieux comme une ressource dans les parcours migratoires oblige à une lecture fine du social, au plus près des pratiques des acteurs. Cette démarche anthropologique nous est apparue d'autant plus importante dans le contexte actuel du Burkina Faso. Si le projet Relinsert a réellement été mis en œuvre à partir de 2018, ses prémices remontent à 2015, année d'installation d'une nouvelle démocratie au Burkina Faso (Hagberg et al. 2017), aussi marquée par les premières attaques de groupes terroristes sur le territoire burkinabè (Hagberg et al. 2019). Malgré ces attaques, le contexte social du Burkina Faso nous donnait à voir une autre lecture du religieux, avant tout marquée par la pluralité des pratiques et des appartenances (Degorce, Kibora et Langewiesche 2019). Si cette pluralité est certes marquée par les tensions sociales et politiques qui traversent le pays, elle n'en demeure pas moins centrale dans les pratiques quotidiennes et dans les rapports sociaux. En ceci, elle permet aux migrants d'avoir recours aux réseaux religieux pour s'insérer localement, là où les mécanismes habituellement mobilisés (comme les rapports de voisinage ou d'amitié, la parenté, l'action sociale et les services publics de base) sont parfois saturés ou ne suffisent plus.

Les contributions de cet ouvrage sont rassemblées autour de deux grandes parties. La première revient sur des terrains connus dans les études sur les migrations au Burkina Faso : Koudougou, Bobo-Dioulasso et le pays bissa. Les auteurs ont cependant tenté de proposer une autre approche du fait migratoire sur ces terrains, en passant par l'entrée « migrations et religions ». Les deux premiers textes portent sur le pays bissa. Yacouba Cissao étudie tout d'abord la façon dont, dans un village de cette région marqué par les départs vers l'Europe, les migrants deviennent entrepreneurs du religieux et participent à la vie locale à travers la construction de mosquées notamment. Il montre ainsi comment, par leurs investissements, ils gagnent une légitimité nouvelle dans la sphère religieuse et sociale. Développant plus précisément le parcours religieux en migration d'un ressortissant du village, il explique comment celui-ci, tout en mobilisant des ressources permettant des investissements dans les lieux de cultes musulmans et en devenant imam, a endossé le rôle de « courtier religieux du développement », se posant en véritable intermédiaire entre ceux qui sont en migration et qui sont désireux d'investir dans le développement local, et ceux qui sont restés sur place.

Socio-démographe, Irissa Zidnaba propose quant à lui une approche quantitative du fait religieux et migratoire en pays bissa. Tentant de mesurer l'impact des épisodes de migration sur la pratique religieuse des habitants de trois villages du pays bissa, il croise des paramètres tels que le niveau d'éducation, le lieu de la migration (pays de l'Afrique de l'Ouest, d'Afrique centrale, du Maghreb et d'Europe) et les conditions du retour, selon qu'il est volontaire, contraint ou forcé, dans le cas d'expulsions par exemple. En comparant les pratiques religieuses à différents moments de la migration, avant le départ, en migration et au retour au Burkina Faso, il remarque l'importance de contraintes qui vont parfois jusqu'à empêcher la pratique religieuse, lorsqu'elle est par exemple interdite dans le pays hôte. Il observe aussi un regain religieux chez les migrants de retour, après leur réinstallation dans leurs villages d'origine.

La question du retour traverse ces contributions. Elle est d'autant plus marquée dans le texte de Ludovic O. Kibora et Siaka Gnessi, qui porte sur le rôle des leaders religieux dans l'accueil des burkinabè rapatriés au moment de la guerre civilo-militaire en Côte d'Ivoire du début des années 2000. Alors que l'État burkinabè mettait en place une opération de rapatriement de ses ressortissants dénommée « l'Opération Ba-yiri », et que des retours massifs de migrants burkinabè étaient constatés, des figures majeures des différentes religions en présence se sont mobilisées, de façon souvent discrète, pour accueillir leurs compatriotes qui rentraient le plus souvent démunis malgré de longues années en Côte d'Ivoire. À Bobo-Dioulasso, le Cheick Djafar Héma a notamment mis en place des structures d'accueil qui ont constitué des solutions pérennes pour permettre la réinsertion au Burkina Faso de ces migrants de retour. Méconnue, malgré la médiatisation récurrente des prises de position – notamment politiques – de son porteur, cette initiative continue à œuvrer pour l'insertion des migrants dans la région de Bobo-Dioulasso.

La ville de Koudougou est pour sa part plutôt connue comme pourvoyeuse de main-d'œuvre pour les pays côtiers depuis l'époque coloniale, de très nombreux migrants résidant en Côte d'Ivoire venant de cette localité et de ses alentours. Elle est en revanche moins connue en tant que ville d'installation de migrants africains. Alice Degorce part ainsi de l'histoire du Zangouettin, le quartier d'installation des commerçants haoussa au début du XXe siècle, considéré comme le premier quartier musulman de la ville, pour étudier ces liens entre islam et migrations dans la ville. Comparable, à une échelle toutefois très réduite, à celle des quartiers appelés « Zongo » dans les grandes villes ghanéennes et togolaises, l'histoire de ce quartier éclaire en effet le rôle de l'islam dans l'insertion des commerçants ouest-africains dans la ville, jusqu'à nos jours.

La seconde partie du livre propose des textes explorant des terrains et des thématiques nouvelles. Dans la lignée de ses travaux sur les étudiants de retour des pays arabes, Yacouba Ouédraogo s'intéresse ici au retour des étudiants burkinabè ayant séjourné en Iran. Après avoir tout d'abord été le fait « d'aventuriers » burkinabè basés en Syrie poursuivant leur route, les départs en Iran se sont intensifiés dans les années 1980 au moment de la rencontre entre les révolutions iranienne et burkinabè. À leur retour, ces étudiants se sont trouvés confrontés à des difficultés similaires à celles des arabophones, doublées du fait que l'islam chiite auquel certains s'étaient convertis est peu pratiqué au Burkina Faso. L'apprentissage de la langue persane est l'un des moments marquants du cursus des étudiants burkinabè en Iran.

Maud Saint-Lary a également pu recueillir des témoignages et des parcours d'anciens étudiants de Turquie, pour lesquels la pratique de la langue turque a constitué à la fois un préalable à la suite de leurs études, mais aussi à leur insertion professionnelle dans des fondations turques à leur retour au Burkina Faso. Dans son texte, elle montre en effet le rôle essentiel de ces fondations, outils de la diplomatie « *soft power* » turque. Tout en permettant à la Turquie des interventions saluées sur le plan humanitaire, ce nouvel axe de coopération suscite en effet parallèlement de nouvelles mobilités vers le Proche-Orient.

Oussény Sigué est pour sa part parti de l'observation de portraits du Cheikh Ibrahim Niasse, très souvent peints sur les véhicules de transport de personnes ou de marchandises. Posant la question de l'importance de ce portrait pour les voyageurs et les transporteurs, il met en évidence l'implantation de la branche Niassène de la Tijâniyya, également appelée Faydha, à Ouagadougou. Jusqu'alors pas ou peu documentée au Burkina Faso, l'entrée par les transports pour aborder l'étude de cette confrérie permet de mettre en avant des représentations associées aux portraits du cheikh dans les déplacements et les mobilités des membres de la confrérie.

Les deux derniers chapitres rendent compte de travaux menés par des étudiants en géographie (Master SIG) associés au programme. Le premier, rédigé autour du travail d'Aïssa Diallo, interroge les mobilités thérapeutiques ayant pour destination le Centre médical Ahmaddiyya de Somgandé à Ouagadougou. Si ces mobilités ont été bouleversées par la situation sécuritaire au nord et à l'est du pays, empêchant la circulation des patients éloignés, elles continuent cependant à interroger l'articulation entre religion et parcours thérapeutiques. Le second texte, basé sur le travail d'Issouf Bonsa, avait été réalisé dans une phase préliminaire du programme, interrogeant le contexte religieux et les dynamiques urbaines. À partir d'une étude sur les lieux de culte catholique à Ouagadougou, cette recherche a ainsi permis de mettre en évidence les logiques de construction de ces lieux dans différents quartiers de la ville, mais surtout de montrer comment les logiques individuelles qui guident les mobilités urbaines des pratiquants diffèrent de l'offre religieuse disponible localement, ceux-ci préférant souvent parcourir de plus grandes distances afin de retrouver un réseau social déjà établi dans une autre église.

Croisant ainsi des approches méthodologiques et des objets de recherche différents, tout en associant de jeunes chercheurs et d'autres plus expérimentés, cet ouvrage tente donc de partir d'exemples burkinabè pour interroger de façon plus globale les liens entre pratiques religieuses et pratiques migratoires, en insistant sur leur rôle dans l'insertion sociale, à un niveau local. La diversité des pratiques sociales rencontrées, des acteurs et des situations à l'échelle de ces terrains burkinabè invitent ainsi à penser à plus grande échelle ces articulations entre religions, migrations et insertion sociale. C'est dans cette perspective que le local permettrait de mieux questionner le global.

NOTES

1. Par exemple en réaction au colonialisme (Cissé 2015 ; Kouanda 1995).
2. Entretien avec un Père Blanc (juillet 2013).
3. Ce ne fut pas le cas de la mission catholique au Nord Ghana (Northern Territories) qui a bénéficié de ces migrations vers le Ghana (Bouron 2013).
4. Les passages entre guillemets sont cités depuis les sources missionnaires par l'auteur. Les références exactes figurent dans Bouron (2013).
5. Aujourd'hui WEC International.
6. Il s'agit des Assemblées de Dieu, de l'Église de l'alliance chrétienne, de l'Union des Églises évangéliques Baptistes, de la Sudan Interior Mission (SIM), du Centre international d'évangélisation, de la Mission apostolique, de l'Église de Pentecôte, de l'Église apostolique, de l'Église biblique de la vie profonde, des Assemblées évangéliques de Pentecôte, de l'Église Mennonite, de l'Église protestante évangélique, de l'Église évangélique de la mission Alpha.
7. *Aperçu sur l'histoire des Assemblées de Dieu en Côte d'Ivoire*, produit au Burkina Faso par un pasteur appelé Ouédraogo (cité par Laurent 2003).
8. D'autres exemples, au-delà de ceux relevés au Burkina Faso, pourraient venir à l'appui de ce propos, comme celui des projets de ré-évangélisation de l'Europe menés par les Églises protestantes évangéliques étudiées en France et en Belgique notamment (Mary et Fancello 2010 ; Mottier 2014 ; Maskens 2014), ou l'articulation des logiques pentecôtistes aux routes migratoires africaines en Suisse (Rey 2019).
9. Les trois principales faîtières sont au Burkina Faso : la FAIB (Fédération des associations islamiques du Burkina Faso), la conférence épiscopale Burkina-Niger et la FEME (Fédération des Églises et Missions évangéliques).
10. La région de Ouahigouya, dans le Yatenga, est également considérée ainsi.

BIBLIOGRAPHIE

Bava, S. (dir.), 2018, *Dieu, les migrants et l'Afrique*, Paris, L'Harmattan, collection Les Mobilités africaines.

Bava, S. et Boissevain, K., 2014, « Dieu, les migrants et les États. Nouvelles productions religieuses de la migration », *L'Année du Maghreb*, 11, pp. 7–15.

Beucher, B., Kibora L.O. et P. Kolesnore, 2019, « L'État et les religions au Burkina Faso », *in* Degorce, A., Kibora, L.O., et Langewiesche, K. (dir.), 2019, *Rencontres religieuses et dynamiques sociales au Burkina Faso*, Dakar, Amalion, pp. 246–268.

Bouron, J.-M., 2012, « D'un discours à l'autre. Concurrences rhétoriques et rapports interreligieux en Haute-Volta coloniale », *Archives de sciences sociales des religions*, 158, pp. 33–52.

Bouron, J.-M., 2013, Évangélisation parallèle et configurations croisées. Histoire comparative de la christianisation du Centre-Volta et du Nord-Ghana (1945–1960), Thèse de Doctorat, Universités de Nantes et de Ouagadougou.

Bredeloup, S., 2018, « Étudiants arabophones de retour à Ouagadougou cherchent désespérément reconnaissance », *in* Bava S. (dir.), 2018, *Dieu, les migrants et l'Afrique*, Paris, L'Harmattan, collection Les Mobilités africaines, pp. 101–131.

Bredeloup, S. et M. Zongo (dir.), 2016, *Repenser les mobilités burkinabè*, Paris, L'Harmattan.

Bredeloup, S., Degorce, A. et Palé, A. (dir.), 2019, *Se chercher en migration. Expériences burkinabè*, Paris, L'Harmattan, collection Les Mobilités africaines.

Cissé, I., 2015, « L'islam au Burkina Faso de 1960 à nos jours », *in* Diallo H. et M.W. Bantenga, *Le Burkina Faso passé et présent*, Ouagadougou, Presses Universitaires de Ouagadougou, pp. 417–438.

Degorce, A., 2017, « Du rap à l'évangélisation. Parcours de vie d'un bishop de Ouagadougou », *Volume ! La revue des musiques populaires*, n° 14–1, pp. 23–36.

Degorce, A., Kibora, L.O., et Langewiesche K. (dir.), 2019, *Rencontres religieuses et dynamiques sociales au Burkina Faso*, Dakar, Amalion.

Degorce, A., Kibora L.O., et Langewiesche K., 2019, « La pluralité – et après ? Une introduction », *in* Degorce A., Kibora L. O., et Langewiesche K. (dir.), 2019, *Rencontres religieuses et dynamiques sociales au Burkina Faso*, Dakar, Amalion, pp. 1–12.

Degorce, A., Sawadogo, H., et Nikiema, A., 2016, « Les mères de jumeaux autour des mosquées à Ouagadougou : réappropriations, mobilités et mutations urbaines », *Cahiers d'Outre-Mer, Prier aux Suds : Les lieux de culte entre territorialisations, cohabitations et mobilités du religieux*, n° 274, 2016/1, pp. 93–116.

Fancello, S., 2006, *Les aventuriers du pentecôtisme ghanéen. Nation, conversion et délivrance en Afrique de l'Ouest*, Paris, IRD-Karthala.

Fancello, S., 2007, « Les défis du pentecôtisme en pays musulman (Burkina Faso, Mali) », *Journal des Africanistes*, n° 77 (1), pp. 29–53.

Hagberg, S., Kibora, L.O., Barry S., Gnessi S., et Konkobo A., 2017, *Transformations sociopolitiques burkinabè de 2014 à 2016 : Perspectives anthropologiques des pratiques politiques et de la culture démocratique dans « un Burkina Faso nouveau »*, Uppsala Universitet.

Hagberg, S., Kibora L.O., Barry S., Cissao, Y., Gnessi S., Konkobo A., Koné B., et Zongo, M., 2019, *Sécurité par le bas. Perception et participation aux défis de sécurité au Burkina Faso*, Uppsala Universitet.

Institut national de la statistique et de la démographie (INSD), 2009, Recensement général de la population de 2006. Thème 2, État et structure de la population, Ouagadougou, INSD.

International Crisis Group, 2016, « Burkina Faso : préserver l'équilibre religieux », *Rapport Afrique* n° 240.

Kibora, L.O., 2012, « La question "diaspo" à Ouagadougou », *in* Mandé I. (dir.), *Le Burkina Faso contemporain. Racines du présent et enjeux nouveaux*, Paris, L'Harmattan, pp. 85–98.

Kouanda, A., 1995, « La progression de l'islam au Burkina pendant la période coloniale », *in* Massa G. et G.Y. Madiega (dir.), *La Haute-Volta coloniale : témoignages, recherches, regards*, Paris, Karthala, pp. 233–248.

Langewiesche, K., 2003, *Mobilité religieuse. Changements religieux au Burkina Faso*, Münster, Lit-Verlag Münster.

Laurent, P.-J., 2003, *Les pentecôtistes du Burkina Faso. Mariage, pouvoir et guérison*, Paris, IRD-Karthala.

LeBlanc, M.-N. et L. Audet Gosselin (dir.), 2016, *Faith and Charity. Religion and Humanitarian Assistance in West Africa*, Londres, Pluto Press.

Madore, F., 2016, *La construction d'une sphère publique musulmane en Afrique de l'Ouest*, Québec, Presses de l'Université de Laval, Hermann.

Maskens, M., 2014, « "C'est Dieu qui nous a voulus ici…" » : récit de migration et engagement religieux des pasteurs et fidèles pentecôtistes euro-africains à Bruxelles », *Cahiers d'études africaines*, n° 213–214, pp. 341–362.

Mottier, D., 2014, *Une ethnographie des pentecôtismes africains en France. Le temps des prophètes*, Louvain-la-Neuve, Academia-L'Harmattan.

Otayek, R., 1999, « Dynamiques religieuses et gestion communale par temps de décentralisation. Le religieux comme analyseur de la politique urbaine », in Otayek, R. (dir), *Dieu dans la cité. Dynamiques religieuses en milieu urbain ouagalais*, pp. 17–55.

Ouédraogo, J.-B., 1997, *Violences et communautés en Afrique Noire. La région Comoé entre règles de concurrence et logiques de destruction (Burkina Faso)*, Paris, L'Harmattan.

Ouédraogo, Y., 2015, Les arabisants au Burkina Faso : formation et intégration socioprofessionnelle (1958–2012), Thèse de Doctorat en histoire, Université de Ouagadougou.

Ouédraogo, Y., 2019, « Intégrer l'administration burkinabè : parcours du combattant pour les diplômés arabophones », in Bredeloup S., Degorce, A., et Palé A. (dir.), 2019, *Se chercher en migration. Expériences burkinabè*, Paris, L'Harmattan, collection Les Mobilités africaines, pp. 191–209.

Pilon, M., Degorce, A. et K. Langewiesche, 2019, « Les enjeux des chiffres : la démographie des religions au Burkina Faso », in A. Degorce, K. Langewiesche et L. Kibora (dir.), *Rencontres religieuses et dynamiques sociales au Burkina Faso*, Amalion, Dakar, pp. 165–195.

Rey, J., 2019, *Migration africaine et pentecôtisme en Suisse. Dispositifs rituels, pouvoirs, mobilités*, Paris, Karthala.

Robin, J., 2014, « Entre Église catholique, bailleur européen et Gouvernement marocain, l'action de Caritas Maroc auprès des migrants subsahariens », *L'Année du Maghreb*, n° 11, pp. 173–193.

Rouamba, P., 1999, « Religion et identité ethnique. La « Première Église baptiste » de Ouagadougou », in Otayek, R. (dir), *Dieu dans la cité. Dynamiques religieuses en milieu urbain ouagalais*, pp. 129–141.

Skinner, E.P., 1958, « Christianity and Islam among the Mossi », *American Anthropologist*, New Series, Vol. 60, No. 6, Part 1 (Dec., 1958), pp. 1102–1119.

Somé, M., 2015, « La christianisation de la Haute-Volta de 1900 à 1960 », in H. Diallo, et M.W. Bantenga (dir.), *Le Burkina Faso. Passé et présent*, Ouagadougou, Presses universitaires de Ouagadougou, pp. 274–307.

Zongo, M. (dir.), 2010, *Les enjeux autour de la diaspora burkinabè. Burkinabè à l'étranger, étrangers au Burkina Faso*, Paris, L'Harmattan.

I

DES REGARDS RENOUVELÉS
SUR LES MIGRATIONS BURKINABÈ

1.

LES LOGIQUES DE L'AIDE DES MIGRANTS À LA CONSTRUCTION DES MOSQUÉES À SABTENGA, PROVINCE DU BOULGOU (BURKINA FASO)[1]

Yacouba Cissao

L a migration demeure un puissant facteur de changement social aussi bien sur le plan socio-économique que sur différents secteurs de la vie des populations. Ces transformations, plus ou moins profondes d'un milieu à un autre, peuvent être observées tant dans les zones de départ que dans les zones d'accueil des migrants. C'est ce que suggèrent de nombreux travaux (Lacroix 2006 ; Tchouassi 2010 ; Daum 1997, 1993 ; Lavigne-Delville 1990 ; Bâ et Coquet 1994) qui montrent l'impact significatif des ressources issues du phénomène de la migration sur les pays d'origine des migrants en Afrique. La Conférence des Nations Unies sur le commerce et le développement (CNUCED), dans son rapport de 2018 intitulé *Les migrations au service de la transformation structurelle,* souligne d'ailleurs le potentiel dont est porteuse la migration en termes d'atteinte des objectifs de développement durable. Dans un pays comme le Burkina Faso, pays enclavé dont les conditions climatiques et les ressources naturelles ne se prêtent pas à un véritable essor de son économie fortement agricole, la migration occupe une place centrale dans les stratégies de survie des populations, notamment celles vivant en milieu rural. Cette dynamique migratoire est particulièrement accentuée dans la région du Centre-Est au Burkina Faso où les « migra-devises » (Tchouassi 2010) impactent considérablement le quotidien des ménages dans les milieux d'origine des migrants. Les effets néfastes de l'absence structurelle de l'État dans le champ du développement local s'en trouvent, de ce fait, réduits dans une certaine mesure. Comme cela a été documenté à travers les recherches de Hazard (2007 ; 2010) et Zongo (2009), dans la province du Boulgou, les migrants s'orientent majoritairement vers des pays comme l'Italie, la Libye, le Gabon, la Guinée équatoriale, la Côte d'Ivoire et le Ghana. Si ces auteurs ont largement décrit les transformations dans le secteur économique sur les zones de départ dans cette province, les investissements des migrants dans le domaine religieux ont été très peu questionnés. Certains travaux (Cissé 2009 ; Ouédraogo 2015 ; Madore 2018) montrent dans le cas du Burkina Faso le dynamisme des ONG musulmanes ou des « entrepreneurs religieux » (Fourchard et al. 2005) dans le contexte du renouveau islamique. Toutefois les liens entre migration et religion dans un secteur comme celui de la construction des mosquées par les migrants, dans leur milieu d'origine, n'ont pas été suffisamment saisis, en particulier à partir de la perspective des citoyens ordinaires.

Dans le cas du Sénégal, des auteurs comme Timera et al. (2016), Lavigne-Delville (1990) et Daum (1997) montrent que la construction des mosquées demeure l'une des modalités à travers laquelle se matérialise l'aide des migrants à leurs villages d'origine. Hodgkin (1990) souligne ainsi que le contrôle des mosquées, ou leur construction, représente une source de pouvoir au sein de la communauté islamique. Pour cet auteur, « la mosquée est un exemple majeur de l'indivisibilité de la religion, l'économie et la politique » (Hodgkin 1990 : 214). Un tel postulat se vérifie dans notre village d'étude où une crise sociopolitique locale a donné lieu à la construction d'une nouvelle mosquée du vendredi pour laquelle l'apport des migrants a été plus que déterminant.

Toute mosquée n'abrite pas la grande prière hebdomadaire du vendredi. À ce titre, la mosquée dans laquelle celle-ci se tient occupe une place centrale par rapport aux autres mosquées qui sont généralement plus petites et réunissent un nombre moins important de fidèles pour les prières quotidiennes. Notre attention s'est focalisée sur la construction de cette nouvelle mosquée du vendredi et d'autres de moindre importance dans le village de Sabtenga, dans le département de Tenkodogo. Nous voulons, à travers une approche anthropologique, mettre en évidence, à partir de la perspective des acteurs locaux, le rôle que peut jouer la construction des mosquées par les migrants. Nous partons du postulat qu'au-delà de sa fonction symbolique (Lavigne-Delville 1990), l'aide des migrants à la construction des mosquées participe de l'identité tant religieuse que sociale et représente dans une certaine mesure une expérience citoyenne dans le domaine du développement local.

Sur le plan méthodologique, notre étude de cas se fonde sur des données issues d'une recherche ethnographique conduite entre décembre 2014 et décembre 2015 dans le cadre de notre thèse de doctorat (Cissao 2018)[2]. Les données proviennent également d'une observation directe, d'entretiens semi-directifs et de *focus group* réalisés avec des acteurs des mosquées (imams, membres du comité de gestion, fidèles) et des migrants de passage ou de retour à différentes périodes au cours des années 2018 et 2019[3].

Dans le premier point de ce chapitre, nous présentons la configuration sociopolitique et religieuse du village d'étude. Dans le deuxième point, nous déclinons les discours et les stratégies employés par les villageois pour mobiliser l'aide financière des migrants. Dans le troisième point, nous montrons que cette aide financière a une double fonction en termes de participation au développement et d'affirmation du migrant dans la sphère religieuse et sociale. Dans le dernier point enfin, nous analysons l'exemple d'entrepreneuriat religieux d'un imam migrant de retour, avant de conclure.

LA CONFIGURATION SOCIOPOLITIQUE ET RELIGIEUSE DU VILLAGE DE SABTENGA

Sabtenga est un village situé à 17 kilomètres de la ville de Tenkodogo, chef-lieu de la province du Boulgou dans la région du Centre-Est au Burkina Faso. Sa population, estimée à plus de 7 000 habitants, appartient majoritairement à l'ethnie bissa avec qui cohabitent des Moose et des Peulhs. Les Bissa représentent le groupe ethnique autochtone dans cette région appelée d'ailleurs « pays Bisa » (Bernard 1965). Les principales activités économiques pratiquées par la population demeurent l'agriculture et l'élevage.

Dans ce village, comme dans toute la province du Boulgou, il existe une culture de l'émigration qui apparaît pratiquement comme la seule voie pour une ascension sociale dans le contexte de pauvreté qui caractérise cette zone rurale. Il est ainsi rare qu'un ménage ne compte au moins un membre qui ne soit établi dans un pays étranger en Afrique ou en Europe. Le village est composé de douze quartiers et chacun d'eux est dirigé par un chef ayant un statut de ministre du principal chef coutumier bissa. En effet, une chefferie bissa érigée à l'image de la chefferie moaaga, a fait son apparition en juin 2012 dans le contexte de la crise sociopolitique liée à la mort d'un commerçant et ancien instituteur, d'ethnie bissa, dans la cour royale à Tenkodogo en juin 2000[4].

L'influence de politiciens et de riches hommes d'affaires ainsi que l'ethnicisation du conflit ont amplifié le processus de remise en cause de l'autorité politique de l'État traditionnel que constitue le royaume de Tenkodogo (Reikat 2002). Au cours des années suivant cette crise, des chefferies bissa[5] ont progressivement été établies dans de nombreux villages qui étaient jadis dirigés par des chefs moose (Cissao 2018). C'est cette situation que connut le village de Sabtenga en juin 2012 lorsqu'un chef bissa fut intronisé par le Samandin Naaba[6] à Tenkodogo et installé comme chef de village. L'année suivante, un chef moaaga succédant à son défunt père fut également installé comme chef du village après son intronisation par le Naaba (chef) de Tenkodogo.

L'existence d'un pouvoir bipolaire a inéluctablement conduit à des divisions plus ou moins marquées au sein du village. Au cours de l'année 2013, les disputes entre villageois liées à la chefferie coutumière ont atteint la sphère religieuse, au sein de laquelle les musulmans du village étaient au bord de la crise. Les tensions entre ces fidèles musulmans issus des différents bords de la chefferie locale ont fait planer le spectre d'un possible affrontement dont l'ancienne mosquée aurait pu être le théâtre. Cette dernière était surtout fréquentée par la majorité de la population du village à l'occasion de la prière hebdomadaire du vendredi. Un grand nombre de musulmans, tous partisans du chef bissa, arrêta ainsi de fréquenter l'ancienne mosquée. Les rencontres amorcées par des leaders religieux issus de ce groupe auprès du chef bissa – de confession catholique – et les responsables de la communauté musulmane de Tenkodogo n'ont pas davantage servi à instaurer le dialogue entre les différentes parties qu'à acter le projet de construction d'une nouvelle mosquée du vendredi au centre du village.

Signe de l'imbrication du religieux dans le social, cette mosquée, dont les travaux commencèrent au cours de l'année 2014, a été désignée par certains partisans de la chefferie bissa comme étant la « mosquée de la résistance », en référence à la situation conflictuelle – liée à la reconquête du pouvoir coutumier par les « autochtones bissa » – dans laquelle elle a vu le jour. Il est important de noter que la religion dominante dans le village est l'islam, qui est pratiqué par le tiers de la population selon nos observations. Il cohabite avec le christianisme et la religion traditionnelle[7] (animisme). Les différentes tendances de l'islam présentes

1. La nouvelle mosquée du vendredi au centre du village. Source : Cissao, mars 2018.

dans ce village sont par ordre d'importance les malékites ou musulmans « ordinaires », les wahhabites[8], les tijanes et les chiites. On dénombre au total dix-sept mosquées réparties dans les douze quartiers que compte le village. L'ancienne mosquée du vendredi et celle des chiites ont été construites grâce à des financements issus respectivement du Koweït et de l'Iran. La construction de la nouvelle mosquée du vendredi et celle des autres mosquées ont, quant à elles, obéi essentiellement à des stratégies de mobilisation de ressources financières auprès des migrants, que nous décrivons dans le point suivant.

DISCOURS ET CANAUX DE MOBILISATION DE L'AIDE FINANCIÈRE DES MIGRANTS

> « Au, village ici, on ne peut pas dire qu'on a les moyens pour faire ce travail-là, uniquement nous les villageois ; il faut trouver l'aide. Pour trouver l'aide il faut aussi toucher les enfants du village qui sont à l'extérieur » (S.M., 70 ans, premier imam de la nouvelle mosquée du vendredi, mars 2018).

La construction d'édifices religieux, qui ne peut figurer parmi les missions régaliennes d'un État laïc à l'instar de la construction de centres de santé et d'écoles, ne peut être envisagée qu'à travers une dynamique d'aide dans la sphère religieuse. Ainsi, en dehors des pays arabes ou des ONG qui financent couramment la construction de mosquées, l'alternative demeure l'engagement individuel et collectif des musulmans vis-à-vis de leur religion. En effet, dans le village de Sabtenga, sur l'ensemble des dix-sept mosquées, il n'en existe que trois dont la construction a été financée grâce à l'aide provenant de pays comme le Koweït et l'Iran. En d'autres termes, toutes les autres mosquées ont été construites sur la base de cet engagement pris au nom de la religion par les fidèles, notamment les migrants plus aisés.

L'entreprise de construction de mosquées est déterminée par le fait que les villageois ont conscience de l'existence d'une main extérieure plus ou moins prédisposée à soutenir un tel projet. Depuis la naissance de celui-ci, ses initiateurs intègrent donc l'effort des migrants comme une des modalités de financement de la construction de la mosquée jusqu'à sa matérialisation, comme le suggèrent ci-dessus les propos de ce leader religieux. C'est ainsi que l'une des stratégies privilégiées pour la mobilisation de l'aide financière des migrants demeure le réseau familial. Cela consiste, pour les résidents du village, à faire part aux fils du village vivant à l'étranger ou hors du village – le plus généralement par appel téléphonique – du projet de construction d'une mosquée pour laquelle un besoin d'aide est exprimé. La finalité de cet appel à soutien à travers les liens de filiation est de faire porter le message auprès des autres migrants originaires du village ou d'autres potentiels donateurs : « Nous nous sommes concertés entre nous ici et nous avons chargé chacun dans sa famille de toucher celui [le membre de la famille] qui est à l'extérieur » (Z.A., 85 ans, imam de la mosquée du quartier Sanokima, mars 2018).

Dans le registre des stratégies employées par les religieux et les habitants du village, il est intéressant de noter que dans le cas de la construction de la grande mosquée du vendredi au centre du village, un « bureau de la mosquée » incluant des migrants et qui s'occupent de la gestion a été mis en place au cours de l'année 2014[9]. Ces derniers, qui occupent des postes de « secrétaires chargés des relations extérieures » dans les villes ou pays d'accueil respectifs (Abidjan, Ouaga, Ghana et Italie), ont ainsi facilité la captation et la collecte de l'aide auprès des autres membres de leur communauté d'origine. Après la construction du bâtiment principal de la mosquée, qui a pris fin au cours de l'année 2016, ce dispositif de collecte de l'aide des migrants demeure actif dans la mesure où d'autres réalisations – notamment la construction d'un grand hangar annexé à la mosquée – visant à agrandir la capacité d'accueil de ladite mosquée étaient en cours lors de notre passage.

La dynamique associative (Bredeloup & Ba 1994) des migrants dans leur pays d'accueil demeure un facteur capital, en ce sens qu'il entretient la mécanique du don ou de l'aide aux populations de la communauté d'origine. Les propos suivants de cet « Ivoirien »[10] en séjour au village illustrent une telle réalité :

> « Nous qui sommes en Côte d'Ivoire, on a des petites associations et on a souvent des réunions de famille. Ils [les villageois] appellent nos vieux qui sont là-bas ; on nous réunit maintenant et on nous demande de cotiser un peu pour venir aider les parents à pouvoir construire les mosquées » (M.O., 65 ans, migrant vivant en Côte d'Ivoire depuis 42 ans, mars 2018).

Les séjours plus ou moins réguliers des migrants au village sont bien souvent porteurs dans le domaine de l'aide à la construction ou à l'équipement des mosquées. D'autant plus qu'au cours de leur séjour, ces derniers se rendent dans ces mosquées pour y effectuer les prières quotidiennes. Un migrant en séjour dans le village peut ainsi s'émouvoir des conditions de pratique de sa religion par les habitants de son quartier ou par ses parents. Séance tenante, il peut apporter une aide financière ou une aide matérielle. Il peut également, de retour dans son pays d'accueil, faire parvenir de l'argent pour la construction de la mosquée par le biais d'un membre de sa famille au village ou par le biais d'un autre migrant qui rentre au village pour un séjour.

« Nous avons fait petit à petit des cotisations et on a pu acquérir deux tonnes de ciment pour faire des briques. J'ai un petit frère qui est venu de la Côte d'Ivoire et a vu que nous étions en train de faire des briques. Il a demandé ce que nous voulions faire ; je lui ai dit que nous avons cotisé pour aller payer du ciment pour venir rénover la mosquée pour que ça ne soit plus en banco mais en ciment. Il a secoué la tête et il est rentré dans sa cour. Quand il est ressorti de la cour, il est venu me remettre un million de francs » (T.R., 85 ans, muezzin de la mosquée du quartier Gonla, mars 2018).

« Nous avions fait des cotisations pour construire une mosquée mais nous n'avons pas pu. Ce sont les frères qui sont à l'étranger qui sont venus nous soutenir [...]. Quand ils sont venus voir que nous sommes en train de cotiser pour construire la mosquée, c'est là qu'ils sont intervenus » (I.S., 41 ans, imam de la mosquée du quartier Gando, mars 2018).

Il est donc important de noter que la mobilisation de l'aide finan-cière des migrants n'est pas exclusive d'un effort financier des résidents du village, même si de toute évidence celui-ci n'est pas comparable aux moyens financiers provenant de l'étranger. C'est le cas ici pour la construction de la grande mosquée du vendredi à Sabtenga-Centre : « La contribution des gens de l'extérieur valait cinq millions [francs CFA]. Et le village, un million et quelques » (O.M, 54 ans, secrétaire adjoint dans le bureau de la nouvelle mosquée du vendredi, mars 2018).

Quand bien même la cotisation des résidents est moins importante vu la modicité des montants sollicités par ménage ou par personne, elle a le mérite de susciter une certaine sensibilité chez les migrants qui séjournent au village ou qui, depuis leur zone d'accueil, en ont eu un écho. La cotisation des résidents joue alors une fonction de médiatisation du projet relatif à la construction ou à l'équipement d'une mosquée. Dans le passé, les modestes moyens financiers et matériels provenant des rési-dents eux-mêmes par le biais des cotisations ont permis la construction de mosquées[11] – en matériaux non durables et/ou de petite capacité d'accueil – dans le village. De nos jours cependant, ces cotisations des résidents dont le montant est le plus souvent laissé à leur propre appré-ciation paraissent plus symboliques. Leur apport se fait principalement à travers la collecte des agrégats au village et leur investissement physique comme main-d'œuvre sur le chantier de la mosquée. Notons que dans une zone d'émigration comme la province du Boulgou, la tendance est à la construction de bâtiments (privés comme publics) en matériaux durables et à l'équipement avec des panneaux solaires qui ne sont pas à la portée de la bourse des paysans au village.

Dans leurs discours, les leaders religieux et les fidèles mettent davan-tage l'accent sur la présence du sens de l'intérêt communautaire chez les migrants qui se montrent prédisposés à financer la construction d'une mosquée au village. Ces leaders religieux et ces fidèles sont animés par la conviction que ceux-ci appartiennent dans une certaine mesure autant que les villageois à un même espace public religieux local, pour aller dans le même sens que Saint-Lary (2011). La présence physique quotidienne dans la mosquée ne saurait donc être exclusivement le seul critère pour faire bonne figure en tant que membre de la communauté de cette mosquée. La participation à la vie de ladite mosquée par les gestes de solidarité à distance par les migrants constitue également un critère légitime. L'appel au soutien adressé aux migrants est destiné en définitive à mobiliser chez ceux-ci leur sens du devoir vis-à-vis de leur religion d'appartenance : « C'est leur devoir de satisfaire notre demande, car ils veulent l'avancée de l'islam » (G.S., 56 ans, imam de la mosquée du quartier Tensouka, mars 2018).

Cet appel, qui reçoit un écho favorable auprès des migrants, coïncide avec leur volonté de participer au développement local et avec celle de s'affirmer sur le plan religieux et social.

LES MIGRANTS, ENTRE PARTICIPATION AU DÉVELOPPEMENT LOCAL ET VOLONTÉ DE S'AFFIRMER DANS LA SPHÈRE RELIGIEUSE ET SOCIALE

S'inscrivant dans le domaine du spirituel, l'aide à la construction de mosquées apparaît pourtant comme n'ayant *a priori* aucune portée tangible sur les conditions d'existence des populations. Pour déterminer si l'aide apportée par les migrants pour la promotion de leur religion à travers la construction ou l'équipement des mosquées peut être assimilée à un engagement citoyen, il est important de situer la place de la mosquée dans le vécu quotidien des villageois. En d'autres termes, cela revient à se demander dans quelle mesure la construction et/ou l'équipement de mosquées peut participer d'une façon quelconque au développement local. Du point de vue des villageois, « ce travail est fait au nom de Dieu » et ils partagent la conviction que « c'est pour le bien-être du village ». Ainsi pour cet interviewé : « Si c'est une mosquée qui est construite, c'est pour le développement du village ; si c'est un pont qui est fait, c'est pour le développement du village. Je me dis que ça a à peu près la même valeur. » (S.R., 55 ans, gestionnaire du dépôt pharmaceutique, musulman, mars 2018).

Cette rhétorique du développement suggère que l'aide apportée par les migrants dans le domaine religieux répond à une prescription de la religion musulmane, mais constitue également un acte citoyen. C'est l'appartenance à la communauté ou au groupe d'origine qui est alors réaffirmée à travers l'appui multiforme[12] des migrants à la construction d'édifices religieux. La mosquée en tant qu'espace public est un lieu de socialisation par excellence (Timera et al. 2016) où émergent la solidarité et l'entraide entre les membres de la communauté. Comme nous l'avons constaté, elle est également le lieu où se médiatisent les projets d'investissements sociaux tels que la construction d'un pont ou d'un magasin de stockage de vivres. Pour ces réalisations, des contributions financières et matérielles sont ainsi sollicitées à la mosquée auprès des habitants et des migrants issus du village. Elle constitue à ce titre un espace public occupant une fonction sociale. Kaag & Saint-Lary (2011) faisant alors référence à Vuarin (1990) suggèrent que les sphères religieuses jouent un rôle dans le domaine de la protection sociale en se basant sur des principes de charité.

Dans la religion musulmane, la *zakât* demeure cette institution par laquelle s'exprime la charité. Chaque croyant est plus ou moins astreint à l'aumône qui se fait dans la mesure des moyens dont il dispose et il est établi que les bénéfices demeurent à la hauteur de l'effort consenti. Dans une certaine mesure, les mosquées voient le jour et fonctionnent selon le principe du don, de la *zakât*, qui est l'un des cinq piliers de l'islam. Il est assez significatif que la mobilisation des ressources financières aussi bien auprès des migrants que des habitants du village soit plus rapide quand il est question de construire une mosquée que lorsqu'il s'agit d'autres types d'investissements dans le village. Cela s'explique par le fait que « ce geste va directement vers Dieu et tout le monde va retourner chez Dieu » et qu'« on pense tous à l'Au-delà. » (S.M., 70 ans, premier imam de la nouvelle mosquée du vendredi, mars 2018).

Un tel discours, dominant dans l'espace religieux, constitue une force de mobilisation des ressources financières, comme le souligne Saint-Lary :

> « Au Burkina Faso, les ressorts des nouvelles formes de religiosité islamique fondées sur l'action associative s'appuient donc en partie sur la participation financière des fidèles. La *zakât*, à laquelle nul n'est légalement tenu (du point de vue du droit positif), constitue une véritable économie morale, au sens de Edward Thompson (1988), qui s'institue dans les discours des élites musulmanes, rappelant le droit de tout musulman à la subsistance et le devoir de chacun à participer à des actions d'intérêt commun. Ainsi cette économie morale (Triaud & Villalón 2009) implique-t-elle la nécessité de faire des actions pour sa communauté et repose sur un engagement intime auquel les croyants acceptent de se soumettre. Si la collecte de la *zakât* fonctionne, c'est parce qu'elle mobilise la conscience et le devoir des musulmans » (Saint-Lary 2011 : 9).

L'institution islamique de la *zakât,* qui a un caractère non obligatoire, interpelle d'autant plus la conscience des migrants que ceux-ci sont perçus comme appartenant à une catégorie sociale privilégiée à laquelle ne peut prétendre le villageois lambda. La réponse à la prescription religieuse coïncide alors avec l'accomplissement d'un devoir moral à l'endroit de la communauté : « C'est un sacrifice [aumône] que j'ai fait pour les aider à pouvoir prier. » (O.M., 52 ans, migrant bissa installé en Italie depuis 13 ans, mars 2018).

Voir ses parents restés au village entreprendre la construction d'une mosquée avec le peu de ressources dont ils disposent suscitera donc chez le migrant un élan solidaire. Cette solidarité honore et donne du sens à sa situation de fils du village parti pour chercher un mieux-être dans une autre contrée. C'est le cas de cet « Ivoirien » et de cet « Italien » :

> « Au village, là, c'est dur, il n'y a pas d'argent. Souvent il y a des petits villages qui ont besoin de mosquées et il n'y a pas de moyens… Les parents eux-mêmes font une réunion entre eux ici et ils nous demandent de l'aide » (M.O., 65 ans, tailleur, migrant bissa installé en Côte d'Ivoire depuis 42 ans, mars 2018).

> « C'est nous qui avons pensé ainsi. Comme au village il n'y a rien, on a cotisé l'argent pour leur donner pour prier » (O.M., 52 ans, jardinier, migrant bissa installé en Italie depuis 13 ans, mars 2018).

Autant il est question pour le migrant de satisfaire aux exigences de la foi musulmane par la pratique de la *zakât*, autant il est soumis à l'impératif de défendre son image sur la scène villageoise. L'appartenance à la catégorie sociale des « Italiens », des « Ivoiriens », des « Gabonais » ou des « Libyens », qui se distinguent par leurs réalisations au village et leur rapport aux biens matériels, apparaît comme une flamme qui se doit d'être ravivée par le devoir de solidarité auquel le migrant est tenu. Dans un tel contexte, le projet de construction d'une mosquée offre une sorte de tribune au migrant pour exprimer sa solidarité dans une sphère publique au sein de laquelle l'aide apportée est destinée à impacter d'une manière ou d'une autre la vie de tout ou partie des villageois. C'est dans cette optique que cette affirmation de Bâ et Coquet prend du sens par rapport au contexte du village de Sabtenga : « Garder son statut social ou le promouvoir est un souci pour le migrant. Et la plus grande marque d'attachement reste la religion. » (Bâ et Coquet 1994 : 168)

La sphère religieuse se dégage alors comme un lieu privilégié pour la quête de l'honneur et de la bonne réputation, qui devient un réflexe chez les migrants. Dans le cas spécifique des migrants de retour de la Côte d'Ivoire, il ressort par exemple que les discours peu valorisants à leur égard sont apparus dominants (Degorce 2016). La participation à la construction de la mosquée répond opportunément à un besoin chez le migrant de s'affirmer socialement par le biais d'une solidarité déployée dans la sphère religieuse ou celle du développement local.

Cette dimension apparaît dans les travaux de Lavigne-Delville (1990), qui montre que le prestige et la reconnaissance sociale jouent de façon générale un rôle non négligeable dans les projets de développement local lancés par les migrants. Dans le cas du Sénégal, pays à majorité musulmane, certains travaux soulignent d'ailleurs la tendance pour ces migrants – organisés en associations – à orienter leurs premiers investissements vers la construction de mosquées (Bâ et Coquet 1994 ; Daum 1993 ; Lavigne-Delville 1990). Cette modalité se justifie par la nécessité pour ces derniers de légitimer leurs interventions qui se déclineront par la suite sous d'autres formes (Lavigne-Delville 1990).

Il ressort que « la dynamique des associations d'immigrés qui œuvrent pour le développement de leur région ou pays témoigne de l'émergence d'une nouvelle forme de citoyenneté s'inscrivant à la fois dans la société d'accueil et celle d'origine ». (Daum 1997 : 31). Notons également que le malaise des migrants lié à la conjoncture dans leur pays d'accueil[13] fait planer en permanence le spectre du retour brusque[14] au village, synonyme d'échec social. Dans cette optique, préparer son retour périodique ou définitif au village apparaît comme une préoccupation qui devient prégnante chez le migrant. Par conséquent, aménager ou entretenir un espace de solidarité susceptible d'amortir le choc d'un éventuel retour demeure une préoccupation essentielle pour le migrant qui met un point d'honneur à fréquenter la mosquée dont il a soutenu la construction lors des séjours au village. L'investissement dans un projet collectif, comme la construction d'une mosquée, demeure un investissement dans les relations sociales par rapport auquel la réussite de la migration est évaluée, comme le montre Zongo en analysant les rapports des migrants burkinabè en Côte d'Ivoire avec leur pays d'origine (Zongo 2003). Pour les migrants, réussir à maintenir un réseau social ou familial dense leur facilitera la réinsertion une fois de retour dans le pays d'origine (De Vreyer et al. 2010), ce qui engendre un certain « transnationalisme » (Capone 2010) chez ces derniers. L'appartenance au réseau religieux du lieu de départ, qui se trouve renouvelée par les gestes de solidarité des migrants, constitue un élément essentiel de renforcement des liens que ces derniers ont besoin de garder avec leur communauté d'origine. D'autant plus que se révèle capitale l'assistance du réseau religieux qui se mobilise lors d'événements malheureux tels que des décès survenus dans la famille des migrants en leur absence[15].

Sur de telles logiques peut reposer un ethos de l'entrepreneuriat religieux, comme l'illustre le cas d'une figure religieuse locale pour laquelle le projet de construction de la nouvelle mosquée du vendredi a constitué un tremplin.

CONSTRUCTION DE MOSQUÉES ET ENTREPRENEURIAT RELIGIEUX : L'EXEMPLE DE L'IMAM I.M.

Dans son article « *The making of entrepreneurial Islam and the Islamic spirit of capitalism* », Adas (2006) met en évidence le lien étroit que les acteurs religieux établissent entre la culture islamique et l'économie capitaliste à travers discours et pratiques. L'islam y apparaît selon la perspective de ces acteurs religieux comme une religion qui promeut l'entrepreneuriat. Ainsi, certaines formes individuelles et collectives de mobilisation des ressources financières, destinées à des investissements dans la sphère religieuse et celle du développement local, appartiennent au registre de l'entrepreneuriat religieux. Pour Madore (2018 : 269), ce phénomène n'est pas nouveau dans la mesure où depuis longtemps, des figures ou des groupes musulmans rivalisent entre eux dans l'érection de mosquées, de medersas ou dans l'organisation du Hajj. Dans le cas du Burkina Faso, l'auteur souligne que dès les années 1990, l'humanitaire ainsi que l'arène du développement étaient investis par les musulmans. Cela s'est accentué au cours de la décennie 2000 à travers les initiatives individuelles ou la création d'ONG islamiques (Ouédraogo 2017).

L'analyse de la trajectoire d'un leader religieux de notre village d'étude suggère que ces actions individuelles ou collectives dans la sphère religieuse articulent dans une certaine mesure la figure du citoyen vis-à-vis du village d'appartenance et celle du militant vis-à-vis de la religion d'appartenance. Par rapport à cette dernière dimension, la notion de « citoyenneté culturelle » peut être invoquée, selon la perspective de LeBlanc et Gomez-Perez (2007). Dans leurs travaux sur la jeunesse musulmane en Afrique de l'Ouest, ces auteures – s'inspirant de la notion de citoyenneté culturelle élaborée par Miller (1998)[16] – montrent comment cette catégorie sociale se déploie dans l'espace public à travers le canal religieux en y affichant une identité islamique et en se prononçant sur le fonctionnement de la société. Cette modalité de déploiement qualifiée de citoyenneté culturelle :

> « évoque un ensemble de pratiques et de droits (droit à l'expression, à l'autodétermination identitaire, à la diversité, etc.) à même de suggérer qu'une société donnée ne se limite pas à un espace politique et économique restreint. [...] le concept de citoyenneté culturelle ne se borne pas à articuler identité et territoire ; il évoque une dimension déterritorialisée dans la mesure où cette citoyenneté crée des espaces et des actions qui encouragent le débat public, favorisent l'échange d'idées et permettent à des groupes d'individus souvent marginalisés, sinon exclus, d'exprimer leurs identités et de revendiquer leurs propres projets moraux » (LeBlanc & Gomez-Perez 2007 : 44).

I.M. (*El hadj ou Ladji*[17]), un migrant de retour quadragénaire, est une figure islamique locale pratiquant le wahhabisme. Cet « Italien » a joué un rôle primordial dans la mobilisation des ressources financières pour la construction d'une mosquée. Natif du village, il émigre en Italie en 2003 après avoir poursuivi à partir de 1987 des études islamiques dans plusieurs pays tels que le Ghana, la Côte d'Ivoire, le Soudan et l'Arabie Saoudite. Avant de parvenir en Italie, son parcours migratoire l'a conduit dans différents pays tels que la République Tchèque et l'Autriche. En République tchèque par exemple, lorsqu'il était à court de ressources, il bénéficia d'une certaine assistance grâce à sa fréquentation d'une mosquée sunnite turque. Il y sera notamment présenté à un « frère » guinéen qui l'hébergea pendant plusieurs semaines avant qu'il ne se rende en Autriche, où il passa de longs mois avant de réussir à rentrer en Italie. Ses actions dans la sphère religieuse de son pays d'accueil lui vaudront d'être respecté au sein de la communauté des migrants burkinabè vivant en Italie. En effet, quelque temps après s'être installé dans la ville de Vicenza en Italie, il entreprit avec un groupe de « frères en islam » la création d'une association religieuse dans l'optique de pratiquer plus convenablement l'islam dans l'espace public. La suspicion suscitée par cette initiative rendit le processus d'obtention de l'autorisation long et ardu auprès des autorités du pays d'accueil. Lorsqu'en 2007, l'association dénommée « Association Conseil Islamique » obtint son autorisation, ils purent alors obtenir la location d'un bâtiment faisant office de mosquée où les migrants burkinabè et d'autres pays africains se retrouvaient pour les prières quotidiennes et les cérémonies religieuses liées à des événements sociaux[18].

En 2008, il séjourna pendant quelque temps au village, où il confectionna des briques en vue de la construction d'une mosquée à proximité de sa maison, avant de repartir en Italie. Il posa ainsi les jalons d'un retour définitif au village. Il resta en Italie jusqu'en 2014, avant de rentrer définitivement au village, un retour qui coïncida avec le début des travaux de construction de la nouvelle mosquée du vendredi. Il faut noter qu'avant son retour, qu'on peut qualifier de stratégique, il avait été actif dans la mobilisation de ressources financières aussi bien auprès de la communauté des migrants burkinabè et africains qu'auprès de son réseau d'amis et connaissances à travers le monde. Par ces différents canaux, il put alors obtenir en plus de sa contribution personnelle une aide financière substantielle pour la construction de la mosquée. Il renonça ainsi à son projet individuel de construction d'un édifice cultuel dans le périmètre de sa cour.

La nouvelle mosquée du vendredi, qui est celle qui a le plus d'audience dans le village et à laquelle son image est associée, est un espace de diffusion de ses connaissances islamiques qui contribuent à faire de lui une figure locale de l'islam. Il continue ainsi de mobiliser et de recevoir l'aide financière des migrants – davantage que le bureau de la mosquée – pour la réalisation d'un hangar annexé au bâtiment et d'autres commodités. Il fait partie des imams qui officient de façon alternée les prières quotidiennes dans la nouvelle mosquée et occupe une position de leader vis-à-vis des deux autres imams, compte tenu de ses connaissances approfondies de l'islam et de son parcours migratoire. Il est notamment, malgré sa relative jeunesse, celui qui officie la grande prière lors des principales fêtes musulmanes que sont le Ramadan et la Tabaski. À ce titre, il est régulièrement sollicité dans d'autres localités de la province du Boulgou pour partager son savoir islamique. Les activités économiques telles que l'élevage semi-moderne de volaille qu'il mène dans le village lui valent également un certain prestige. À ce sujet, I.M. nous confia que la poursuite d'études islamiques devrait nécessairement s'accompagner de l'acquisition d'aptitudes professionnelles :

« La majorité de ceux qui vont étudier en Arabie Saoudite, quand ils reviennent, ils n'ont pas de travail [...]. La différence que j'ai vue dans notre islam, c'est qu'il faut que nous, on mélange l'islam avec le travail ; c'est ça la faiblesse que je vois et beaucoup n'ont pas compris ça d'abord. Quand on dit que le prophète gardait les animaux, c'est son travail comme ça. On dit que Dahoud était tailleur, c'est son travail comme ça. Mais si moi j'ai pris leur chemin et je n'ai pas de travail, ce n'est pas complet ; tu es dans les mosquées, après tu sors et tu travailles. À La Mecque, comme nous on étaient étudiants, on est partis chez les grands savants, eux, ils ont un travail aussi, ils ont des boulots, il y en a qui ont des sociétés, il y en a qui travaillent dans le gouvernement et puis ils sont des imams » (I.M., janvier 2019).

C'est dans cette optique qu'il a œuvré avec une autre association formée par des Burkinabè vivant principalement en Italie et présente dans le domaine du développement local, à la construction dans le village de Ouarégou (situé à une vingtaine de kilomètres du village de Sabtenga)[19] d'une école alliant enseignement du Coran et apprentissage des métiers. Lors de notre dernière visite[20] dans cette école, qui est fonctionnelle depuis l'année 2015 et qui compte près d'une centaine d'apprenants, I.M. dirigeait une rencontre au sujet de la mise en œuvre du volet relatif à l'apprentissage des métiers, pour lequel des difficultés[21] subsistaient. Avec cette figure de « planificateur social » (Vitale 2009) ou de « Muslim social activist » (Sounaye 2011), cet entrepreneur musulman est également le canal par lequel l'aide provenant des migrants et d'amis italiens a transité pour la réalisation d'un bâtiment et d'un forage destinés aux activités génératrices de revenus pour les femmes. Endossant résolument le rôle de courtier religieux de développement (Sadouni 2009 ; Kaag & Saint-Lary 2011) dans l'arène locale, celui-ci promeut au quotidien un discours qui participe de la construction d'« une économie morale du salut au sein de laquelle les actions publiques de développement prennent corps » (Kaag & Saint-Lary 2011 : 6) :

> « L'islam nous a enseigné ce qui est bon dans le monde ; pour ici et pour l'Au-delà ; la première chose que l'islam dit : il faut planter des arbres, il faut arranger la route pour que les uns passent, il faut faire les mosquées, il faut faire des lieux où les gens peuvent étudier le Coran. Pour ces choses, quand tu meurs, quand les gens qui sont dedans demandent quelque chose à Dieu pour toi, ça viendra à toi, même s'ils n'ont pas demandé, ils savent qu'il y a quelqu'un qui était là, il n'est plus là mais il a fait quelque chose pour eux » (I.M., janvier 2019).

Toutes ces actions menées dans l'arène du développement local contribuent à lui donner de la visibilité et lui font bénéficier d'une certaine sympathie de la part de la population. Ces actions soutiennent également les prises de position de celui qui, sur le plan de l'ordre moral, recommande par exemple le port du voile par les femmes musulmanes du village, conformément à la tendance rigoriste du wahhabisme qu'il véhicule au quotidien[22]. La « visibilité de la religion dans l'arène du développement » (Kaag & Saint-Lary 2011) participe ainsi de la « réislamisation » (Saint-Lary 2011) qui est à l'œuvre dans ce village où différentes tendances de l'islam sont en compétition dans l'espace public.

CONCLUSION

La présence de nombreux ressortissants du village de Sabtenga dans d'autres villes du pays et dans les pays étrangers est un atout qui permet des investissements remarquables au niveau local grâce à ces migrants. À côté des réalisations d'infrastructures comme les ponts, les forages, les écoles, l'aide financière des migrants destinée à la construction d'édifices religieux comme les mosquées tient également sa place. Du point de vue des acteurs de la construction de ces mosquées (fidèles, leaders religieux et migrants), ces actions ont une dimension religieuse et une dimension citoyenne, eu égard à l'affirmation de l'identité musulmane et du statut social ainsi qu'au bénéfice pour la communauté. Comme nous l'avons vu à travers l'exemple de l'imam migrant de retour, ces actions peuvent également servir de tremplin pour l'affirmation d'un leadership religieux ou pour l'émergence de figures locales de l'islam qui, dans un contexte transnational, œuvrent dans la sphère locale à la promotion d'un islam nouveau où l'entrepreneuriat occupe une certaine place. On est alors en droit de penser que dans le contexte de réislamisation au Burkina Faso (Saint-Lary 2011), la prédisposition des migrants à financer les projets de construction de mosquées aboutira à la naissance ou à l'enracinement de différentes obédiences dans la sphère islamique locale. Ce qui peut donner lieu à des rivalités ou à des conflits susceptibles d'entraver le développement local. Même si « la différence religieuse n'est pas nécessairement associée au conflit » (Degorce et al. 2019 : 8), l'apparition de signes d'une cohabitation difficile entre les chiites et les autres tendances de l'islam dans le village fait planer le spectre d'une telle situation.

NOTES

1. Ce chapitre est issu d'une communication donnée dans le cadre du panel « Migrations, religions et citoyenneté locale » au colloque de l'APAD tenu à l'Université de Roskilde (Danemark) du 23 au 25 mai 2018. Je remercie particulièrement Alice Degorce et Ludovic O. Kibora pour leurs observations. Nous avons bénéficié d'un appui financier du projet ANR Relinsert « L'insertion par le religieux des migrants au Burkina Faso » pour des recherches de terrain complémentaires.
2. Cette thèse portant sur la gestion des conflits dans le département de Tenkodogo a été financée par l'organisation de coopération danoise Danida à travers le projet n° 11-014KU intitulé « Fragile Futures. Rural lives in times of conflict ».
3. En 2018 aux mois de mars et juin, et en 2019 aux mois de janvier, mars et juillet.
4. Voir « Mort de Mahamoudou Kéré. Nous étions au doua-meeting » In *L'Observateur Paalga* n° 5181 du 26 juin 2000 et « Tenkodogo, le règne de l'arbitraire » In *L'Indépendant* n° 354 du 20 juin 2000.
5. Ce groupe social qui est traditionnellement une société lignagère, adopta ainsi le modèle politique moaaga.
6. Issu du clan bissa et originaire du village de Loanga à quelques encablures de Tenkodogo, Kéré est l'un des plus importants ministres du Naaba (chef) de Tenkodogo. Il est considéré comme le leader des Bissa et la principale figure dissidente.
7. Pour mieux cerner les contours de cette notion dans le contexte burkinabè, voir Kibora et Langewiesche (2019).
8. Cette appellation permet de les distinguer clairement des autres tendances même s'ils se désignent eux-mêmes comme des sunnites (voir Saint-Lary, 2012).
9. La plupart des mosquées visitées pendant les recherches de terrain fonctionnent d'ailleurs ainsi.
10. Cette appellation fait référence au pays d'accueil du migrant en désignant laconiquement ce dernier comme un ressortissant de ce pays. Le migrant ayant effectué un séjour court ou long en Italie ou en Libye, par exemple, sera appelé « Italien » ou « Libyen ».
11. La plupart du temps ces anciennes mosquées sont conservées de façon symbolique à côté des nouvelles pour témoigner de l'amélioration des conditions de pratique collective de la foi musulmane grâce au dévouement des membres de la communauté.
12. À travers des dons en nature ou en espèces, ou encore en sollicitant l'appui de personnes physiques et morales dans leur réseau.

13. Les crises en Côte d'Ivoire à la fin des années 80 et 90 ainsi que la crise libyenne ont par exemple précipité le retour massif de migrants dans des conditions précaires.
14. C'est à travers le retour dans leur milieu d'origine que beaucoup de migrants donnent du sens à leur parcours migratoire, mais ce retour peut intervenir souvent avant que ces derniers ne puissent atteindre les objectifs escomptés en raison de la dégradation des conditions de vie dans le pays d'accueil. Ce retour brusque, loin du schéma planifié par le migrant, peut s'apparenter à un échec (voir Boyer, 2016).
15. Les décès de proches constituent des occasions de retour temporaire ou définitif des migrants dans leur lieu de départ, et la temporalité de ce retour est généralement fonction de l'éloignement du pays d'accueil et des ressources dont ils disposent dans cette période. C'est le cas de l'« Italien » et de l'« Ivoirien » qui sont revenus temporairement au village de longues semaines après le décès de leur génitrice.
16. Pour l'auteur, la citoyenneté culturelle existe au-delà des limites juridiques de l'État.
17. C'est le titre donné aux personnes de sexe masculin ayant effectué un pèlerinage musulman à La Mecque. C'est ainsi qu'il est appelé par les villageois.
18. Il nous confia que les prières lors des fêtes musulmanes avaient lieu dans une église auparavant.
19. Dans cette localité, une partie des habitants d'obédience malékite se sont opposés violemment à la construction d'une mosquée wahhabite en 2015.
20. En juillet 2019.
21. Le faible taux de paiement des frais de scolarité est une des raisons invoquées. Cissé (1990) avait relevé cette difficulté majeure dans le fonctionnement des medersas au Burkina.
22. Dans son discours, il prône cependant la tolérance vis-à-vis des autres tendances religieuses en invoquant notamment son expérience migratoire

BIBLIOGRAPHIE

Adas, E.-B., 2006, « The making of entrepreneurial Islam and the Islamic spirit of capitalism », *Journal for Cultural Research*, 10, 2, p. 113–137.
Bâ, A., et Coquet, I., 1994, « Les initiatives des émigrés du fleuve Sénégal installés dans le Nord-Pas-de-Calais », *Hommes et Terres du Nord*, 4, p. 166–171.
Bernard, S.J., 1965, « Structures et relations sociales en pays Bisa (Haute-Volta) », *Cahiers d'études africaines*, 5, 18, p. 161–247.
Boyer, F., 2016, « De l'ambivalence des retours de Burkinabè de Côte d'Ivoire à Ouagadougou : une approche générationnelle » in Bredeloup, S. et Zongo, M. (dir.), *Repenser les mobilités burkinabè*, Paris, L'Harmattan, p. 121–144.
Boyer, F., & Mounkaila, H., 2010, « Partir pour aider ceux qui restent ou la dépendance face aux migrations », *Hommes & Migrations*, 1286–1287, p. 212–220.
Bredeloup, S., et Ba, C.O., 1994, « Dynamiques migratoires et dynamiques associatives », *Hommes et Terres du Nord*, 4, 1, p. 179–188.
Capone, S., 2010, « Religions "en migration" : De l'étude des migrations internationales à l'approche transnationale », *Autrepart*, 4, p. 235–259.

Cissao, Y., 2018, État, communautés locales et gestion des conflits dans le département de Tenkodogo (Province du Boulgou), Thèse de doctorat unique de sociologie, Université Joseph Ki-Zerbo.

Cissé, I., 2009, « El hadj Oumarou Kanazoé : homme d'affaires et mécène dans la communauté musulmane burkinabè », *Cahiers du CERLESHS XXIV*, 34, p. 151–186.

Cissé, I., 1990, « Les médersas au Burkina : l'aide arabe et la croissance d'un système d'enseignement arabo-islamique », *Islam et sociétés au sud du Sahara*, 4, p. 57–72.

CNUCED, 2018, *Les migrations au service de la transformation structurelle*, Rapport 2018, New York et Genève.

Daum, C., 1997, « Immigrés acteurs du développement : Une médiation sur deux espaces », *Hommes & Migrations*, 1206, p. 31–42.

Daum, C., 1993, « Quand les immigrés construisent leur pays », *Hommes & Migrations, 1165,* p. 13–17.

Degorce, A., Kibora O.L. et Langewiesche, K, 2019, « La pluralité – et après ? Une introduction », *in* Degorce A., Kibora O. L. et Langewiesche K., (dir.), *Rencontres religieuses et dynamiques sociales au Burkina Faso*, Dakar, Amalion, p. 1–12.

Degorce, A., 2016, « Discours sur les migrants de retour de Côte d'Ivoire dans le roman et la chanson burkinabè », *in* Bredeloup, S. et Zongo, M. (dir.), *Repenser les mobilités burkinabè*, Paris, L'Harmattan, p. 145–174

De Vreyer, P., Gubert, F. et Robilliard, A.-S., 2010, « Are there returns to migration experience? An empirical analysis using data on return migrants and non-migrants in West Africa », *Annals of Economics and Statistics*, 97/98, p. 307–328.

Fourchard, L., Mary, A. et Otayek, R., 2005, *Entreprises religieuses transnationales en Afrique de l'Ouest*, Paris, Karthala.

Hazard, B., 2004, « Entre le pays et l'outre-pays. "Little Italy" dans le Bisaku (Burkina Faso) », *Journal des Africanistes,* 74–1/2, p. 249–274.

Hazard, B., 2010, « Réinventer les ruralités. La diaspora burkinabè en Italie dans la reconfiguration des territoires ruraux : l'exemple de Beguedo », *Cahiers d'études africaines*, 198–199–200, p. 507–528.

Hodgkin, E, 1990, « Islamism and Islamic research in Africa », *Islam et sociétés au sud du Sahara*, 4, p. 197–262.

Kaag, M., et Saint-Lary M., 2011, « Nouvelles visibilités de la religion dans l'arène du développement. L'implication des élites chrétiennes et musulmanes dans les politiques publiques en Afrique », *Bulletin de l'APAD*, 33.

Kibora, L., et Langewiesche K., 2019, « Qu'est-ce que la "tradition" ? Qu'appelle-t-on religion traditionnelle ? », *in* Degorce A., Kibora L. et Langewiesche K. (dir.), *Rencontres religieuses et dynamiques sociales au Burkina Faso*, Dakar, Amalion, p. 17–38.

Lacroix, T., 2006, « Quand les migrants développent leur région d'origine : initiatives marocaines », *Accueillir*, 238, p. 30–31.

Lavigne-Delville, P., 1990, « Les projets de développement initiés par les migrants », *Hommes et Migrations*, 1131, p. 25–27.

LeBlanc, M.N. et Gomez-Perez, M., 2007, « Jeunes musulmans et citoyenneté culturelle : retour sur des expériences de recherche en Afrique de l'Ouest francophone », *Sociologie et sociétés*, 39, 2, p. 39–59.

Madore, F., 2018, Rivalités et collaborations entre aînés et cadets sociaux dans les milieux associatifs islamiques en Côte d'Ivoire et au Burkina Faso (1970–2017), Doctoral dissertation, Université Laval.

Miller, T., 1998, *Technologies of Truth: Cultural Citizenship and the Popular Media*, Minneapolis, University of Minnesota Press.

Ouédraogo, Y., 2017, « ONG musulmanes et renouveau islamique au Burkina Faso (1980–2015) », *SIFOE*, 8, p. 173–185.

Reikat, A., 2002, « Das naam oder 'Der Wille zur Macht'. Der Fall des Königs von Tenkodogo (Burkina Faso, Westafrika) ». *Paideuma*, p. 77–99.

Sadouni, S., 2009, « Humanisme spirituel et ONG islamiques en Afrique du Sud », *Afrique contemporaine*, 231, p. 155–170.

Saint-Lary, M., 2012, « Du wahhabisme aux réformismes génériques : renouveau islamique et brouillage des identités musulmanes à Ouagadougou », *Cahiers d'études africaines*, 206–207, 2, p. 449–470.

Saint-Lary, M., 2011, « "J'épargne pour l'Au-delà". Le salut comme rhétorique de la réislamisation au Burkina Faso », *L'Homme. Revue française d'anthropologie*, 198–199, p. 227–246.

Sounaye, A., 2011, « Doing development the Islamic way in contemporary Niger », *Bulletin de l'APAD*, 33.

Tchouassi, G, 2010, « L'argent de la diaspora et le financement des infrastructures sociales urbaines et périurbaines de base en Afrique » in CODESRIA (dir.), *Repenser le développement en Afrique,* Dakar, CODESRIA, p. 211–229.

Timera, M.B., Diongue M., Sakho P., Diene A N. et Diagne A., 2016, « Islam et production des espaces urbains au Sénégal : les mosquées dans la périphérie de Dakar (Keur Massar extension) », *Germivoire*, 4, p. 226–244.

Vitale, M., 2009, « Économie morale, islam et pouvoir charismatique au Burkina Faso », *Afrique contemporaine*, 231, p. 229–243.

Zongo, M., 2009, « L'*Italian dream* : côté cour. L'impact des transferts financiers des émigrés bissa en Italie sur les villages de départ dans la province du Boulgou au Burkina Faso », *Annales de l'Université de Ouagadougou,* série A, 8, p. 397–419.

Zongo, M., 2003, « La diaspora burkinabè en Côte d'Ivoire : trajectoire historique, recomposition des dynamiques migratoires et rapport avec le pays d'origine », *African Sociological Review/Revue Africaine de Sociologie*, 7, 2, p. 58–72.

2. Une migrante, Clémentine Sanou, institutrice à l'école catholique de Bagre (Crédit Photo : Harouna Marané).

3. Accueil des migrants au retour (Crédit Photo : Harouna Marané).

2.

LE RETOUR DES MIGRATIONS INTERNATIONALES EN PAYS BISSA AU BURKINA FASO.

Un facteur de regain religieux des migrants

Irissa Zidnaba

L es migrations façonnent les identités et les parcours. Les migrants véhiculent ainsi des valeurs socioculturelles et religieuses, à travers leurs pratiques et leurs croyances dans leur pays de transit ou d'accueil. Les croyances et enseignements des mourides au Sénégal circulent ainsi dans le monde entier, par exemple en France, en Espagne, en Italie, aux USA, au Brésil et au Maroc, par l'intermédiaire des migrants sénégalais à travers l'implantation des *dahira*[1], les visites régulières de leurs cheikhs et l'accomplissement des pèlerinages religieux à Touba, dans leur pays d'origine (Bava 2003 ; Lanza & Seck 2018 ; Minvielle 2018). Les pratiques religieuses constituent à la fois un facteur d'intégration sociale, une ressource ou un refuge face à une potentielle marginalisation (Foner & Alba 2008 ; Prencipe & Giovanella 2012).

Certains migrants africains s'appuient sur des réseaux religieux humanitaires (accueil, assistances financières, conseils juridiques) ou développent au niveau local de nouvelles pratiques en fonction du marché religieux comme une « étape spirituelle sur les routes migratoires » (Bava 2018), mais aussi comme une forme d'investissement communautaire de construction des espaces religieux. Au Maghreb, de nombreux auteurs montrent que les migrants chrétiens africains (notamment camerounais, ivoiriens, ghanéens, nigérians et soudanais) à destination de l'Europe, constituent d'importantes communautés religieuses de « circonstance », bien visibles dans le paysage religieux du Caire et de Tunis (Bava 2018 ; Bava & Picard 2014 ; Boissevain 2018 ; Picard 2013, 2018). Ils y sont également devenus de véritables acteurs d'une revitalisation religieuse, notamment chrétienne, à travers la dynamisation et la multiplication d'églises et de groupes de prières (catholiques, protestantes missionnaires, pentecôtistes et anglicanes) sur leurs routes migratoires. Des changements rituels et esthétiques, du personnel religieux, la célébration des cultes en plusieurs langues, à savoir le français, l'anglais, le coréen et l'arabe, sont ainsi nouvellement introduits *(ibid.)*.

Dans les pays d'immigration, les pratiques ou comportements religieux des migrants varient selon les différents contextes socio-historiques et politiques. Aux États-Unis, les migrants internationaux importent leur religion et celle-ci constitue un tremplin, d'une part pour l'intégration socioprofessionnelle, les églises, les mosquées et les temples fournissant des informations sur les emplois, les logements, les cours d'anglais, et les séminaires aux nouveaux arrivants. D'autre part, les espaces religieux offrent des opportunités de socialisation, de respectabilité et de réconfort contre le stress et les difficultés. Les institutions religieuses contribuent également à la formation civique des nouveaux arrivants et à leur participation active aux activités d'intérêt communautaire (Foner & Alba 2008). En Europe toutefois, la religion des migrants n'est pas le plus souvent perçue comme un facteur d'intégration. L'islam est analysé comme un obstacle ou un défi à l'intégration et une source de conflit avec les institutions et les pratiques dominantes *(ibid.)*. À partir des données de l'Enquête sociale européenne (2002–2008), Van Tubergen & Sindradottir (2011) ont analysé la religiosité des migrants de première génération vivant dans 27 pays d'accueil. Les résultats des analyses statistiques montrent qu'au niveau individuel, la religiosité[2] est plus élevée chez les immigrés sans emploi, moins scolarisés et nouvellement arrivés. Comparés aux nationaux, les immigrants, en moyenne, sont plus pratiquants : participation aux services religieux une fois par semaine (18,02 % chez les immigrés contre 16,86 % chez les nationaux), fréquence des prières journalières (30,02 % chez les immigrés contre 21,86 % chez les nationaux). La religiosité des migrants diffère également selon les pays de résidence. Dans des pays comme la Grèce, la Pologne, le Portugal et le Royaume-Uni, les immigrés présentent des niveaux élevés, comparativement à ceux qui vivent dans les pays scandinaves et d'Europe de l'Est, en particulier en ce qui concerne la fréquentation religieuse et la prière. Dans certains pays tels que Chypre, la Grèce, l'Irlande et l'Ukraine, les niveaux de religiosité des nationaux sont plus élevés que ceux des immigrés. Ces différences de comportements des immigrés vis-à-vis du religieux sont liées à leurs caractéristiques individuelles, aux contextes socioculturels et aux politiques nationales *(ibid.)*.

Au Burkina Faso, les migrants internationaux ont également développé des pratiques ou des attitudes religieuses en fonction de leurs pays d'accueil ou du type de migration : migration de travail ou migration pour études dans le cadre religieux. Les migrants économiques burkinabè à destination de l'Afrique de l'Ouest, notamment au Ghana et en Côte d'Ivoire, se sont en grande partie convertis à l'islam ou au christianisme durant leur séjour, au détriment de leur religion traditionnelle locale, et ont même souvent contribué à les importer à leur retour au pays (Blion & Bredeloup 1997 ; Hazard 2007 ; Laurent 2003 ; Ouédraogo 2018 ; Rouch 1956). Les immigrants burkinabè en Europe ont également développé plusieurs profils religieux : des croyants pratiquants, non pratiquants ou convertis. Les travaux de Benoît Hazard sur les pratiques transnationales des migrants bissa en Italie, montrent que certains burkinabè continuaient à y pratiquer leurs religions d'origine, notamment l'islam, organisaient et participaient à des cérémonies religieuses, baptêmes, mariages et funérailles (Hazard 2007). D'autres migrants burkinabè se sont convertis au catholicisme pour mieux s'intégrer dans la société d'accueil *(ibid.)*. Dans cette veine, un responsable religieux à Béguédo, en pays bissa, décrivait les conséquences des séjours migratoires en Italie sur les pratiques religieuses de certains migrants bissa en visite : « La migration en Italie a amené certains qui étaient musulmans à se convertir au christianisme, d'autres ne sont ni musulmans, ni chrétiens. Ils sont comme des Blancs. » (Cité dans Zidnaba 2016 : 121).

Concernant les migrations pour suivre des études religieuses, des étudiants burkinabè émigrent vers le Maghreb ou le Moyen Orient (Égypte, Arabie Saoudite, Syrie, Iran) pour l'apprentissage de la science religieuse, notamment islamique, et constituent à leur retour des acteurs de premier plan dans le renouveau islamique en cours au Burkina Faso (Ouédraogo 2015). Les travaux de Pierre-Joseph Laurent montrent également que des jeunes pasteurs burkinabè ont été des excellents auxiliaires des missions nord-américaines, françaises et suédoises dans la propagation des églises évangéliques et pentecôtistes dans la plupart des pays voisins, Bénin, Côte d'Ivoire, Ghana, Togo et Sénégal (Laurent 2003).

Ainsi, les études sur les migrations et les religions burkinabè ne sont certes pas nouvelles dans le champ des recherches en sciences sociales au Burkina Faso, mais elles restent encore peu investies (Bredeloup 2014 ; Ouédraogo 2018 ; Ouédraogo 2015). Le pays a également enregistré ces dernières années d'importants mouvements de migrants burkinabè de retour en provenance des pays du Maghreb, de l'Afrique centrale, de l'Afrique de l'Ouest et d'Europe, en raison de la généralisation de la lutte contre la migration irrégulière et de la signature d'accords pour le retour et la réadmission des migrants (Ministère des Affaires Étrangères et de la Coopération Régionale 2009). Le nombre de migrants internationaux de retour s'établissait officiellement à 8.000 personnes entre 2011 et 2015, 3.405 en 2016, 1.429 en 2017 et 336 en juin 2018 (CONASUR et al. 2018).

La sociologie des religions est une discipline très développée, mais le fait religieux est également un sujet d'étude géographique (Bertrand

1997 ; Dejean 2008 ; Di Méo 2008 ; Racine & Walther 2003). En effet, la question de la religion a fait l'objet d'attention des géographes, à travers les liens entre religions et espaces, les pratiques et les comportements religieux, ou encore la production religieuse de l'espace. Dans cette perspective, le géographe J. R. Bertrand (1997) écrivait ceci :

> « Il nous semble que le renouveau des études géographiques de la religion et de ses manifestations passe d'abord par un recentrage des travaux sur la religiosité des populations ou pour le moins sur les comportements religieux. L'inventaire des indicateurs et de leur signification permet de préciser les avancées possibles... » (Bertrand 1997 : 215).

Ainsi, il apparaît nécessaire de s'interroger sur les croisements entre migrations et religions au regard des enjeux actuels, à travers la question suivante : comment les migrations internationales impactent-elles les pratiques religieuses des migrants de retour ? L'objectif de cette étude est d'analyser les conséquences des parcours migratoires sur la religiosité des migrants économiques de retour en pays bissa, au Centre-Est du Burkina Faso, au cours des différentes étapes de leur migration.

L'étude est subdivisée en trois parties. La première présente les sources des données et la méthode utilisée. Dans ce travail, la démarche méthodologique employée s'inscrit de façon singulière dans une approche quantitative afin de mesurer le niveau de la religiosité et d'analyser les variables associées. Les résultats sont présentés en deuxième partie. La troisième partie est consacrée à la discussion des résultats.

SOURCE DE DONNÉES ET MÉTHODES

La présentation de la démarche méthodologique se décline en trois axes, à savoir les sources de données, la population d'étude et les méthodes d'analyse.

Les sources de données

L'analyse ici s'appuie essentiellement sur des données quantitatives collectées dans le cadre du programme de recherche ANR Relinsert, « L'insertion des migrants par le religieux au Burkina Faso ». Nos recherches ont précisément porté sur la réinsertion des migrants de retour en pays bissa, dans la région du Centre-Est du Burkina Faso (*cf.* Carte 1). La collecte des données s'est déroulée en mars 2019 dans trois communes, à savoir Garango, Béguédo et Niaogho, de la province du Boulgou. Le Centre-Est est une région à forte tradition migratoire et est donc la principale destination des migrants internationaux de retour. Sur les 5 170 migrants internationaux de retour dénombrés entre 2016 et juin 2018 au Burkina Faso, cette région en a accueilli 54 %, soit plus de la moitié (CONASUR et al. 2018). Le choix de ces communes pour la collecte des données se justifie par le fait qu'elles constituent les principaux bassins d'émigration de la région (Institut National de la Statistique et de la Démographie 2009b ; Zidnaba 2016).

Les données ont été recueillies auprès de ménages comptant un migrant international de retour dans ces trois communes rurales, de

Carte 2.1 : Localisation de la zone d'étude en pays bissa

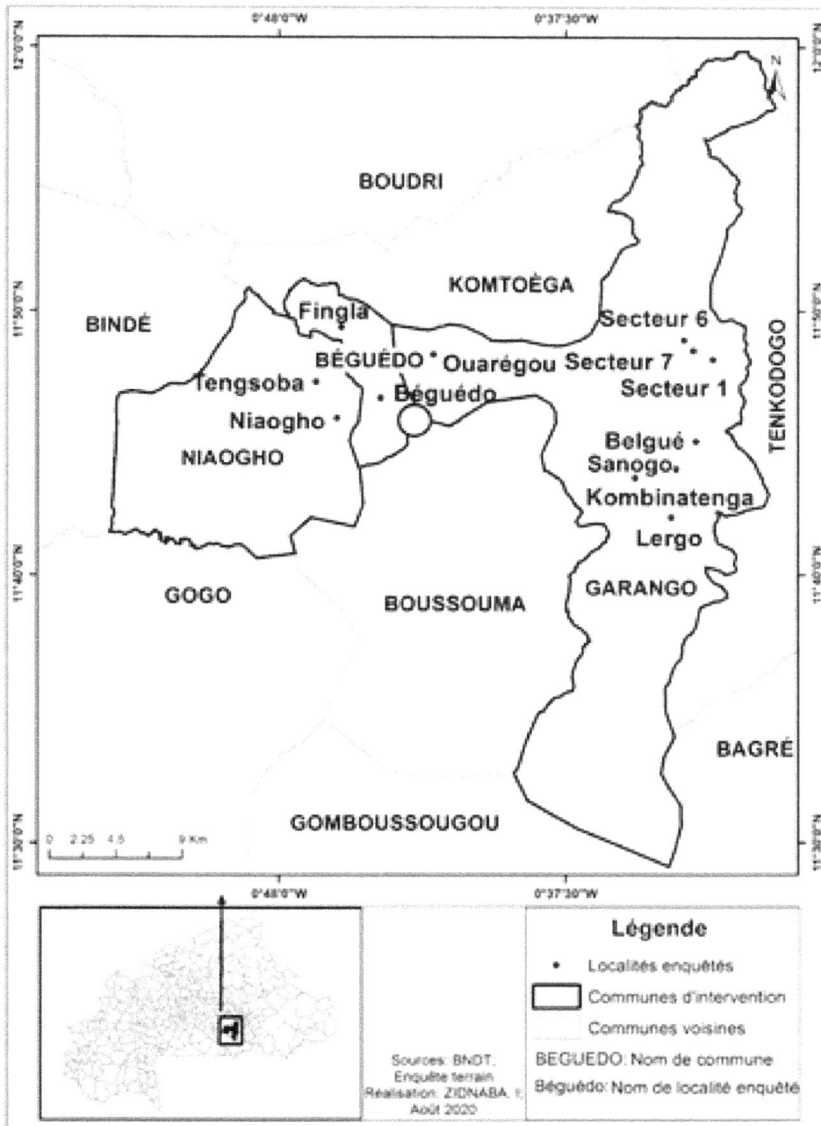

façon représentative et au prorata (*cf.* annexe). L'enquête quantitative a porté sur les caractéristiques socio-démographiques des migrants internationaux, sur leurs projets migratoires, leurs parcours, les conditions de leur séjour, les circonstances de leur retour, leurs mécanismes de réinsertion socioprofessionnelle et religieuse, et leurs pratiques religieuses avant, pendant et après le retour au pays.

Culturellement, la zone d'étude est majoritairement peuplée par des populations du groupe ethnique bissa. Actuellement, d'autres groupes ethniques se sont installés dans cette zone : mossi, peulh, koussassé et yana. Selon les résultats du dernier Recensement Général de la Population et de l'Habitation (RGPH 2006), la langue bissa est la plus parlée, avec 63 % des populations (locuteurs) de la province du Boulgou. Les principales religions pratiquées y sont l'islam (75,8 %), suivi du catholicisme (15 %), de la religion traditionnelle (6,2 %), du protestantisme (2,4 %), puis des autres religions (0,4 %) et des « sans religion » (0,2 %) (Burkina Faso 2009b). À l'échelle communale, les statistiques relatives à l'appartenance religieuse[3] ne sont pas disponibles. Dans les trois communes de l'étude, l'islam constitue la principale religion, surtout en milieu rural, et particulièrement dans la commune de Béguédo. La communauté chrétienne est essentiellement composée de fonctionnaires (Zidnaba 2016). En revanche, dans les communes de Garango (urbaine) et de Niaogho, la religion chrétienne, notamment catholique, y est plus importante en milieu urbain. Les catholiques ont réalisé à Garango, par exemple, de nombreuses infrastructures religieuses, scolaires et professionnelles : église, centres d'accompagnement des enfants et infrastructures scolaires et professionnelles. Dans ces deux dernières communes, à savoir Garango et Niaogho, les élites locales sont essentiellement de religion catholique (Commune de Garango 2018). À Béguédo, les populations, en majorité musulmanes, ont pendant longtemps refusé l'éducation scolaire jusqu'à l'arrivée au pouvoir du Président Aboubacar Sangoulé Lamizana en 1966, sous prétexte que l'école était un facteur d'évangélisation de leurs enfants par des Pères catholiques blancs (Zidnaba 2016).

La population d'étude

Dans cet article, la population d'étude est constituée de migrants internationaux de retour, rentrés au Burkina Faso, notamment dans leur commune de résidence, après 2011. Autrement dit, l'enquête a porté sur les migrants de retour de 2012 jusqu'à la période de collecte des données, c'est-à-dire de 2012 à 2019. Ainsi, il s'agit de 484 migrants internationaux de retour, âgés de 15 à 70 ans, dont seulement 1 % est de sexe féminin (Tableau 2.1).

Tableau 2.1 : Répartition des migrants de retour enquêtés
selon la commune

Commune	Échantillon calculé	Effectif enquêté	Population enquêtée %
Béguédo	110	110	22,7
Garango	223	262	54,1
Niaogho	110	112	23,2
Total	443	484	100

Source : Enquête Relinsert, Boulgou, mars 2019.

Concernant l'appartenance religieuse, la plus grande partie de ces migrants de retour est musulmane ; seulement 5 % d'entre eux sont de religion chrétienne. Les caractéristiques de la population d'analyse se déclinent à travers le Tableau 2.2 ci-après.

Les retours spontanés désignent ici des migrations de retour brusque, liées à des raisons familiales (problèmes familiaux, décès). Le retour survient ici de façon soudaine et sans organisation. Les retours volontaires concernent les migrations de retour nées d'un choix délibéré et de plein gré des migrants qui estimaient avoir assez épargné ou qui ne voulaient pas rester dans leur pays d'accueil. Contrairement aux retours volontaires, les retours forcés ou contraints concernent le retour des migrants qui ont dû rentrer contre leur gré (guerre, expulsion, fin de contrat ou situation irrégulière). La guerre ici est relative à la crise libyenne qui a engendré des rapatriements réguliers de ressortissants burkinabè. Par ailleurs, les principaux pays d'accueil de migrants burkinabè internationaux sont, entre autres et par ordre d'importance : l'Algérie, la Libye, le Gabon, la Guinée équatoriale, la Côte d'Ivoire, l'Italie, le Congo Brazzaville, le Ghana, l'Allemagne, l'Espagne.

Tableau 2.2 : Présentation de l'échantillon de l'étude

Variables	Modalités	Effectifs	Pourcentage
Niveau d'instruction (Pas de niveau supérieur)	Franco-arabe	86	17,8
	Aucun	195	40,2
	Primaire	145	30,0
	Secondaire	58	12,0
	Total	484	100,0
Commune de résidence	Béguédo	110	22,8
	Garango	262	54,1
	Niaogho	112	23,1
	Total	484	100,0
Circonstance de retour	Retour volontaire	25	5,2
	Retour forcé ou contraint	339	70,0
	Retour spontané	81	16,7
	Retour assisté OIM	39	8,1
	Total	484	100,0
Durée de séjour	0–2 ans	156	32,2
	3–5 ans	204	42,1
	6 ans et +	124	25,7
	Total	484	100,0
Région d'immigration	CEDEAO	83	17,1
	Afrique centrale	167	34,5
	Maghreb	223	46,1
	Europe	11	2,3
	Total	484	100,0

Source : Enquête Relinsert, Boulgou, mars 2019.

Méthode d'analyse et définitions conceptuelles

Dans la présente analyse, la méthode utilisée est essentiellement statistique (tableau croisé, y compris le test d'indépendance) pour analyser le niveau de religiosité des migrants de retour et la manière dont les migrations internationales affectent les pratiques religieuses avant, pendant et après la migration. Au total, dix variables relatives aux caractéristiques individuelles, contextuelles et religieuses des migrants internationaux de retour ont été retenues en raison de leur influence sur la religiosité (Van Tubergen & Sindradottir 2011) : niveau d'instruction, commune de résidence, religiosité avant l'émigration, religiosité durant la migration, religiosité après le retour, rapport à la religion, durée du séjour, statut de liberté religieuse durant le séjour, région d'immigration et circonstance de retour. L'analyse de la religiosité des migrants internationaux de retour s'inscrit ici dans la théorie de l'intégration (Piché 2013 ; Safi 2011) à travers le cycle migratoire, à savoir avant la migration (régularité des pratiques religieuses), pendant le séjour (impact de la migration sur les pratiques religieuses et rapport à la religion dans la migration) et après le retour (perception individuelle des pratiques religieuses actuelles). Les variables indépendantes retenues sont celles qui ont présenté des liens d'association statistiquement significatifs.

Les variables relatives à l'appartenance religieuse, le statut d'emploi en migration, l'âge, le sexe ne sont pas pris en compte, car celles-ci ne présentent pas de relation statistique significative avec les variables dépendantes d'analyse : niveau de religiosité avant la migration (avant le départ), impact de la migration sur les pratiques religieuses (pendant le séjour migratoire) et appréciation des pratiques religieuses actuelles (après le retour). L'absence de ces variables dans l'analyse représente toutefois une certaine limite pour la présente étude.

Les pratiques religieuses font référence ici à l'accomplissement des actes cultuels réguliers (quotidiens ou hebdomadaires) par des communautés de personnes ayant une même croyance religieuse. Concernant la religiosité, elle renvoie à celle de la définition de Bertrand (1997) ci-après :

> « La religiosité recouvre l'intensité de l'engagement personnel dans le système de croyance, qui peut être apprécié par un certain nombre d'attitudes et de comportements identifiables, reconnaissables, convenus (messalisant, militant anti-avortement, etc.). Autrement dit la religiosité apparaît comme la manifestation concrète, empiriquement observable, exprimant chez l'individu (ou le groupe) les dimensions multiples de la religion. » (Bertrand 1997 : 217).

L'école franco-arabe renvoie ici aux institutions d'éducation dans lesquels les élèves reçoivent des enseignements religieux en langue arabe et l'éducation formelle en français (Ministère de l'Éducation Nationale et de l'Alphabétisation 2015). Le niveau d'instruction atteint par les migrants ayant fréquenté ces écoles franco-arabes n'a pas été recueilli lors de la collecte des données.

PRÉSENTATION DES RÉSULTATS

La présentation des résultats de l'analyse est organisée en trois axes : primo, les caractéristiques des migrants de retour enquêtés et leur niveau de religiosité avant le départ migratoire, secundo, la religiosité en situation de migration et, tertio, la religiosité de retour de migration internationale.

Profils des migrants avant l'émigration

Les profils des migrants sont analysés à travers leurs caractéristiques sociales et migratoires, et leur niveau de religiosité.

Des migrants peu instruits et des retours sous contrainte du Maghreb et d'Afrique centrale

L'analyse des profils des migrants internationaux de retour dans les villages d'enquête sera essentiellement centrée ici sur les variables telles que le niveau d'instruction, la région d'immigration, la durée de séjour et les circonstances du retour. Celles-ci permettront d'appréhender les conditions des migrations et de saisir leur implication sur la dynamique des pratiques religieuses des migrants.

Selon le Tableau 2.2 ci-dessus, le niveau d'instruction des migrants internationaux de retour enquêtés est dans l'ensemble très faible. En effet, deux migrants sur cinq (2/5) sont analphabètes, 30 % ont le niveau primaire, 17,8 % ont fréquenté l'école arabe et seulement 12 % ont le niveau secondaire. Aucun migrant enquêté n'avait fait d'études supérieures.

La durée du séjour de ces migrants internationaux dans leur pays d'accueil va de moins d'un 1 an à 46 ans, avec une durée moyenne de 5 ans. Plus de deux tiers (2/3) sont rentrés de façon forcée, en majorité du Maghreb (46,1 %) et d'Afrique centrale (34,5 %) ; 16,7 % sont rentrés de manière spontanée ; 8,1 % ont été assistés par l'Organisation Internationale de la Migration (OIM) à leur retour, et seulement 5,2 % des migrants enquêtés sont rentrés de leur propre initiative, c'est-à-dire volontairement. Le nombre de migrants rentrés des pays de la Communauté Économique des États de l'Afrique de l'Ouest (CEDEAO) et d'Europe est peu élevé, respectivement, 17,1 % et 2,3 %.

En somme, les migrants internationaux de retour enquêtés sont essentiellement des migrants non qualifiés, qui résidaient en majorité de façon irrégulière dans leur pays d'accueil. Les conditions difficiles de vie et de travail les ont motivés à rentrer au Burkina Faso.

La religiosité avant l'émigration

Dans l'enquête, la religiosité est mesurée à chaque étape du cycle migratoire par une question spécifique portant sur la régularité des pratiques cultuelles (avant l'émigration), sur le rapport à la religion en situation migratoire et l'impact de cette dernière sur les pratiques religieuses (pendant la migration). Après le retour, elle est appréciée à travers la perception individuelle actuelle des pratiques religieuses. Des données sur la conversion ont également été collectées, et seulement 10 migrants sur 484 ont déclaré avoir changé de religion en migration, dont 4 étaient en Afrique centrale, 3 au Maghreb, 2 en Afrique de l'Ouest et 1 en Europe. Cette modalité n'a pas été analysée en raison de sa faible proportion (2 %).

Seuls 8,7 % des migrants enquêtés déclarent qu'ils étaient des croyants pratiquants non réguliers avant l'émigration, c'est-à-dire qu'ils n'effectuaient pas régulièrement leurs actes cultuels selon les prescriptions religieuses. La grande partie des migrants internationaux de retour, en revanche, accomplissait quotidiennement, avant le départ, les actes cultuels réglementaires.

Ces pratiques religieuses ont varié selon le niveau d'instruction et la commune de résidence (*cf.* Tableau 3 ci-après). La proportion des migrants internationaux de retour pratiquants réguliers décroît avec l'augmentation de leur niveau d'instruction. En effet, parmi les migrants de retour qui affirment qu'ils étaient des pratiquants réguliers avant l'émigration, deux migrants sur cinq (2/5) n'ont aucun niveau d'instruction, près d'un migrant sur quatre (1/4) a le niveau primaire et seulement un migrant de retour sur dix (1/10) a un niveau secondaire. Concernant les migrants de retour pratiquants non réguliers, la même tendance est observée.

Pour ce qui est de la commune de résidence, plus de la moitié des migrants pratiquants réguliers avant l'émigration viennent de la commune de Garango ; ceux qui résident dans les communes de Béguédo et de Niaogho représentent chacun un cinquième (1/5) de ceux qui se définissent comme pratiquants réguliers. Parmi les migrants de retour enquêtés qui n'accomplissaient pas régulièrement leurs actes cultuels réglementaires, ceux de la commune de Niaogho viennent en tête (42,9 %), suivis des migrants de Garango (38,1 %). Enfin la commune de Béguédo enregistre la plus faible proportion (19 %). En conséquence, les migrants de retour enquêtés qui résident à Garango et à Béguédo étaient plus pratiquants avant leur émigration comparativement à ceux de Niaogho. Ce niveau de religiosité des migrants de retour est lié à la différence des contextes socio-religieux dans chaque commune rurale, notamment à l'éducation, à l'histoire religieuse locale et au dynamisme (ou non) des principales religions implantées. Par exemple, les populations de Béguédo avaient refusé la religion chrétienne, si bien qu'elles s'opposaient à la scolarisation de leurs enfants à l'école des Pères blancs, comme précédemment précisé, contrairement à celles de Niaogho. La religion musulmane reste toujours dynamique de nos jours, en témoigne la multiplication des constructions de mosquées, notamment grâce aux migrants internationaux. Dans le village de Ouarégou, situé dans la commune de Garango, les migrants résidant en Italie ont construit la plus grande mosquée de la commune en 2003. Ils ont également contribué à construire une grande église en cours de finalisation (mars 2019). À Béguédo, la plus grande mosquée est reconstruite en étage (R+2) par les migrants à un coût d'environ 16 millions. À Niaogho et à Béguédo, les lieux de culte chrétiens sont moins nombreux – une église catholique et un temple pour les protestants –, et concentrés essentiellement au centre de chacune des communes.

Tableau 2.3 : Répartition des migrants de retour selon le niveau de religiosité avant l'émigration, le niveau d'instruction et la commune de résidence

| Variables | Modalités | Selon vous, quel était votre niveau de religiosité avant votre émigration ? | | Total en % (effectif) |
		Pratiquant régulier	Pratiquant non régulier	
Niveau d'instruction* (Pas de niveau de supérieur)	École franco-arabe	18,3	11,9	17,8 (86)
	Aucun	40,7	35,7	40,3 (195)
	Primaire	30,1	28,6	30,0 (145)
	Secondaire	10,9	23,8	12,0 (58)
Total		100,0 (442)	100,0 (42)	100,0 (484)
Commune de résidence**	Béguédo	23,0	19,0	22,7 (110)
	Garango	55,7	38,1	54,1 (262)
	Niaogho	21,3	42,9	23,2 (112)
Total		100,0 (442)	100,0 (42)	100,0 (484)

Source : Enquête Relinsert, Boulgou, mars 2019. NB : ***p<0,001 ; **p<0,05 et *p <0,10.

Nous pouvons conclure que les migrants internationaux de retour étaient en grande partie des pratiquants réguliers avant l'émigration, mais cette religiosité décroît avec l'augmentation du niveau d'instruction. Ils sont en majorité analphabètes et rentrés de façon involontaire du Maghreb et de l'Afrique centrale.

La religiosité en situation migratoire

La religiosité des migrants est analysée ici à partir de son évolution en contexte migratoire et de l'influence des caractéristiques individuelles et contextuelles sur celle-ci.

Une recomposition de la religiosité face aux conditions de séjour

En pays bissa, les migrations internationales à destination de l'Afrique centrale, du Maghreb ou de l'Europe s'inscrivent en grande partie dans des filières clandestines, avec des stratégies variables d'entrées régulières et irrégulières, à travers des visas touristiques par exemple. À l'exception de ceux qui résident dans les pays de la CEDEAO, la majorité des migrants sont en situation irrégulière dans leur pays d'accueil. Ces conditions, associées aux nouvelles conditions de vie en migration, impactent la religiosité des migrants internationaux.

L'analyse de la religiosité des migrants enquêtés porte essentiellement ici sur deux axes, à savoir les conséquences de la migration sur leurs pratiques religieuses et le rapport des migrants à la religion en situation migratoire.

Le niveau de religiosité des migrants a connu chez certains un parcours dynamique au moment du séjour à l'étranger lié aux nouvelles conditions de vie (*cf.* Graphique 2.1, ci-après). Un tiers des migrants de retour enquêtés soutient que les conditions migratoires n'ont pas affecté leur religion, c'est-à-dire qu'ils la pratiquent de la même manière qu'avant l'émigration ; 32,4 % déclarent que leurs pratiques religieuses se sont plutôt améliorées contre 31,6 % des migrants qui, en revanche, estiment que leurs pratiques religieuses ont reculé durant la migration.

L'évolution de la religiosité des migrants est en partie associée à leur rapport à la religion. En effet, trois quarts (3/4) des migrants enquêtés perçoivent que la religion n'a pas de rapport quelconque avec leur projet migratoire (*cf.* graphique 2 ci-après) ; 19,8 % des migrants internationaux affirment que la religion a été une ressource en matière d'insertion socioprofessionnelle : assistance alimentaire, d'hébergement, accès à l'emploi et apprentissage de la religion. Une moindre proportion de migrants de retour (5,6 %) précise que la religion a été un obstacle

Graphique 2.1 : Répartition des migrants internationaux de retour selon l'impact de la migration sur leurs pratiques religieuses (%)

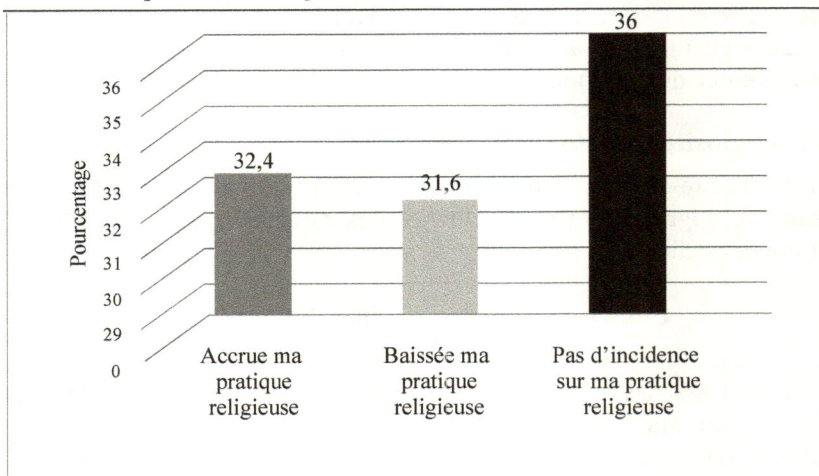

Source : enquête Relinsert, Boulgou, mars 2019.

à leur insertion socioprofessionnelle : intolérance religieuse, accomplissement difficile des prières lié à l'insécurité ou au contrôle policier.

L'évolution des pratiques religieuses des migrants internationaux enquêtés est en effet également tributaire de leurs caractéristiques individuelles et contextuelles.

Graphique 2.2 : Rôle de la religion durant le séjour migratoire (%)

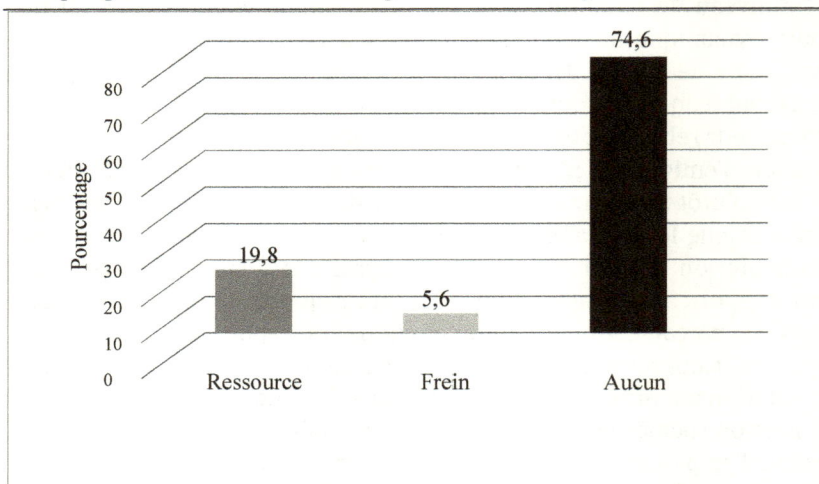

Source : enquête Relinsert, Boulgou, mars 2019.

Les conditions de séjour des migrants, facteur clé de l'évolution de leur religiosité

L'analyse des facteurs qui ont façonné la religiosité des migrants de retour durant leur séjour en migration porte essentiellement sur quatre variables relatives aux caractéristiques individuelles (niveau d'instruction) et contextuelles (région d'immigration, durée de séjour, et statut local des libertés religieuses).

Contrairement à la religiosité des migrants avant l'émigration, la dynamique religieuse en situation migratoire ne présente pas de différence selon le niveau d'instruction, mais plutôt selon le type d'enseignement reçu (*cf.* Tableau 2.4 ci-après). En effet, la migration internationale a moins affecté les pratiques religieuses des migrants internationaux ayant fréquenté l'école franco-arabe : plus de la moitié d'entre eux déclarent que la migration n'a pas eu d'incidence. Plus d'un cinquième (1/5) de ces migrants soutient que la migration a accru leurs pratiques cultuelles, contre près d'un quart qui déclare que celle-ci a affecté à la baisse leurs pratiques religieuses. Pour ceux qui ont reçu une instruction classique, la migration a impacté les pratiques religieuses de la majorité des migrants, de façon soit positive, soit négative. Mais la dynamique religieuse des migrants ayant reçu un enseignement classique ou sans instruction est dans l'ensemble équilibrée, car les proportions de ceux dont les pratiques religieuses se sont améliorées et de ceux dont les pratiques religieuses ont régressé sont presque identiques, quels que soient le niveau et le type d'instruction.

En conséquence, la religiosité des migrants ayant bénéficié de l'enseignement franco-arabe a été relativement moins affectée par les conditions migratoires. En revanche, les migrants ayant une instruction classique ont en majorité connu des dynamiques religieuses proportionnellement équilibrées.

Le niveau de religiosité des migrants est différemment affecté selon la région d'immigration. En effet, parmi les migrants qui ont résidé en Afrique de l'Ouest, plus de 2/5 déclarent que leurs pratiques religieuses n'ont pas été affectées par la migration ; près d'un tiers (1/3) soutient que leurs pratiques religieuses ont plutôt été accrues par la migration, contre près d'un cinquième (1/5) des migrants qui affirment que la migration a impacté négativement leurs pratiques religieuses. Concernant ceux qui étaient en Afrique centrale, la proportion des migrants dont les pratiques religieuses ont évolué à la baisse est relativement plus élevée : 37,1 %, contre 30,5 % qui considèrent que leurs pratiques religieuses se sont améliorées et près d'un tiers des migrants affirment que leurs pratiques religieuses n'ont pas été affectées par la migration. Les pratiques religieuses des migrants du Maghreb ont été proportionnellement affectées de façon ambivalente ou équilibrée : 1/3 des migrants déclarent que la migration a accru leurs pratiques religieuses ; autant pour ceux que la migration a rendus moins dynamiques, et pour ceux qui considèrent que la migration n'a pas eu d'incidence sur leurs pratiques cultuelles. Pour les migrants qui vivaient en Europe, la migration a de façon inattendue accru les pratiques religieuses de la majorité d'entre eux, plus d'un 1/2.

Cette recomposition du niveau de la religiosité des migrants selon la zone d'immigration est en partie liée à la différence des facteurs contextuels selon la région d'accueil (niveau de l'offre de marché religieux ou sa diversité, politique migratoire), le niveau de la religiosité individuelle et l'expérience migratoire individuelle.

Le statut des libertés de culte a également affecté les pratiques religieuses des migrants lors de leur séjour. L'absence de liberté religieuse fait référence ici à toute condition qui affecte l'exercice du droit de culte des migrants, notamment l'intolérance religieuse. Dans le cas particulier de la Libye, elle est aussi liée à la crise sécuritaire. Parmi les migrants déclarant ne pas avoir eu de liberté religieuse durant leur séjour, plus de 2/3 soutiennent que la migration a affecté à la baisse leurs pratiques religieuses, contre un dixième chez les migrants qui jouissaient de libertés religieuses. La migration a amélioré les pratiques religieuses de près de deux cinquièmes de ces derniers, comparés à un dixième de ceux qui n'avaient pas la possibilité de pratiquer leurs cultes. Parmi ceux pour qui la migration n'a pas eu d'incidence sur les pratiques religieuses, deux cinquièmes disposaient de libertés religieuses, alors qu'un dixième d'entre eux n'avaient pas de liberté de culte.

Ainsi, l'absence de liberté religieuse affecte négativement le niveau des pratiques religieuses des migrants, mais elle n'est pas le seul déterminant. Les caractéristiques individuelles et contextuelles des migrants y sont également associées.

Les pratiques religieuses des migrants sont également influencées par la durée du séjour migratoire. En effet, un tiers des migrants (35,9 %) dont la durée de séjour est inférieure ou égale à 2 ans affirme que leurs pratiques religieuses ont été affectées par la migration, tandis que 30,1 % d'entre eux soutiennent le contraire. Ceux dont la migration n'a pas eu d'incidence sur la pratique religieuse représentent un tiers.

Tableau 2.4 : Répartition des migrants de retour enquêtés selon la religiosité en migration et les caractéristiques individuelles et contextuelles

Variables	Modalités	Comment la migration a affecté votre pratique religieuse ?			Total en % (Effectif)
		Accrue ma pratique religieuse	Baissée ma pratique religieuse	Pas d'incidence sur ma pratique religieuse	
Niveau d'instruction **	École franco-arabe	23,3	24,4	52,3	100,0 (86)
	Aucun	32,3	30,3	37,4	100,0 (195)
	Primaire	35,9	35,1	29,0	100,0 (145)
	Secondaire	37,9	37,9	24,2	100,0 (58)
Total		32,4 (157)	31,6 (153)	36,0 (174)	100,0 (484)
Région de résidence avant le retour**	CEDEAO	32,5	19,3	48,2	100,0 (83)
	Afrique centrale	30,5	37,2	32,3	100,0 (167)
	Maghreb	32,7	33,2	34,1	100,0 (223)
	Europe	54,5	9,1	36,4	100,0 (11)
Total		32,4 (157)	31,6 (153)	36,0 (174)	100,0 (484)
Durant le séjour, est-ce que vous aviez la liberté de pratiquer votre religion ?***	Non	16,4	67,2	16,4	100,0 (152)
	Oui	39,8	15,4	44,8	100,0 (332)
Total		32,4	31,6	36,0	100,0 (484)
Durée de séjour à l'étranger pour la dernière migration***	0–2 ans	30,1	35,9	34,0	100,0 (156)
	3–5 ans	27,9	37,8	34,3	100,0 (204)
	6 ans et +	42,7	16,2	41,1	100,0 (124)
Total		32,4 (157)	31,6 (153)	36,0 (174)	100,0 (484)

Source : Enquête Relinsert, Boulgou, mars 2019.
NB : ***p<0,001 ; **p<0,05 et *p<0,10.

Pour les migrants qui ont eu un séjour de 3 à 5 ans, plus d'un tiers (37,7 %) considère que la migration a fait baisser leurs pratiques religieuses. Ceux pour qui la migration a amélioré les pratiques religieuses constituent un quart. Concernant les migrants qui ont eu un séjour de 6 ans et plus, la majorité d'entre eux (2/5) déclarent que la migration a positivement affecté leurs pratiques religieuses. Seulement un migrant sur 10 soutient que les conditions de séjour ont affecté négativement leur religiosité.

Ainsi, les pratiques religieuses des migrants internationaux sont négativement affectées durant leurs premières années d'arrivée en raison des difficultés d'intégration socioculturelle, mais elles s'améliorent au fur et à mesure que la durée de séjour s'allonge.

La religiosité de retour de migration

La religiosité de retour de migration est analysée ici d'une part d'après la perception individuelle des pratiques religieuses des migrants à la suite de leur retour dans leur pays d'origine et, d'autre part, en considérant la migration internationale comme facteur de « fabrique religieuse » des migrants.

Le retour comme facteur de regain religieux en pays bissa

L'analyse de la religiosité est axée sur la perception individuelle des migrants enquêtés, relative à leurs pratiques religieuses après le retour au pays d'origine. Comparativement aux pratiques religieuses avant le retour, le niveau de religiosité des migrants a de nouveau évolué à l'arrivée dans le pays d'origine.

En effet, plus de deux tiers (72,1 %) des migrants de retour enquêtés jugent qu'ils prient « mieux » maintenant, c'est-à-dire que la qualité de leurs pratiques religieuses s'est améliorée (*cf.* Tableau 2.5 ci-après) tandis qu'un migrant de retour enquêté sur 10 (1/10) affirme accomplir régulièrement les actes de cultes après le retour. Un migrant de retour enquêté sur 10 (1/10) soutient également qu'actuellement, le niveau de ses pratiques religieuses est similaire à celui en migration.

Le retour au pays d'origine a dans l'ensemble apporté des bouffées d'oxygène en matière de pratiques religieuses. Cette intensification des pratiques religieuses après le retour peut être en partie associée à l'expérience migratoire acquise à l'étranger, qui renforce la foi religieuse à travers le capital socio-religieux obtenu : religion comme ressource favorable à l'intégration socioprofessionnelle, apprentissage religieux. Par exemple à Ouarégou, dans un village de la commune de Garango, un migrant de retour du Congo Brazzaville rapportait à ce propos qu'il était enregistré à l'Église catholique, car il avait montré son carnet de baptême. Il a bénéficié, de ce fait, d'assistance de la part de l'Église. Lorsqu'il y avait des attaques ou des expulsions des étrangers au Congo, il était averti et sécurisé.

Les migrations internationales, facteur de façonnement de la religiosité des migrants

La religiosité des migrants enquêtés après leur retour est donc ici analysée à travers le niveau d'instruction, les parcours migratoires (zone d'immigration, circonstances de retour, affectation de la migration sur les pratiques religieuses durant le séjour) et la commune de résidence (*cf.* Tableau 2.5 ci-après).

Tableau 2.5 : Répartition des migrants selon la perception des pratiques religieuses après le retour en fonction des caractéristiques individuelles et contextuelles (%)

Variables	Modalités	Actuellement comment vous appréciez vos pratiques religieuses ?			Total en % (Effectif)
		Je prie comme lorsque j'étais en migration	Je prie mieux maintenant	Maintenant, je prie régulièrement	
Niveau d'instruction **	École franco-arabe	22,1	70,9	7,0	100,0 (86)
	Aucun	15,9	67,2	16,9	100,0 (195)
	Primaire	15,9	77,2	6,9	100,0 (145)
	Secondaire	10,3	77,6	12,1	100,0 (58)
Total		16,3	72,1	11,6	100,0 (484)
Région de résidence avant le retour*	CEDEAO	24,1	66,3	9,6	100,0 (83)
	Afrique centrale	13,8	74,2	12,0	100,0 (167)
	Maghreb	15,7	73,5	10,8	100,0 (223)
	Europe	9,1	54,5	36,4	100,0 (11)
Total		16,3	72,1	11,6	100,0 (484)

Source : Enquête Relinsert, Boulgou, mars 2019.
NB : ***p<0,001 ; **p<0,05 et *p<0,10.

Tableau 2.5 : Répartition des migrants selon la perception des pratiques religieuses après le retour en fonction des caractéristiques individuelles et contextuelles (%) (suite)

Variables	Modalités	Je prie comme lorsque j'étais en migration	Je prie mieux maintenant	Maintenant, je prie régulièrement	Total en % (Effectif)
Circonstance de retour au Burkina Faso*	Retour volontaire	12,0	76,0	12,0	100,0 (25)
	Retour forcé ou contraint	14,7	74,9	10,4	100,0 (339)
	Retour spontané	24,7	56,8	18,5	100,0 (81)
	Retour assisté OIM	15,4	76,9	7,7	100,0 (39)
Total		16,3	72,1	11,6	100,0 (484)
Comment la migration a-t-elle affecté votre pratique religieuse ？***	Accru ma pratique religieuse	9,6	84,1	6,3	100,0 (157)
	Baissé ma pratique religieuse	3,9	76,5	19,5	100,0 (153)
	Pas d'incidence sur ma pratique religieuse	33,3	57,5	9,2	100,0 (174)
Total		16,3	72,1	11,6	100,0 (484)
Commune de résidence**	Béguédo	20,9	62,7	16,4	100,0 (110)
	Garango	16,0	72,2	11,8	100,0 (262)
	Niaogho	12,4	81,3	6,3	100,0 (112)
Total		16,3 (79)	72,1 (349)	11,6 (56)	100,0 (484)

Source : Enquête Relinsert, Boulgou, mars 2019.
NB : ***p<0,001 ; **p<0,05 et *p<0,10.

Au retour de migration, les pratiques religieuses des migrants se sont en majorité améliorées. Cet investissement du religieux par les migrants accroît avec l'augmentation du niveau d'instruction, contrairement à ce qu'il en est avant et pendant la migration. En effet, deux tiers des migrants de retour non instruits estiment qu'ils prient maintenant mieux. Cette proportion passe à 70,9 % chez les migrants ayant fréquenté l'école franco-arabe, puis à 77,2 % pour ceux du niveau primaire et à 77,6 % pour les migrants du niveau secondaire. Concernant les migrants accomplissant régulièrement leurs pratiques religieuses après le retour, ceux n'ayant aucun niveau d'instruction (16,9 %) et les migrants du niveau secondaire (12,1 %) sont parmi les plus nombreux. En revanche, les migrants ayant fréquenté l'école franco-arabe sont les plus nombreux parmi ceux dont le niveau de pratiques religieuses actuelles est considéré comme identique à celui durant le séjour migratoire, c'est-à-dire sans changement.

En conséquence, la migration internationale a été un facteur d'accroissement ou de consolidation de la religiosité de la majorité des migrants lors du retour.

La religiosité des migrants internationaux est également en majorité améliorée ici, quelle que soit la région d'immigration. Le niveau d'amélioration diffère cependant d'une région à l'autre. Proportionnellement, les migrants de l'Afrique centrale sont en effet les plus nombreux parmi ceux ayant déclaré qu'ils prient mieux au retour, près de trois quarts d'entre eux, suivis ensuite de près par les migrants du Maghreb (73,5 %), puis par les migrants en provenance d'Afrique de l'Ouest (deux tiers d'entre eux) et enfin par ceux venant d'Europe, la moitié d'entre eux. Les migrants ouest africains sont les plus nombreux, près d'un quart, parmi ceux dont le niveau des pratiques religieuses n'a pas évolué au retour par rapport à celui de leur séjour en migration.

Ainsi, la grande partie des migrants considèrent que leurs pratiques religieuses se sont améliorées à leur retour. Mais il y a un effet contextuel différentiel sur les pratiques religieuses des migrants de retour enquêtés selon la zone de migration. Les migrants ayant résidé dans la CEDEAO sont relativement plus nombreux parmi ceux dont les pratiques religieuses n'ont pas changé après le retour. Les migrants du Maghreb et de l'Afrique centrale comptent en majorité parmi ceux qui considèrent que leur niveau de religiosité s'est perfectionné.

Cette tendance proportionnelle est également observée selon les circonstances du retour, mais avec une différence singulière pour les migrants de retour spontané. En effet, les migrants assistés par l'OIM, ceux des retours volontaires et involontaires représentent chacun trois quarts des migrants déclarant que leurs pratiques religieuses se sont maintenant améliorées, contre la moitié de ceux qui sont revenus spontanément. Ces derniers sont les plus nombreux parmi ceux dont le niveau de religiosité n'a pas changé par rapport à celui pendant la migration, soit près d'un quart. Ils sont également parmi les plus nombreux des migrants dont les pratiques religieuses sont devenues régulières après le retour. La dominance des migrants de retour involontaire parmi ceux qui soutiennent qu'ils effectuent mieux leurs pratiques religieuses après le retour se justifie par l'amélioration de leurs conditions de vie après le retour, sur les plans de la réinsertion, de la sécurité et de la liberté.

L'investissement dans les pratiques religieuses est également soutenu en fonction de la manière dont la migration a affecté celles-ci durant le séjour. Plus de 4/5 des migrants pour qui la migration a augmenté l'intensité des pratiques religieuses durant le séjour considèrent que leur religiosité s'est améliorée après le retour. La migration a été alors le facteur de bonification de leur religiosité. Trois quarts de ceux dont la religiosité avait baissé durant la migration soutiennent qu'ils prient mieux à leur retour, et connaissent donc un regain de leurs pratiques religieuses. Près d'un cinquième de ces migrants prie régulièrement après le retour. Et plus de la moitié des migrants dont les pratiques religieuses n'ont pas été façonnées par les conditions migratoires affirment prier mieux après le retour. La migration a été également un facteur d'amélioration ou de consolidation de leurs pratiques religieuses. Un tiers de ces migrants prient toujours comme en migration.

Contrairement à la religiosité d'avant l'émigration, les migrants de la commune de Niaogho sont les plus nombreux parmi ceux qui estiment qu'ils prient mieux après le retour, plus de 4/5 d'entre eux, suivis de ceux de Garango, avec 72,2 % d'entre eux, les migrants de Béguédo ne représentant que deux tiers. Un quart de ces derniers a le même niveau de pratiques religieuses que durant la migration.

Dans l'ensemble, les migrants de retour qui résident à Niaogho et à Garango comptent parmi ceux qui apprécient mieux maintenant leurs pratiques religieuses. Les migrants de retour de Béguédo sont majoritaires parmi ceux qui prient comme durant la migration.

DISCUSSION DES RÉSULTATS

La littérature scientifique montre que la religiosité des migrants internationaux de retour est le produit de plusieurs facteurs individuels et contextuels (socioculturels, religieux et géographiques) liés à leurs parcours migratoires. Dans le cadre de notre recherche, l'analyse n'a pas pris en compte toutes ces dimensions du fait qu'elles ne peuvent pas être toutes abordées à la fois. Les données qualitatives n'ont pas été mobilisées pour approfondir certaines analyses. Ce sont essentiellement des données quantitatives qui ont été utilisées. Dix variables ont été considérées et analysées statistiquement. Les résultats ont permis de comprendre comment les migrations façonnent la religiosité des migrants internationaux de retour en pays bissa. Les principales conclusions qu'il est possible de tirer sont les suivantes :

- À chaque étape, la migration internationale fabrique la religiosité des migrants et celle-ci s'accommode avec le milieu de résidence ;

- La migration internationale a été un facteur d'accroissement ou de consolidation de la religiosité de la majorité des migrants lors du retour. Plus de deux tiers (72,1 %) des migrants de retour enquêtés jugent qu'ils prient mieux maintenant, c'est-à-dire que la qualité de leurs pratiques religieuses s'est améliorée à leur retour au pays ;

- Les pratiques religieuses des migrants qui ont fréquenté les écoles franco-arabes ont été relativement moins affectées en migration. En revanche, les migrants ayant reçu une instruction classique, ou n'en ayant pas reçu du tout, ont connu en majorité une dynamique religieuse, soit à la hausse, soit à la baisse, mais proportionnellement équilibrée dans l'ensemble ;

- Pour la majorité des migrants internationaux (3/4), la religion n'a pas de rapport avec leur projet migratoire même si elle a été, pour certains, une ressource pour leur intégration socioprofessionnelle ;

- Durant les premières années d'arrivée, les pratiques religieuses des migrants sont plus négativement affectées en raison des difficultés d'intégration socioculturelle, mais elles s'améliorent au fur et à mesure que la durée de séjour s'allonge.

Les pratiques religieuses des migrants internationaux de retour sont liées à leurs parcours individuels et aux contextes de leurs migrations. Les résultats des travaux de Simon & Tiberj (2013) sur les pratiques religieuses des immigrés en France montrent qu'elles sont modifiées en situation migratoire, en fonction de l'installation qui n'est pas favorable à la reproduction identique des rites quotidiens du pays d'origine.

Concernant la religiosité des migrants instruits, Van Tubergen & Sindradottir (2011) qui ont étudié la religiosité des immigrés en Europe montrent que le nombre d'années d'études a un effet négatif significatif sur la religiosité des immigrants. Les résultats indiquent qu'une augmentation de l'écart type dans l'éducation (4, 16) est associée à une baisse de 18, 78 % de la probabilité d'assister à des services religieux au moins une fois par semaine, et 13, 18 % de baisse des chances de prier quotidiennement.

Le rapport à la religion des migrants internationaux dépend des caractéristiques individuelles, mais aussi de la communauté religieuse d'affiliation. En effet, les travaux sur les migrants sénégalais (mourides, tijâni) montrent que les enseignements et valeurs religieuses reçus constituent un support de circulation migratoire et d'insertion socio-économique à travers le commerce ambulant (Bava 2003 ; Berriane 2018 ; Bouhali & Pliez 2018 ; Lanza & Seck 2018).

La plupart des documents lus n'ont pas traité du regain religieux des migrants au retour, ce qui constitue un résultat nouveau. L'étude a également apporté un nouvel éclairage sur la dynamique de la religiosité des migrants internationaux tout au long du cycle migratoire.

CONCLUSION

L'analyse des conséquences des migrations internationales a permis de mettre en exergue leurs impacts sur la religiosité des migrants de retour. Cette étude avait pour objectif d'analyser les conséquences des parcours migratoires sur la religiosité des migrants économiques de retour en pays bissa, au Centre-Est du Burkina Faso.

Ainsi, à partir des données quantitatives collectées auprès des migrants de retour, les résultats des analyses statistiques montrent que les pratiques religieuses des migrants ont été façonnées par les expériences migratoires individuelles et les conditions de séjour, ce qui ne permet pas de reproduire les rites quotidiens en migration comme au pays d'origine.

À chaque étape du parcours migratoire, la migration internationale fabrique la religiosité des migrants et celle-ci s'accommode avec le milieu de résidence. La migration a été un facteur d'accroissement ou de consolidation de la religiosité de la majorité des migrants lors du retour. Plus de deux tiers des migrants de retour enquêtés jugent qu'ils prient mieux maintenant, c'est-à-dire que la qualité de leurs pratiques religieuses s'est améliorée à leur retour au pays. Les pratiques religieuses des migrants qui ont fréquenté les écoles franco-arabes ont été moins affectées en migration. En revanche, les migrants qui ont reçu une instruction classique ou qui n'en ont pas reçu ont connu en majorité une dynamique religieuse, soit à la hausse, soit à la baisse, mais proportionnellement équilibrée dans l'ensemble. En effet, un tiers des migrants de retour enquêtés soutiennent que les conditions migratoires n'ont pas affecté leur religion, c'est-à-dire qu'ils prient de la même manière qu'avant l'émigration ; 32,4 % parmi eux déclarent que leurs pratiques religieuses se sont plutôt améliorées, contre 31, 6% des migrants qui, en revanche, estiment que leurs pratiques religieuses ont reculé durant la migration. Durant les premières années d'arrivée, les pratiques religieuses des migrants sont plutôt affectées à la baisse en raison des difficultés d'intégration socioculturelle, mais elles s'améliorent au fur et à mesure de la durée de séjour.

Ainsi, pour la plupart des migrants internationaux, le retour au Burkina Faso constitue un moment de regain religieux ou de consolidation des pratiques, et un soulagement lorsque les conditions difficiles des séjours ne facilitaient pas les pratiques religieuses.

Les résultats de notre recherche pourraient être approfondis en prenant en compte des variables telles que l'intégration économique durant le séjour, le sexe, l'âge et l'appartenance religieuse, et en les combinant avec une approche qualitative. Il serait également intéressant d'étudier les déterminants des recompositions religieuses.

NOTES

1. Cercle ou association regroupant les *taalibé* mourides, soit sur la base des allégeances maraboutiques, soit sur la base du lieu où ils se trouvent.
2. Ce concept est défini plus loin et les éléments pris en compte sont précisés au fur et à mesure de l'analyse.
3. Selon les données collectées, 94,8 % des migrants enquêtés sont musulmans, contre seulement 5,2 % chrétiens, essentiellement à Garango.

BIBLIOGRAPHIE

Bava, S., 2003, « Les Cheikhs mourides itinérants et l'espace de la ziyâra à Marseille », *Anthropologie et Sociétés*, 27 (1), p 149–166. https://doi.org/10.7202/007006ar

Bava, S., 2018, « Les migrants africains, acteurs d'une revitalisation religieuse sur les routes de la migration au Caire », in Sophie Bava (dir.), *Dieu, les migrants et l'Afrique,* Paris, L'Harmattan, p. 87–98.

Bava, S. et Picard, J., 2014, « La migration, moment de mobilité religieuse ? Le cas des Africains au Caire », *Cahiers d'études du religieux*, https://doi.org/10.4000/cerri.1390

Berriane, J., 2018, « Pèlerinage, commerces transnationaux et leurs effets sur le lieu : Le cas de la zaouïa d'Ahmad al-Tijânî et son quartier », in Sophie Bava (dir.), *Dieu, les migrants et l'Afrique,* Paris, L'Harmattan, p. 185–203.

Bertrand, J.-R., 1997, « Éléments pour une géographie de la religiosité », *Norois*, 174 (1), pp. 215–233, https://doi.org/10.3406/noroi.1997.6786

Blion, R. et Bredeloup, S., 1997, « La Côte d'Ivoire dans les stratégies migratoires des Burkinabè et des Sénégalais », in Constantin B. Memel-Fotê (dir.), *Le modèle ivoirien en question. Crises, ajustements, recompositions,* Paris, Karthala, pp. 707–737.

Boissevain, K., 2018, « Migrer et réveiller les églises : Diversification des cultes chrétiens en Tunisie », in Sophie Bava (dir.), *Dieu, les migrants et l'Afrique,* Paris, L'Harmattan, p. 43–67.

Bouhali, A. & Pliez, O., 2018, « À la recherche du lien ténu : La mobilisation du religieux dans les réseaux commerçants et migratoires entre Yiwu et Le Caire », in Sophie Bava (dir.), *Dieu, les migrants et l'Afrique,* Paris, L'Harmattan, p. 205–224.

Bredeloup, S., 2014, « Étudiants arabophones de retour à Ouagadougou cherchent désespérément reconnaissance », *L'année du Maghreb*, 2, n° 11, p. 57–78.

Commune de Garango, 2018, *Plan communal de développement (PCD) de la commune urbaine de Garango 2019–2023*, Rapport d'étude, province du Boulgou, 154 p.

CONASUR, OIM, & PNUD, 2018, *Gestion du retour et réintégration des migrants burkinabè*, Communication, Ouagadougou, Burkina Faso, 26 p.

Dejean, F., 2008, Où est Dieu dans le terrain ? Communication au colloque « À travers l'espace de la méthode : les dimensions du terrain en géographie », Arras, 18-20 juin 2008 13p.

Di Méo, G., 2008, « La géographie culturelle : Quelle approche sociale ? » *Annales de géographie*, 660–661 (2), https://doi.org/10.3917/ag.660.0047

Foner, N. & Alba, R., 2008, « Immigrant Religion in the U.S. and Western Europe: Bridge or Barrier to Inclusion? », *International Migration Review*, 42 (2), p. 360–392, https://doi.org/10.1111/j.1747-7379.2008.00128.x

Hazard, B., 2007, *L'aventure des Bisa dans les ghettos de "l'Or rouge" (Burkina Faso-Italie) : Trajectoire historique et recomposition des réseaux migratoires burkinabè dans la région des Pouilles*. Thèse en anthropologie sociale et ethnologie, Paris, Écoles des Hautes Études en Sciences Sociales.

Institut National de la Statistique et de la Démographie, 2009a, *Analyse des résultats définitifs du Recensement Général de la Population et de l'Habitation de 2006 (RGPH–2006) : Migrations (thème 80)*. Rapport final, Institut National de la Statistique et de la Démographie. Ouagadougou, Burkina Faso, 150 p.

Institut National de la Statistique et de la Démographie, 2009b, *Recensement Général de la Population et de l'Habitation de 2006 (RGPH–2006) : Monographie de la région du centre-est*. Rapport final, Institut National de la Statistique et de la Démographie, Ouagadougou, Burkina Faso, 174 p.

Lanza, N. & Seck, A., 2018, « Conditions migratoires et production de ressources symboliques : Le cas des dahira-s sénégalaises au Maroc », *in Dieu, les migrants et l'Afrique*, Sophie Bava (dir.), Paris, L'Harmattan, p. 133–154.

Laurent, P.-J., 2003, *Les pentecôtistes du Burkina Faso. Mariage, pouvoir et guérison*, Paris, IRD et Karthala.

Ministère des Affaires Étrangères et de la Coopération Régionale, 2009, *Accord entre le gouvernement du Burkina Faso et le gouvernement de la République française relatif à la gestion concertée des flux migratoires et au développement solidaire*. Ministère des Affaires Étrangères et de la Coopération Régionale, 28 p.

Ministère de l'Éducation Nationale et de l'Alphabétisation, 2015, *Le Continuum d'éducation de base multilingue au Burkina Faso : Évaluation de sa mise en œuvre par l'État depuis 2007*. Rapport d'étude, Ministère de l'Éducation Nationale et de l'Alphabétisation et Solidar Suisse-Burkina Faso, Ouagadougou, Burkina Faso, 105 p.

Minvielle, R., 2018, « Buenos Aires: Nouvelle borne sur la route des mourides », *in* Sophie Bava (dir.), *Dieu, les migrants et l'Afrique*, Paris, L'Harmattan, p. 69–85.

Ouédraogo, S.N., 2018, *La migration des Burkinabè (Voltaïques) vers le Ghana (Gold Coast) de 1919 à 2010 : Origines, gouvernance migratoire et stratégies d'intégration*, Thèse doctorat unique en histoire, Université de Ouagadougou.

Ouédraogo, Y., 2015, *Les arabisants au Burkina Faso : Formation et intégration socioprofessionnelle (1958–2012)*, Thèse de doctorat unique en histoire, Université de Ouagadougou.

Picard, J., 2013, « La ville, ses espaces-temps migratoires et religieux : Quelles possibilités et capacités d'ancrage pour les Subsahariens chrétiens au Caire ? » *Carnets de géographes*, 6. https://doi.org/10.4000/cdg.914

Picard, J., 2018, « Mobilisations d'églises et recompositions territoriales : Les migrants africains chrétiens du quartier de Maadi au Caire », *in* Sophie Bava (dir.), *Dieu, les migrants et l'Afrique,* Paris, L'Harmattan, p. 26–42.

Piché, V., 2013, « Les théories migratoires contemporaines au prisme des textes fondateurs », *Population*, 1 (68), p. 153–178.

Prencipe, L. & Giovanella, M., 2012, « La religion des migrants en tant qu'élément de cohésion sociale », Migrations *Société*, 139 (1), p. 101–120, https://doi.org/10.3917/migra.139.0101

Racine, J.-B. & Walther, O., 2003, « Géographie et religions : Une approche territoriale du religieux et du sacré », *L'information géographique*, 67 (3), p. 193–221. https://doi.org/10.3406/ingeo.2003.2895

Rouch, J., 1956, « Migrations au Ghana », *Journal de la Société des Africanistes*, 26 (1), p. 33–196, https://doi.org/10.3406/jafr.1956.1941

Safi, M., 2011, « Penser l'intégration des immigrés : les enseignements de la Sociologie américaine », *Sociologie*, p. 149–164.

Sidi, H.B., 2018, « Préface », *in* Sophie Bava (dir.), *Dieu, les migrants et l'Afrique,* Paris, L'Harmattan.

Simon, P. & Tiberj, V., 2013, *Sécularisation ou regain religieux : La religiosité des immigrés et de leurs descendants*, Document de travail n° 196, INED, 46 p.

Van Tubergen, F. & Sindradottir, J.I., 2011, « The Religiosity of Immigrants in Europe: A Cross-National Study », *Journal for the Scientific Study of Religion*, 50 (2), p. 272–288.

Zidnaba, I., 2016, *Migrations internationales et développement : L'impact socio-économique des pratiques transnationales des émigrés de Béguédo résidant en Italie*, Thèse en géographie, Université de Ouagadougou, 282 p.

ANNEXE: DÉTERMINATION DE LA TAILLE DE L'ÉCHANTILLON

Il est important dans le processus d'échantillonnage de connaître la taille de la population d'origine car cette grandeur permet de calculer la taille et le degré de précision de l'échantillon désiré et d'effectuer correctement l'interprétation des résultats lorsque l'on applique à la population totale les conclusions faites sur l'échantillon d'étude.

Dans le cadre de cette étude, la formule suivante permet de déterminer la taille minimale nécessaire et optimale de l'échantillon avec pour objectif d'assurer une certaine représentativité statistique des données dans la zone d'étude en raison de l'absence des données fiables sur les migrants internationaux de retour (P. Ardilly, 2006).

$$ n = \frac{\mu_\alpha^{\,2} * p * (1 - p) * f * 1{,}1}{d^2 * * n_h} $$

Où :

- n est la taille minimale requise de l'échantillon ;

- $\mu_\alpha^{\,2}$ est un paramètre/facteur lié au niveau de confiance : le niveau de confiance retenu est de 95 %, dans ce cas, $\mu_\alpha = 1{,}96$

- p valeur qui rend maximale la taille de l'échantillon ; selon les résultats d'Enquête Nationale sur l'Emploi et le Secteur Informel (ENESI) de 2015, la proportion de la population du Centre-Est ayant déjà changé de localité (né ailleurs ou lieu de résidence), indicateur proche de la proportion des migrants de retour était de 6,8 %

- f est le paramètre donnant la mesure de l'effet de grappe : il a été estimé à 1,5 ;

- d est la précision ou marge d'erreur souhaitée qui est ici de 5 % ;

- Prop est la proportion de la population totale sur laquelle l'indicateur p est basé ;

- n_h est la taille moyenne des ménages : selon les résultats d'Enquête Nationale *sur l'Emploi et le Secteur Informel (ENESI) de 2015, la taille de ménage du Centre-Est était de 5,4 personnes.*

- Prop x n_h vaut 1 ($1/n_h$)

- 1,1 est le facteur de correction en vue d'augmenter la taille de l'échantillon de 10 % afin de tenir compte d'éventuels cas (taux) de non-réponse.

• En application numérique, la taille de l'échantillon calculée est de 442,7, soit environ 443 personnes et réparties par commune de la façon suivante :

Tableau 2.6 : Répartition de l'échantillon par commune

Communes de residence	Effectif de la population communale (RGPH 2006)	Proportion en %	Échantillon calculé par commune
Garango	38 664	50,3	223
Béguédo	19 153	24,9	110
Niaogho	18 975	24,7	109
Total	76 792	100,0	442

Source : auteur.

4. Retour des migrants rapatriés. (Crédit Photo : Harouna Marané).

5. Retour des migrants rapatriés. (Crédit Photo : Harouna Marané).

3.

PERSONNALITÉS RELIGIEUSES, FIGURES D'HOSPITALITÉ. ACTION PUBLIQUE ET ACTION RELIGIEUSE FACE À L'ACCUEIL DES MIGRANTS DE RETOUR

Ludovic Ouhonyioué Kibora
& Siaka Gnessi

L e Burkina Faso, à l'instar d'autres pays ouest-africains, a été confronté au retour de ses ressortissants établis à l'extérieur du fait des crises économiques et politiques qui ont secoué ces pays d'accueil. La République de Côte d'Ivoire voisine qui, historiquement, a constitué une destination importante pour les migrants Burkinabè (Zongo 2003 ; Batenga 2003) a ainsi été bouleversée par des crises sociopolitiques à partir de la fin des années 90 et début des années 2000. Cette situation a contraint des milliers de Burkinabè à retourner dans leur pays de façon massive en peu de temps. Parmi eux, nombreux sont rentrés par leurs propres moyens. Parallèlement, l'État burkinabè a organisé, à partir de 2002, une opération de rapatriement dénommée « Opération Bayiri ». Celle-ci a permis à de nombreux Burkinabè résidant en Côte d'Ivoire, certains parmi eux depuis de longues années, de regagner leur pays d'origine. *Bayiri* est un terme mooré (langue du groupe ethnique majoritaire du pays) qui signifie la patrie, autrement dit c'est une opération de retour « chez soi ». Cette opération avait pour objectif initial non seulement d'organiser le retour volontaire des Burkinabè, dont certains avaient perdu leurs biens et vu leurs maisons détruites en Côte d'Ivoire (Bredeloup 2009), mais aussi de les aider à se réinsérer dans leur nouvel environnement socio-économique.

Les insuffisances enregistrées dans la mise en œuvre de cette opération ont contraint de nombreux migrants, établis dans les zones d'accueil, à solliciter le soutien de structures et de personnalités religieuses. Les leaders religieux ont la responsabilité de faire en sorte que l'éthique sociale et la solidarité soient mises en œuvre et entretenues par les « fidèles religieux ». Au Burkina Faso, ils sont des « personnalités morales » respectées aussi bien par le citoyen que par le politique. En outre, ayant fait leurs preuves dans le domaine de l'éducation, de la santé et d'autres secteurs sociaux depuis l'indépendance du pays, les leaders religieux, à travers les organisations confessionnelles, sont très impliqués dans la résolution des problèmes sociétaux (Cissé 2009 ; Ouédraogo 2015 ; Degorce et al. 2019).

Cette disponibilité qui fait par ailleurs d'eux « des entrepreneurs religieux » (Fourchard et al. 2005) est bien connue des populations. Ils sont l'objet de nombreuses sollicitations de la part de leurs communautés. Ils sont aussi sollicités par les pouvoirs publics dans la mise en œuvre de certains programmes sociaux de prise en charge des personnes vulnérables ou en situation d'urgence (distribution de vivres, sensibilisation au vivre-ensemble pour la cohésion sociale, etc.) (EIRENE Grands Lacs 2017). C'est pourquoi, en période de crise, leur contribution est attendue. La solidarité et l'hospitalité sont des valeurs partagées par toutes les religions du Burkina Faso (Degorce et al. 2019) et cela s'exprime de façons différentes. Ces valeurs ont été des éléments d'attrait pour de nombreux migrants en quête de repères, qui se tournent prioritairement vers leurs « leaders religieux » en vue de trouver des solutions à leur installation et/ou intégration sociale au pays après de longues périodes d'exil. Ainsi, pendant la crise sociopolitique ivoirienne évoquée plus haut, un important flux migratoire, essentiellement constitué de migrants de retour, s'est développé entre ce pays et le Burkina Faso. Dans les principales villes du Burkina Faso que sont Bobo-Dioulasso et Ouagadougou, les premiers responsables religieux ont donc été fortement sollicités par et pour des migrants rentrés au pays de gré ou de force, en lieu et place des services de l'État, et parfois même du réseau de parenté.

Cet article, qui se base sur des données empiriques et documentaires en lien avec « l'Opération Bayiri », vise à questionner l'action des leaders religieux et des structures confessionnelles dans le cadre de l'intégration des migrants, en la comparant à l'action publique mise en œuvre durant cette crise. Il s'agit aussi de comprendre pourquoi et comment l'opérationnalisation de la solidarité religieuse s'est révélée plus attractive pour les migrants que celle de l'État.

L'action publique dont il est question ici recouvre un ensemble d'instruments mis en œuvre par l'État et ses démembrements (les pouvoirs publics) pour l'atteinte d'objectifs particuliers dans des domaines d'amélioration de la vie sociale. Comme le souligne Pierre Muller, il s'agit de « [...] tenter au moyen d'un programme d'action coordonné, de modifier l'environnement culturel, social ou économique d'acteurs sociaux saisis en général dans une logique sectorielle » (Muller 2000 : 25). L'existence des services publics répond en principe à cette exigence.

6. Les membres du bureau de l'Association des rapatriés (Crédit photo : Harouna Marané).

Les gouvernements sont appelés à intervenir à travers ces services, et ces interventions doivent promouvoir l'inclusion sociale. De ce fait, des dispositions particulières sont prises pour que les interventions atteignent des groupes sociaux spécifiques en vue d'une meilleure protection sociale. C'est dans ce sens que l'État a mis en place des structures dont l'objectif est de prendre en charge les problèmes des populations par la satisfaction de leurs besoins essentiels et la gestion des situations d'urgences (SONATUR, PNPS, SONAGESS, etc.)[1]. Ce sont ces structures qui se sont principalement mobilisées dans l'accueil des migrants.

MÉTHODE ET OUTILS

Les migrants de retour de Côte d'Ivoire ont eu comme principales villes d'installation Ouagadougou et Bobo-Dioulasso, où le processus d'insertion de la plupart d'entre eux a débuté. Ces migrants ont du reste le plus souvent préféré résider dans l'anonymat de la ville plutôt que de retourner au village où la réintégration aurait été plus compliquée (Boyer et Lanoux 2009). C'est pourquoi la collecte des données empiriques, qui s'est déroulée de mai à août 2019, a été organisée dans ces deux villes auprès des principaux acteurs de la vie religieuse, considérés comme des personnalités publiques ayant été sollicitées par les migrants à leur arrivée. Cette recherche s'appuie sur une méthodologie

71

socio-anthropologique. En plus des données documentaires collectées sur le sujet, des entretiens ont été réalisés avec les leaders et les responsables de structures confessionnelles à l'aide de guides d'entretien. À Ouagadougou, nous avons rencontré des personnalités comme le Cheick Doukouré Aboubacar et le grand imam Sana Aboubacar, la Fédération des Associations islamiques du Burkina (FAIB), et l'Organisation Catholique pour le Développement et la Solidarité (OCADES). Dans la ville de Bobo-Dioulasso, le prédicateur Djafar Héma Ouattara, Monseigneur Anselme Sanou et le grand imam Siaka Sanou ont fait partie de notre population d'enquête. Ces personnalités religieuses très influentes sont bien connues dans le pays. En plus des leaders religieux, nous avons mené des entretiens avec des responsables du ministère en charge de l'action sociale et certains migrants.

Ce sont au total 16 personnes, dont 7 migrants, qui nous ont accordé des entretiens individuels approfondis. Ces entretiens ont porté principalement sur le « retour forcé au pays » et les conditions d'insertion sociale. L'aspect temporel est donc une dimension importante dans l'appréciation de ces migrants. D'autres éléments des entretiens ont porté sur ce qu'ont fait les structures étatiques pour la prise en charge des migrants et la contribution du religieux dans le processus de leur insertion sociale. La mise en perspective de données documentaires, d'éléments d'observations et d'entretiens récents a guidé l'analyse du contenu des discours afin de produire du sens sur un événement qui fait partie de l'histoire contemporaine du Burkina Faso.

PRÉSENTATION DE QUELQUES PERSONNALITÉS PHARES DE NOTRE ÉCHANTILLON

Parmi les personnalités ciblées dans le cadre de cette recherche, certains marquent l'actualité par leurs fréquentes interventions dans l'humanitaire et/ou la médiation sociale. Il s'agit notamment de Cheick Doukouré et de Monseigneur Sanou. Quant à Djafar Héma, il est surtout connu du grand public grâce à ses prêches incisifs, enregistrés et vendus sur supports audio et vidéo. C'est dans le cadre de cette recherche que nous avons nous-mêmes découvert cet autre aspect de sa personnalité dans l'intervention humanitaire.

À Ouagadougou, le domicile du Cheick Aboubacar Doukouré a été la destination principale de nombreux migrants. Chef religieux, cet ancien étudiant de l'Université islamique de Médine (Arabie Saoudite) est détenteur d'un doctorat d'État en droit islamique. Soninké d'origine sénégalaise, il est né dans une famille *tijânî hamawi*. Personnalité très influente et incontournable dans le paysage religieux et socio-politique du pays, il est membre fondateur de la Fédération des associations

7. Le prédicateur cheick Djafar Hema-Ouattara, "Djafar", en train de faire des bénédictions (Crédit photo : Harouna Marané, octobre 2020).

islamiques du Burkina (FAIB) en 2005, et président, depuis 2006, du Conseil exécutif de l'Organisation islamique pour l'éducation, la science et la culture (ISESCO). Habitant le quartier Hamdallaye à Ouagadougou, il a créé dans les années 1980 l'Association *Itihad islami*. Il se fonde sur ses relations avec le monde arabe pour engager des actions de bienfaisance dans son pays en menant à bien plusieurs projets direc-tement destinés au développement social : institut franco-arabe, lycée, centre universitaire polyvalent, radio islamique, centre de santé… (Vitale 2012 ; Audet Gosselin et Couillard 2019).

À Bobo-Dioulasso, dans la capitale économique du Burkina Faso, habite un prédicateur dont les prêches animent les causeries autour du thé quotidien, Djafar Héma Ouattara, affectueusement appelé Djafarma[2]. Il est natif de Gouindougouba, dans la province de la Comoé. Après ses études islamiques au Burkina Faso (Bondokuy dans la Boucle du Mouhoun), au Mali (Djenné et Tombouctou) et au Sénégal jusqu'en 1971, il s'installe à Bobo-Dioulasso où il crée en 1992 le Comité Culturel de la Génération des Trois Testaments (CCGT)[3]. Il poursuit ses activités de prédication et de maître coranique. Son école coranique compte plus de 600 élèves. La personnalité très singulière de Djafar Héma mérite que l'on insiste davantage sur son action. Illustre pour ses prêches dénonciateurs des maux de la société, de la corruption et des crimes politiques (Sanou 2019), il s'est construit une personnalité de leader musulman qui ne veut « ni l'argent des Arabes ni celui de

8. Travailleurs migrants battant le riz (Crédit photo : Harouna Marané).

9. Maison d'hébergement des travailleurs migrants accuellis par Djafar (Crédit photo : Harouna Marané).

l'État », comme il aime le clamer lui-même. À la suite de l'assassinat du journaliste Norbert Zongo en décembre 1998, il a été convoqué par la gendarmerie de Bobo-Dioulasso pour avoir insulté le chef d'État lors d'un de ses prêches. Cela ne l'a point intimidé[4]. Les dons qu'il reçoit quotidiennement « de ceux qui viennent le saluer » sont réinvestis dans le social, notamment le soutien aux démunis. Il fait figure de leader iconoclaste, mais très populaire.

Ce guide spirituel a une seconde qualité qu'il déroule sans tapage médiatique. Il mène des actions sociales de solidarité en direction des personnes vulnérables, dont les migrants. Ses activités agricoles sont gérées par ses disciples qui consomment ce qu'ils produisent dans des grands champs aménagés pour l'agriculture.

À côté de ces deux leaders musulmans, Monseigneur Anselme Titianma Sanon, archevêque émérite de Bobo-Dioulasso est un leader catholique dont la renommée dépasse sa ville de résidence. Il a dirigé le « collège des sages » que le régime du président Compaoré a été obligé de mettre en place à la suite de l'assassinat du Norbert Zongo (Zombré 2006 ; Dabiré et Somé 2010). Ce docteur en théologie de l'Institut Catholique de Paris, est un homme toujours actif malgré le poids de l'âge (il est né en 1937). Il est constamment sollicité pour animer des conférences publiques au Burkina Faso et à l'extérieur du pays. Son engagement au-delà du spirituel lui a valu de nombreuses distinctions honorifiques. À Bobo-Dioulasso, un institut spécialisé en sciences de l'ingénieur humanitaire et en économie sociale et solidaire porte son nom, de même que la Maison de la culture de la ville. La Fondation FATISA, qui porte également son nom, a pour vision « l'avènement d'une société d'amour, de solidarité, de paix, de justice, dans laquelle tout homme a droit au développement, au respect de sa dignité »[5].

Dans la prise en charge des personnes vulnérables, les leaders catholiques s'appuient sur une ONG nationale : l'OCADES. Construite sur les ruines de CARITAS France qui a fait son entrée au Burkina Faso depuis la période pré-indépendance en 1956, avec les missionnaires de l'Église catholique Audet Gosselin et Couillard 2019), OCADES Caritas Burkina marque sa présence de nos jours en tant qu'un instrument technique de mise en œuvre de la pastorale sociale de l'Église Famille de Dieu au Burkina Faso. L'OCADES, créée le 5 février 1998 par la Conférence Épiscopale du Burkina, est le résultat de la fusion entre Caritas Voltaïque (1961) et du Bureau d'Études et de Liaison (1973). Reconnue officiellement par les autorités avec un statut d'ONG, c'est un réseau national représenté dans les 15 diocèses du Burkina Faso. L'OCADES Caritas Burkina a pour objectif de contribuer, par la solidarité et le partage, au développement humain intégral de toute personne humaine et de toutes les communautés du Burkina Faso, ce qui justifie l'engagement des responsables de l'Église, à travers cette structure, aux côtés des couches vulnérables, dont les migrants de retour en quête de soutiens.

LA MIGRATION DE RETOUR FORCÉE

Nous pourrions concevoir avec Jack M. Mangala (2001) que la migration est toujours « sous contrainte », qu'elle soit volontaire ou non. Nous retenons cependant avec Florence Padovani que les migrations sont dites forcées lorsqu'il :

> « (...) ne s'agit pas d'un mouvement spontané tendu par un choix individuel, mais d'un plan édifié par l'État (...). Elles concernent toutes les classes d'âge, et une population dont l'attitude est plutôt passive voire résignée, alors que les migrations économiques du type exode rural par exemple sont majoritairement le fait de jeunes hommes et quelques jeunes femmes, dont le comportement est beaucoup plus actif et volontaire. Dans le cas des migrations forcées, on attend tout du gouvernement, ce qui met les déplacés en situation de dépendance radicale puisqu'ils n'ont qu'une liberté de choix minimale. » (Padovani 2004 : 17).

Le concept de « migrant forcé » que nous utilisons s'inscrit dans cette définition en ciblant les participants à l'Opération Bayiri, même si certains d'entre eux ne sont pas venus par ce canal étatique. Boyer et Lanoue (2009) font du reste une analyse critique du concept de « *migration de retour* », en le considérant comme une notion « *floue* » au regard de l'échelle spatiale et temporelle au sein de laquelle on se situe, de même que le type de migration auquel on a affaire en amont du retour. Ces auteurs se demandent en effet si un Burkinabè né en Côte d'Ivoire ou qui y est arrivé pendant sa prime ou petite enfance et qui, plusieurs années après, décide ou est obligé de rentrer dans son pays d'origine, ou pays d'origine de ses parents, peut être considéré comme un migrant de retour, pointant ainsi la difficulté d'appliquer cette notion dans le cas des Burkinabè arrivant ou revenant de Côte d'Ivoire. Sylvie Bredeloup rappelle que les migrants qui rentrent au pays pour échapper aux exactions sont nommés « fuyards » ou encore « revenants » avant d'être rebaptisés « rapatriés », termes révélateurs de la place qui leur est assignée dans la société burkinabè (Bredeloup 2006). Le concept de « migrant de retour » que nous utilisons ici renvoie à toute personne ayant regagné le Burkina Faso par le biais de « l'Opération Bayiri », qu'il soit « un primo-migrant international » (Boyer et Lanoue 2009 : 77) ou pas, qu'il ait un projet migratoire ou non.

L'Opération Bayiri est définie comme l'organisation par l'État burkinabè du retour volontaire de ressortissants burkinabè installés en Côte d'Ivoire au regard de la dégradation de l'environnement sociopolitique dans ce pays, marqué par des conflits et des violences déclenchés au début des années 2000. Un plan d'action a été mis en place pour organiser le transport par cars, l'accueil dans des sites provisoires aménagés aux frontières et dans des centres de transit installés dans les grandes villes du Burkina Faso. L'opération a débuté le 14 novembre 2002 et a pris fin en janvier 2003. À travers elle, nombre de Burkinabè qui résidaient en terre ivoirienne depuis de longues années ont regagné le pays.

Le régime de l'époque, dirigé par Laurent Gbagbo, avait en effet instrumentalisé l'ethnicité à des fins politiques à travers le concept d'*Ivoirité*, provoquant des violences communautaires principalement orientées contre les Burkinabè. C'est dans ce sens que Richard Banégas et René Otayek analysent les dimensions internationales et surtout régionales de la crise ivoirienne, compte tenu de son impact déstabilisant sur l'ensemble des pays limitrophes, à commencer par le Burkina Faso :

> « Les circonstances de l'élection de Laurent Gbagbo, marquées par l'exclusion des principaux opposants et par une flambée de violence politique, n'ont guère rassuré les Burkinabè. Au contraire, la façon dont le chef du FPI instrumentalisa, sous couvert d'arguments constitutionnels, la thématique de l'ivoirité mais aussi la rue pour accéder au pouvoir renforça leurs craintes. » (Banégas et Otayek 2003 : 76).

Au 31 décembre 2003, le nombre total de personnes qui ont regagné le Burkina se chiffrait à 365.979 à travers les convois de l'Opération Bayiri, les autres convois officiels (convois de l'Organisation Internationale de la Migration) et des effectifs hors convois officiels (CONASUR, UNICEF, PAM 2004). Il faut remarquer qu'il n'existe pas de statistiques fiables sur l'effectif réel des rapatriés (Yaro et Pilon 2005) en raison :

• d'un manque de coordination et d'harmonisation dans les procédures et les outils d'enregistrement des migrants ;

• du fait que de nombreux rapatriés (estimés à environ 63 % du total) sont revenus par leurs propres moyens en dehors des convois officiels ; et

• du constat que certains d'entre eux (les hommes surtout), dont le nombre reste inconnu, ont regagné la Côte d'Ivoire.

Cette thèse est corroborée par les recherches de Sylvie Bredeloup qui estime que l'Opération Bayiri a été instrumentalisée à des fins électoralistes. Citant un rapport du CONASUR d'août 2003, cette opération n'aurait concerné, selon elle, qu'une infime partie (8.850 personnes) des populations burkinabè qui ont fui la Côte d'Ivoire. Mais à partir d'un « conditionnement médiatique », le gouvernement de l'époque « s'est employé à semer le trouble dans les esprits et tout retour au Burkina a été abusivement assimilé à l'Opération Bayiri, opération patriotique par excellence » (Bredeloup 2009 : 172). De nos jours encore, de nombreux burkinabè restent persuadés que la grande majorité des retours au pays a été organisée et financée par l'État. Les conditions de retour furent difficiles à tout point de vue.

Ces propos de nos interlocuteurs donnent une idée de leur appréciation de ce retour forcé au pays :

> « Je suis né en 1987 à Daloa. Je suis venu au Burkina en 2003 à la suite de la guerre. Ce n'était pas facile pour nous qui sommes nés en Côte d'Ivoire et devant vivre au Burkina. C'était difficile puisqu'on ne connaissait pas des gens, et on n'est pas venus par plaisir mais sous la contrainte. » (Ismael, 32 ans, sans emploi fixe, résidant à Bobo-Dioulasso).

> « Je suis venue de Vavoua. J'étais avec mes enfants car mon mari est décédé. Quand ça chauffé, on était obligés de partir. Un car est venu nous chercher. On a fait trois jours en route avant d'arriver à Ouaga. ». (Rakiéta, migrante résidant au quartier Dagnoin de Ouagadougou, ménagère).

Selon les chiffres officiels du Ministère de l'Action sociale, les migrants de retour à Bobo-Dioulasso étaient au nombre de 13.430 (CONASUR, 2004). Au regard de leur importance numérique, ils ont créé l'Association des Burkinabè rapatriés de Côte d'Ivoire à Bobo-Dioulasso (ABRCIB) pour mieux négocier leur insertion socio-économique. Nous avons rencontré leur président. Chauffeur, il a été sollicité pour conduire l'un des cars devant ramener des migrants à Bobo-Dioulasso. Il nous explique :

> « Je me nomme Hamidou, je suis né en 1960 à Kembara, province du Sourou, où j'ai fait mes études primaires. En 1976, j'ai rejoint mon père résident en Côte d'Ivoire, précisément à 20 km de la ville d'Issia. Mon premier objectif en Côte d'Ivoire était d'aller en classe de 6e. Les frais de scolarité étaient exigés et mon père refusa de payer, d'où la raison de la fin de mes études. Mon premier métier fut apprenti scieur (c'est nous qui abattions les gros arbres) que je fis en une année. Après cela je suis allé apprendre à conduire où j'ai fait 3 ans, après je suis revenu faire le commerce qui a bien marché et après je suis devenu acheteur de cacao dans les années 1988–1989. En 1990, j'ai ouvert une boutique, et en 2002, c'était le début de la guerre, précisément le 19 septembre 2002. J'étais dans ma boutique lorsque l'information de la guerre civile était en train d'être diffusée à la radio. La guerre a pris de l'ampleur et les boutiques étaient saccagées, tous les Burkinabè se cherchaient, je suis rentré dans mon pays natal en fin 2002 par l'Opération Bayiri organisée par Blaise Compaoré à l'époque. Quand nous sommes rentrés, l'État, à travers l'Action sociale, nous a bien accueillis en nous donnant des vêtements, des nattes, des vivres. Nous sommes rentrés à Bobo-Dioulasso sans argent, ni boulot, sans rien. ». (Entretien réalisé le 5 mai 2019 à Bobo-Dioulasso).

Un militant de l'association, résidant au secteur 11 de Bobo-Dioulasso nous a aussi confié ceci :

« C'était difficile puisque nous venions d'arriver et on ne s'était pas préparés à venir. Comme c'était chaud [les violences], on n'avait pas le choix. Il fallait partir ; sinon si tu refuses de partir, tu ne connais pas le jour de ta mort. On a beaucoup souffert. Je suis venu avec 15 personnes. Comment faire ! Il faut louer une maison pour la famille, il faut chercher à manger... » (Entretien réalisé le 7 mai 2019 à Bobo-Dioulasso).

Au regard de ces témoignages et au-delà des « querelles » liées au concept, aux chiffres et aux finalités de l'Opération Bayiri, il est évident que c'est toute la problématique de la prise en charge et de l'insertion de ces migrants qui a constitué le défi majeur des services publics.

APERÇU SUR L'ACTION PUBLIQUE EN FAVEUR DES MIGRANTS

L'action publique en direction des migrants de retour a été marquée par deux phases : une phase d'urgence et une dite de réinsertion socio-économique des rapatriés. La phase d'urgence a consisté principalement à l'organisation du rapatriement des Burkinabè de Côte d'Ivoire à travers l'Opération Bayiri et leur hébergement temporaire sur des sites de transit. La mise en œuvre de cette opération était fondée sur un plan d'accueil et de prise en charge du rapatrié depuis sa zone d'expulsion jusqu'à sa localité de retour (son village d'origine), selon le dispositif opérationnel du Conseil national de Secours d'Urgence et de Réhabilitation (CONASUR) et ses organes déconcentrés. Quatre missions essentielles étaient assignées à l'opération. Tandis que le ministère des Affaires étrangères se chargeait de la préparation et de l'acheminement des rapatriés (mission 1), les services de l'Action sociale s'occupaient de leur accueil (mission 2), de leur assistance (mission 3) et de leur transfert vers les localités d'origine (mission 4). Cette planification n'était pas aisée à mettre en œuvre, vu que de nombreux migrants n'avaient pas l'intention de retourner dans le village qui était censé être leur localité d'origine et que certains ne connaissaient pas. Le tri pour ces destinations finales se faisait en un lieu de la ville. À Ouagadougou, le plus grand stade de football de la ville, le stade du « 4 août » était le lieu où les migrants étaient logés à leur arrivée après les péripéties d'un voyage pénible. Le stade « Wobi » à Bobo-Dioulasso a aussi servi de logement pour les migrants. Dans une fiction qui fait figure de documentaire, le film « Bayiri, la patrie » du réalisateur burkinabè S. Pierre Yaméogo[6] montre les difficiles conditions de transfert de ces migrants de retour vers leur destination finale. Dans les grandes villes d'accueil, un lieu d'hébergement construit à la va-vite, servait de premier point de chute de migrants de retour. Malgré les conditions difficiles, le soulagement

d'être sorti de cet « enfer ivoirien » était le premier sentiment de satisfaction des migrants de retour.

« À notre arrivée nous avons été très bien accueillis. On nous a donné
des vivres, des nattes, des couvertures. C'est après que l'État nous a
oubliés, sinon au début il a fait ce qu'il pouvait faire », nous confie un
migrant de retour à Ouagadougou.

La phase dite de réinsertion socio-économique des migrants a été
portée par un programme du gouvernement burkinabè. Ce programme
était centré essentiellement sur la production agricole, halieutique et
forestière. Il a été exécuté avec le Ministère en charge de l'agriculture.
Il s'agissait pour les autorités de créer les conditions qui permettent
aux migrants de gagner leur vie et de se réinsérer dans la société grâce
au travail de la terre. L'idée était de mettre à profit le savoir-faire de
ces derniers, qui avaient acquis une longue expérience de travail dans
les plantations ivoiriennes, pour le développement de fermes agricoles.
Cela se faisait à travers le financement de micro-projets de formation,
d'aménagement et d'installation dans les bas-fonds et d'irrigation, de
fertilisation en production intensive de céréales et d'acquisition de matériels agricoles (Bredeloup 2009). Un migrant témoigne : « Nous avons eu
notre site à Dodougou où on peut cultiver. C'est un bas-fond situé dans
un village des Tiéfo, à 32 km de Bobo. C'est 78 ha qu'ils ont aménagés
pour nous. » Ainsi, soutenu par la Banque mondiale, le Plan national
de développement des services agricoles (PNDSA) a permis le financement de 1.764 micro-projets destinés à 12.000 rapatriés (CONASUR
2004). De même, le projet d'assistance agricole d'urgence financé par
la FAO aurait permis à 12.731 familles rapatriées d'être accompagnées
dans leurs initiatives (CONASUR 2004). La fabrique du chiffre (Fischer
2019) est un autre travers de l'action publique. C'est pourquoi, au-delà
de ces données statistiques fournies par les structures étatiques, souvent
difficiles à vérifier, il s'est agi pour nous d'approfondir la recherche de
l'information « par le bas » auprès des migrants et des acteurs directs
religieux.

ACTIONS CONFESSIONNELLES ET DES LEADERS RELIGIEUX

Les acteurs de la vie religieuse à Bobo-Dioulasso et à Ouagadougou
ont également été sollicités dans la prise en charge des migrants. De
nombreux migrants choisissaient eux-mêmes de s'adresser aux responsables religieux, surtout lorsque le réseau de parenté se trouvait dans
l'incapacité de les héberger, pour cause de rupture durable du lien
social, du fait de leur installation depuis plusieurs décennies en Côte
d'Ivoire. C'est d'ailleurs l'une des raisons qui expliquent que de nombreux
migrants ne veulent pas retourner au village, où ils sont considérés

10. Monseigneur Anselme Titianma Sanon de Bobo-Dioulasso (Crédit photo : Harouna Marané).

souvent comme étant ceux qui ne reviennent vers la famille que parce qu'ils n'ont plus d'autre choix. De même, lorsque les mécanismes mis en place par les pouvoirs publics étaient défaillants, le religieux demeurait le principal recours. Des structures comme l'OCADES chez les chrétiens ont été sollicitées. Monseigneur Anselme T. Sanou, archevêque émérite de Bobo-Dioulasso nous a confié ceci :

> « Bobo-Dioulasso était une étape importante pour certains rapatriés. Quand les premiers sont arrivés, nous avons demandé à l'OCADES d'aller voir pour s'en occuper, beaucoup de choses étaient faites pour eux, mais l'objectif était qu'on les prenne en charge d'abord et ensuite les aider pour qu'ils partent dans leurs lieux d'origine. » (Entretien réalisé le 10 mai 2019 à Bobo-Dioulasso)

L'action des leaders religieux catholiques, et même chrétiens dans l'ensemble, le plus souvent, consiste à prendre en charge des migrants et à les diriger vers les structures confessionnelles de leur communauté religieuse. Le niveau d'organisation de ces structures et leur longue expérience de terrain dans la prise en charge des personnes vulnérable, amène l'État à les appuyer en matériel et en vivres de façon circons-tancielle, lorsqu'elles développent des actions de prise en charge des populations, comme ce fut le cas lors de cette migration massive de retour. Les leaders religieux sont alors des facilitateurs qui intercèdent auprès de ces structures qui ont pignon sur rue, pour s'occuper de ceux qui s'adressent à eux. Ils engagent donc leur responsabilité de « figure d'hospitalité », même si au quotidien ils ne s'occupent pas des actions de distribution de vivres et de matériels. C'est ainsi que de nombreux migrants ont eu recours aux structures caritatives chrétiennes après être allés demander du soutien aux leaders religieux. Comme le soulignent Audet Gosselin et Couillard : « Bien qu'on constate dans les ONG catholiques une forte implication de la hiérarchie, elles se caractérisent par leur professionnalisme et la collaboration avec l'État pour atteindre les mêmes objectifs de développement. » (Audet Gosselin et Couillard 2019 : 241).

Chez les musulmans, les actions posées en faveur des migrants étaient le fait d'initiatives indépendantes les unes des autres au sein des différentes associations islamiques, comme la Communauté Musulmane du Burkina Faso (CMBF), le Mouvement Sunnite et certaines ONG caritatives islamiques, comme Zakat House Koweït. Au-delà des organisations, les personnalités religieuses de tout bord, considérées comme des figures d'hospitalité du fait de leur charisme, de leur position de responsable ou d'intermédiaire d'ONG (Audet Gosselin et Couillard 2019) et de leur intervention régulière sur la scène sociale pour résoudre des crises, ont trouvé des réponses aux souffrances des migrants à leur arrivée. Les leaders religieux de Ouagadougou, comme la haute personnalité islamique bien connue à l'intérieur et l'extérieur du pays, cheick Aboubacar Doukouré (Audet Gosselin et Couillard 2019), ainsi qu'Aboubacar Sana, ancien président de la Communauté musulmane du Burkina Faso, grand imam de Ouagadougou, ont été sollicités par les migrants. À Bobo-Dioulasso également, El hadj Siaka Sanou, grand imam de la grande mosquée historique de Bobo-Dioulasso, était mobilisé pour l'accueil des migrants. El hadj Djafar Héma Ouattara a également accompagné les migrants dans leur processus d'intégration.

Chez Djafar, par exemple, des migrants de retour ont élu domicile dans son Centre d'apprentissage du Coran situé au secteur 22 de la ville de Bobo-Dioulasso. Des dortoirs ont été aménagés pour les accueillir et ils étaient nourris sur place. La durée du séjour a varié entre 6 mois et 5 ans. Leur « tuteur » les plaçait dans des champs en dehors de la ville où ils cultivaient le riz, le maïs et le mil aux côtés des talibés pris en charge par ce leader religieux. Ces concessions servent actuellement de dortoirs pour les talibés. Le premier fils du prédicateur, chargé actuellement de la coordination des activités de son père, témoigne :

> « Des rapatriés là sont venus ici se confier au Cheick. Il les a reçus et a trouvé des dortoirs pour eux. Les vivres issus des champs leur servaient de nourriture. Ce sont les talibés qui cultivent chaque année. Les rapatriés ont été aussi placés dans les champs. Ils aidaient les talibés à cultiver. Celui qui retrouve ses parents ou veut aller s'installer quelque part après avoir passé chez nous, nous lui donnons des vivres et de l'argent et leur

11. Adrien Djiguemde, étudiant en communication et journalisme et membre de JEC-UO, un migrant de la Côte d'Ivoire, donne des cours aux migrants (Crédit photo : Harouna Marané).

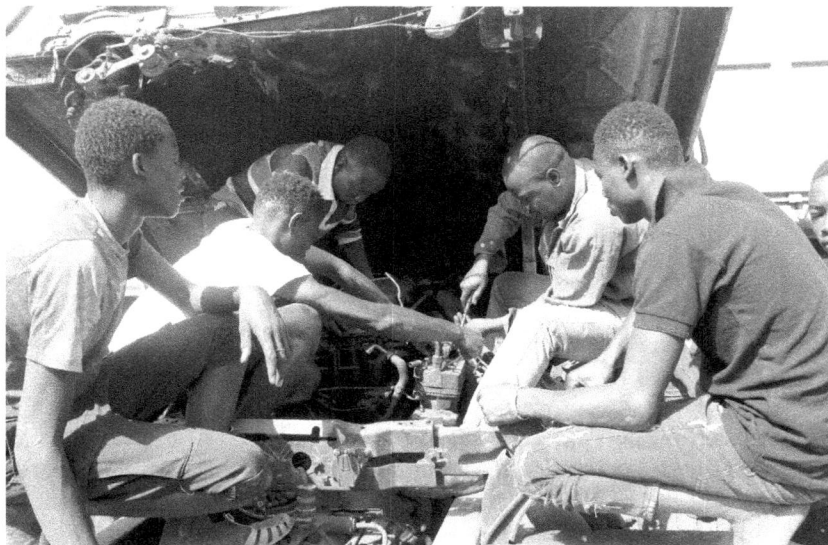

12. Deuxième à droite, Seydou Ouédraogo, un migrant rapatrié de la Côte d'Ivoire aidé par des religieux de Bobo-Dioulasso, dans son atelier avec les apprentis (Crédit photo : Harouna Marané).

proposons des surfaces cultivables pour ceux qui le souhaitent. Certains ont passé 6 mois au centre ici, d'autres une année, deux ans et plus. » (Entretien réalisé le 4 mai 2019 à Bobo-Dioulasso)

Des vivres stockés après les récoltes dans les champs du prédicateur servaient à répondre aux besoins alimentaires des migrants. La présence de ces derniers a augmenté parallèlement la production céréalière. Après une saison agricole, les vivres récoltés pouvaient assurer la restauration de tous jusqu'à la saison suivante. Les migrants dont le logement et l'alimentation étaient garantis, pouvaient s'adonner à d'autres activités dans le secteur informel, afin de préparer leur autonomisation, tout en cherchant des liens utiles dans les réseaux familiaux.

La méconnaissance du « pays d'origine » de la part de nombreux migrants, phénomène qui s'explique par le fait que les enfants nés dans le pays d'accueil reviennent très rarement dans le village natal des parents (Zongo 2003), accroît chez les migrants le besoin d'actions solidaires. Pour les leaders religieux, la solidarité doit être exprimée jusqu'à ce que le bénéficiaire soit capable de se prendre en charge ou d'être pris en charge par un proche parent. Cheick Aboubakar Doukouré a par exemple hébergé chez lui à domicile, par solidarité et durant plusieurs années, de nombreux migrants de retour de la Côte d'Ivoire. Ce fut aussi le cas de Héma Djafar, évoqué plus haut, et de l'imam Siaka Sanou de Bobo-Dioulasso, qui nous a confié avoir épousé une migrante de retour. La solidarité religieuse se présente ainsi comme un facteur d'intégration des migrants. Le religieux serait plus attentif à l'insertion socio-économique, comparativement aux structures bureaucratiques de l'État qui privilégient les actions d'éclat très médiatisées. Bien qu'il soit courant d'entendre au Burkina Faso de la part des fonctionnaires que « l'Administration est une continuité », il n'est pas rare de constater que paradoxalement, en matière de suivi de l'action publique, des acteurs administratifs se désengagent facilement de la consolidation d'un programme dont ils n'ont pas été l'initiateur.

QUELLES LEÇONS À TIRER DE CES INTERVENTIONS DIFFÉRENCIÉES ?

Même si l'action publique et l'action confessionnelle ont impacté positivement la vie des migrants dès leur retour, elles se caractérisent toutes deux par des différences du point de vue de l'approche et de la qualité de la prise en charge. C'est pourquoi il faut aller au-delà des chiffres fournis par les pouvoirs publics pour interroger la qualité du service rendu qui motivait les migrants à se tourner vers le religieux.

Le soutien gouvernemental est fondé sur le droit des citoyens à l'accès aux services publics et à la protection. Les dispositifs d'accueil et d'hébergement temporaire, les surfaces de production agricole s'inscrivent dans cette logique. Le caractère ponctuel des actions étatiques pose le problème de l'efficacité de cet appui régalien. Sur la question de l'insertion des migrants par la production agricole par exemple, 150 pères de famille parmi les rapatriés de Bobo-Dioulasso ont rejoint le site de Dodougou dans la province du Houêt, aménagé à cet effet. Cinquante y sont restés et cent migrants étaient obligés de retourner dans leur ville d'accueil pour « se débrouiller », car une année après, ils n'ont plus reçu d'intrants de la part de l'État, selon le secrétaire général de l'Association des rapatriés à Bobo-Dioulasso. Deux ans après la mise en œuvre du Plan gouvernemental de réinsertion, le CONASUR a noté un niveau d'exécution insuffisant, si bien que :

> « La majeure partie des migrants qui sont rentrés précipitamment n'a pas obtenu d'aide de l'État burkinabé pour s'insérer dans le tissu économique national. L'Agence nationale pour l'emploi n'a pas pris de mesures particulières à l'endroit des populations rapatriées ; de la même manière, le Fonds d'appui à la promotion de l'emploi n'a reçu aucune consigne de dérogation pour la catégorie rapatriée. Autrement dit, il n'y a pas eu de politique publique d'emploi. » (Bredeloup 2009 : 16).

Sur l'aide au logement également, l'action publique a permis de lever l'urgence humanitaire sans pour autant poser les bases d'une solution durable au logement des familles rapatriées. Un responsable des migrants exprime sa déception en ces termes :

> « L'État nous a soutenus pendant 2 ans et nous a laissés. J'ai fait une demande adressée au maire de la commune de Bobo qui se nommait Célestin Koussoubé et nous n'avons pas eu gain de cause de 2002 jusqu' aujourd'hui. Après lui est venu Salia Sanou comme maire de Bobo, j'ai fait la même demande et encore sans gain de cause. J'ai adressé aussi une demande au maire de l'arrondissement de Do Moustapha Tinto qui est du même village que moi et toujours rien jusqu'à nos jours. Aujourd'hui, il y a le nouveau maire qui a suspendu les lotissements. Nous vivons ici en location et c'est chacun pour soi. L'État nous a carrément oubliés. C'est vrai que personne ne nous a envoyés en Côte d'Ivoire, mais nous ne sommes pas venus parce que nous le voulions, mais c'est la guerre qui nous a fait fuir. L'État devrait au moins penser à nous » (Entretien réalisé le 5 mai 2019 à Bobo-Dioulasso).

L'action confessionnelle en faveur des migrants de retour est fondée sur la solidarité religieuse. Selon Monseigneur Anselme T. Sanou, le discours religieux invite tout croyant à être une solution pour son prochain. C'est pourquoi les actions posées au profit des migrants ont été gratuites.

« Si quelqu'un a besoin d'être soutenu, l'Église a ce qu'on appelle la Caritas. Cela date des années 1950... C'est pour dire la charité. L'une des applications pratiques a été les musulmans du Sahel (les Touaregs). On faisait cela en signe de solidarité[7]. Le travail de l'OCADES a amené à pouvoir accueillir non seulement des étrangers qui passent, mais des jeunes qui, à certains moments, sont en situation fragile dans leurs familles. Les rapatriés étaient déroutés et avaient besoin de notre solidarité. Il y a certains qui disaient que le papa ne leur a jamais emmené au village, qu'ils ne savent même pas qui est leur grand-papa » (Entretien réalisé le 10 mai 2019 à Bobo-Dioulasso).

Si de nombreuses structures non étatiques qui ont soutenu les migrants de retour ont sollicité l'aide du CONASUR, ce n'est pas le cas des leaders religieux et des structures confessionnelles. La plupart de ces leaders ont une réputation nationale et au-delà des frontières burkinabè (Cissé 2009). Certains parmi les musulmans ont même des fidèles dans les pays voisins, qui les considèrent comme des figures d'hospitalité, ce qui favorise la mobilisation de ressources diverses. Les migrants ont eu recours aux leaders sans énormes difficultés en raison de leur personnalité et souvent après une déception face à la qualité de l'accueil étatique. Une migrante de retour à Ouagadougou témoigne :

« Quand nous sommes arrivés, l'État nous a donné des vivres, des couvertures... Mais comme on étaient nombreux, c'était difficile. J'ai demandé à aller chez le Cheick Doukouré, car j'avais entendu parler de lui. Quand on est arrivé là-bas, on nous a bien accueillis. Je suis restée là-bas avec mes deux enfants pendant plus de six mois avant de retrouver nos parents. » (Entretien réalisé le 20 avril 2019 à Ouagadougou).

Un des leaders confirme les sollicitations des migrants à leur endroit :

« Pendant la guerre en Côte d'Ivoire, beaucoup de Burkinabè sont rentrés de force à Bobo. Le gouvernement les a accueillis, mais nombre d'entre eux sont venus chez moi, ici, pour demander du soutien. Certains sont venus directement à la mosquée après renseignements, d'autres se sont fait accompagner par des Bobolais. Dans notre religion, l'étranger est roi. Chaque jour je dépensais pour eux, pour leur nourriture et les petites maladies. » (Siaka Sanou, grand imam de Bobo-Dioulasso. Entretien réalisé le 3 mai 2019 à Bobo-Dioulasso).

Dans certains cas, l'évocation du nom de la personnalité religieuse de référence du migrant suffit pour qu'il soit assisté. À Ouagadougou et à Bobo-Dioulasso, des migrants témoignent avoir été accompagnés chez leurs leaders religieux quelques jours après leur arrivée de la Côte d'Ivoire. Ces derniers les ont accueillis et aidés. La personnalité qu'incarnent les leaders religieux a été déterminante dans l'accueil du migrant et son accompagnement socio-économique.

Le migrant face aux structures étatiques est un numéro, un élément de statistique, toute chose qui le plonge dans une sorte d'anonymat de l'intervention. Pourtant la crise vécue n'est pas qu'économique, elle est aussi sociale et psychologique. C'est pourquoi la solidarité et la fraternité religieuses deviennent plus parlantes à la conscience de ces gens qui se cherchent de nouveaux repères après avoir presque tout perdu. Parallèlement, le religieux aussi développe une entreprise de cooptation, bien que souvent plus « *soft* » et sans prosélytisme apparent, sans trop de publicité comme les structures étatiques. Il n'est donc pas rare que l'État passe par les structures confessionnelles afin que l'aide puisse attendre les populations à la base. Une telle dialectique est quasi permanente en situation de crise.

CONCLUSION

L'histoire migratoire du Burkina Faso est indissociable de celle de la Côte d'Ivoire depuis des générations. Ce pays voisin a été depuis la période coloniale une destination importante pour de nombreux burkinabè. Au-delà des accords étatiques passés, une migration en Côte d'Ivoire permettait à de nombreux agriculteurs burkinabè qui faisaient face à des contraintes climatiques notoires dans leurs villages, de trouver un meilleur environnement pour exercer autrement leur activité. Parmi ces migrants, certains revenaient au pays après s'être assurés d'une certaine sécurité économique, pour d'autres la Côte d'Ivoire devenait une seconde patrie et des enfants et petits-enfants naissaient pendant le séjour en migration. Dans un tel contexte, un retour de migration devient difficile, car le terme même de migrant de retour ne sied pas pour la plupart d'entre eux.

C'est dans ce contexte que la gestion des populations rentrées au pays à la suite des violences qui ont éclaté en terre ivoirienne à la fin des années 1990 a mobilisé plusieurs acteurs. La décision politique prise par l'État de faire rentrer de nombreux Burkinabè par autobus a joué sur le sentiment national, au point que cette entreprise de remobilisation politique d'un pouvoir qui traversait des crises sociopolitiques internes (Hilgers et Mazzocchetti 2010 ; Hilgers. et Loada 2013 ; Hagberg et al. 2017) a pu remettre confortablement ce dernier en selle. Dans l'accueil des migrants, le rôle joué par l'État a donc été plus visible, médiatisé, mais s'est trouvé confronté, comme c'est souvent le cas dans la mise œuvre des politiques publiques, à des problèmes de suivi, voire à une question de durabilité. Il est reconnu que l'instrumentalisation de l'aide reçue des partenaires techniques et financiers encourage cette média-tisation souvent excessive.

À l'opposé, l'action confessionnelle, discrète mais efficace, a été préférée à l'action publique par de nombreux migrants car à travers elle, des familles rapatriées ont trouvé des solutions durables à leurs souffrances. L'expression de la solidarité religieuse et la personnalité du leader religieux ont été déterminantes dans l'accueil et l'assistance de nombreuses personnes qui n'ont plus songé à repartir en Côte d'Ivoire plus d'une décennie après les événements qui les avaient obligés à une migration de retour forcée. Dans le fond, l'action religieuse pose la problématique de l'intervention sociale de l'action publique. Il est courant qu'au Burkina Faso, dans ce qu'il est convenu d'appeler les secteurs sociaux de base (éducation, santé, etc.), l'action du religieux est plus sollicitée et mieux appréciée des populations, lorsque celle de l'État fait face à des insuffisances multiples (Degorce, Kibora et Langewiesche 2019). La pertinence des interventions, les relations de concurrence et de complémentarité entre différents acteurs dans le domaine de l'action publique (Lavigne-Delville et Ayipam 2019), ici ceux du public et du confessionnel, sont donc à apprécier « par le bas », c'est-à-dire du point de vue de ceux qui sont les bénéficiaires finaux des services rendus.

NOTES

1. CONASUR : Conseil National de Secours d'Urgences et de Réhabilitation ; SONAGESS : Société Nationale de Gestion des Stocks de Sécurité alimentaire ; PNPS : Programme National de Protection Sociale.
2. Ce jeu de mots formé avec ses nom et prénom signifie « Djafar le puissant » en langue nationale dioula.
3. Il lui arrive de prêcher tenant la Bible d'une main, le Coran de l'autre, pour montrer les points de convergence entre les différentes religions.
4. Hema, Clarisse, vendredi 16 octobre 2009 à 04 h 38 min, « "Djafar" un prêcheur atypique : "Il est dit dans le Coran que la Bible est une lumière et une direction" », *Sidwaya*, en ligne : https://lefaso.net/spip.php?article33660
5. Touré Haoua, « Deuxième édition des Journées Universitaires : Éveil des Capacités des Jeunes en Entreprenariat » in lefaso.net du mercredi 30 août 2017. https://lefaso.net/spip.php?article79058, Consulté le 21 novembre 2020.
6. Renaud de Rochebrune 21 juin 2017, mis à jour le 23 octobre 2019 à 19 h 53 « Côte d'Ivoire-Burkina : "Bayiri, la patrie", un film qui dérange ? », en ligne : https://www.jeuneafrique.com/mag/448624/societe/cote-divoire-burkina-bayiri-la-patrie-un-film-qui-derange/ consulté le 12 octobre 2020 à 18 h 10.
7. Les premières ONG burkinabè étaient d'obédience chrétienne. Ainsi le Secours catholique français s'est installé dès les années 50 au Burkina Faso pour devenir en 1961, après l'indépendance du pays, CARITAS voltaïque. Le Nord du pays, principalement peuplé de Peul, Touareg et Bella, était constamment en proie à la sécheresse et aux famines récurrentes, d'où

les interventions dans ces zones où les populations sont en majorité de confession musulmane.

BIBLIOGRAPHIE

Audet Gosselin, L., et Couillard, K., 2019, « ONG confessionnelles au Burkina Faso », *in* Degorce A., Kibora L.O., et Langewiesche K. (dir.), *Rencontres religieuses et dynamiques sociales au Burkina Faso*, Dakar, Amalion, p. 225–245.

Banegas, R., et Otayek R., 2003, « Le Burkina Faso dans la Crise ivoirienne. Effets d'aubaine et incertitudes politiques », *Politique africaine,* n° 89*,* Paris, Karthala, p. 71–87.

Batenga, M.-W., 2003, « Le milieu universitaire de Ouagadougou : l'insertion des étudiants burkinabè venant de Côte d'Ivoire », *in* Coquery-Vidrovitch, C., Goerg, O., et Mandé, I., Rajaonah F. (eds.), Être étranger et migrant en Afrique au XXe siècle, enjeux identitaires et modes d'insertion : politiques migratoires et construction des identités. Paris, L'Harmattan, vol. 1, p. 325–338.

Boyer, F., Lanoue, É., 2009, « De retour de Côte d'Ivoire : migrants Burkinabè à Ouagadougou », *in* Boyer F et Delaunay D. (coord.), *Peuplement de Ouagadougou et développement urbain : rapport provisoire*, Ouagadougou/ Paris : IRD, Université Paris 1, p. 75–101.

Bredeloup, S., 2006, « Réinstallation à Ouagadougou des "rapatriés" Burkinabè de Côte d'Ivoire », *Afrique Contemporaine*, n° 217, Paris, De Boeck Supérieur, p. 185–201.

Bredeloup, S., 2009, « «Rapatriés» burkinabé de Côte d'Ivoire : réinstallations au pays et nouveaux projets migratoires », *in* Baby-Collin V. (dir.), Cortes G. (dir.), Faret L. (dir.), Guétat-Bernard H. (dir.) *Migrants des Suds* ; Marseille, IRD Éditions, p. 167–186.

Cissé, I., 2009, « El hadj Oumarou Kanazoé : homme d'affaires et mécène dans la communauté musulmane burkinabè », *Cahiers du CERLESHS XXIV,* 34, p. 151–186.

CONASUR, UNICEF, PAM, 2004, *Analyse des données sur les rapatriés de Côte d'Ivoire.* Ouagadougou, UNICEF/PAM, 63 p.

Dabire, Z.J., et Somé, K., D., 2010, « Monseigneur Anselme T. Sanon, archevêque de Bobo : "Le Collège de sages n'est pas une invention du Burkina" », en ligne : https://lefaso.net/spip.php?article36895 consulté le 6 novembre 2020.

De Rochebrune, R., 2017, « Côte d'Ivoire-Burkina : "Bayiri, la patrie", un film qui dérange ? », en ligne : https://www.jeuneafrique.com/mag/448624/societe/cote-divoire-burkina-bayiri-la-patrie-un-film-qui-derange/ consulté le 12 octobre 2020.

Degorce, A., Kibora, L.O., et Langewiesche, K. (dir.), 2019, *Rencontres religieuses et dynamiques sociales au Burkina Faso*, Dakar, Amalion, 344 p.

EIRENE Grands lacs, 2017, « La religion au service de la paix », *Bulletin d'information, édition spéciale,* Bujumbura, EIRENE Grands lacs.

Fischer, S., 2019, « Local fabrication of school statistics : Actors, practices and issues at stake in primary school in Benin », *Anthropologie et développement*, n° 48–49, p 43–66.

Hagberg, S., Kibora, L.O., Barry, S., Gnessi, S. et Konkobo, A., 2017, *Transformations sociopolitiques burkinabè de 2014 à 2016 : Perspectives anthropologiques des pratiques politiques et de la culture démocratique dans*

« *un Burkina Faso nouveau* », Uppsala Papers in Africa Studies 2. Uppsala, Uppsala University.

Hilgers, M. et Mazzocchetti, J. (dir.), 2010, *Révoltes et oppositions dans un régime semi-autoritaire : le cas du Burkina Faso*, Paris, Karthala.

Hilgers, M. et Loada, A., 2013, « Tensions et protestations dans un régime semi-autoritaire : croissance des révoltes populaires et maintien du pouvoir au Burkina Faso ». *Politique africaine*, 131, p. 187–208.

Lavigne-Delville, P., et Ayipam, S., 2019, « L'action publique en Afrique, entre normes pratiques dynamiques politiques et influences externes », *Anthropologie et développement*, n° 48–49, p. 25–42.

Muller, P., 2000, « L'analyse cognitive des politiques publiques : vers une sociologie politique de l'action publique », in *Revue française de science politique*, 50e année, n° 2, p. 189–208.

Mangala, J.M, 2001, « Réfugiés et sécurité régionale en Afrique : un défi pour le HCR », *Refuge : Canada's Journal on Refugees*, Vol. 19, n° 5, p. 46–53.

Ouédraogo, Y., 2015, « ONG musulmanes et renouveau islamique au Burkina Faso (1980–2015) », *SIFOE*, 8, p. 173–185.

Padovani, F., 2004, « Migrations forcées et grands travaux hydrauliques en Chine : le cas du barrage des Trois Gorges », *Géocarrefour*, Vol. 79, n° 1, p. 27–34.

Sanou, A., « Performativité des genres oraux dans la ville de BoboDioulasso lors de l'insurrection d'octobre 2014 au Burkina Faso », *Cahiers de littérature orale* [En ligne], 85 | 2019, mis en ligne le 19 juin 2020, consulté le 1er juillet 2020. URL : http://journals.openedition.org/clo/5796 ; DOI : https://doi.org/ 10.4000/clo.5796

Vitale, M., 2012, « Trajectoire d'évolution de l'islam au Burkina Faso », *Cahiers d'études africaines*, n° 206–207, p. 367–387.

Yaro, Y., et Pilon, M., 2005, Éducation et conflit en Afrique de l'Ouest. Conséquences du conflit ivoirien sur l'éducation dans les pays limitrophes. Un état des lieux au Burkina Faso, Mali et Ghana, Ouagadougou, Diakonia/ Aide et Action, 125 p.

Zombré, L.W.P., 2006, *Justice transitionnelle au Burkina Faso, originalité ou pis-aller ?* Université de Genève – Certificat en droits de l'homme.

Zongo, M., 2003, « La diaspora burkinabè en Côte d'Ivoire. Trajectoire historique, recomposition des dynamiques migratoires et rapport avec le pays d'origine », *Politique africaine*, vol. 90, n° 2, p. 113–126.

4.

MIGRATIONS ET ISLAM À KOUDOUGOU. DU QUARTIER DES COMMERÇANTS MUSULMANS À LA PLURALITÉ RELIGIEUSE

Alice Degorce

Troisième ville du Burkina Faso, Koudougou est connue pour faire partie de l'une des principales régions d'origine des migrants burkinabè en Côte d'Ivoire. Les migrations en direction de Koudougou ont en revanche moins été étudiées. Dans la première moitié du XXe siècle, des migrations internes en direction de cette ville sont pourtant mentionnées (Hilgers 2009 ; Skinner 1974). Des mouvements migratoires ouest-africains ont également eu Koudougou pour destination et ont contribué à dynamiser l'offre religieuse de la ville, favorisant notamment l'introduction de l'islam au début du XXe siècle (Kouanda 1995 : 236). Dans les discours sur l'histoire de la ville, les origines de l'islam sont ainsi généralement associées à Zangouettin, un quartier considéré comme la communauté d'accueil des « étrangers ».

À partir d'enquêtes de terrain[1] et d'une méthodologie socio-anthropologique, il s'agit ici de questionner l'évolution de la place de ce quartier, parallèlement à celle des migrations et des religions à Koudougou. Quel a été le rôle des anciens migrants de Zangouettin dans l'implantation de l'islam ? Comment se sont-ils insérés dans la ville ? Comment leur présence s'articule-t-elle avec celle des migrants qui les ont suivis et avec la pluralité religieuse actuelle ? Dresser un portrait de Koudougou du point de vue de l'immigration et de l'implantation des religions, permet de mettre en avant l'insertion de la ville dans les réseaux commerciaux et religieux sous-régionaux qui ont motivé la circulation de nombreux groupes de migrants. En prenant comme point de départ l'implantation de l'islam dans le quartier Zangouettin, il s'agira tout d'abord d'interroger l'évolution de ce quartier et sa place actuelle, puis de le situer par rapport aux migrations des décennies suivantes. Des années 1930 aux années 1960–1970, la ville a en effet vu l'installation de nouveaux arrivants, principalement originaires d'Afrique de l'Ouest, et pour la plupart attirés par l'activité commerciale ou par le développement d'une industrie textile et cotonnière.

KOUDOUGOU ET SES QUARTIERS ANCIENS

De la troisième ville du pays à Koudougou « la rebelle »

Koudougou est le chef-lieu de la province du Boulkiemdé et de la région du Centre-Ouest. En 2014, la ville dénombrait 112.579 habitants, alors qu'elle en comptait 72.490 en 1996 (Nikiema et al. 2018). Souvent considérée comme la troisième ville du pays, sa croissance démographique se fonde surtout sur l'intégration des villages alentours *(ibid.)*, actée au moment de la communalisation intégrale du territoire burkinabè. Cette croissance reste ainsi relativement modérée *(ibid.)*. Toutefois, en 1936, avec 15.920 habitants, Koudougou avait une population plus importante que Ouagadougou (14.200 habitants) et Bobo-Dioulasso (10.250 habitants) (Hilgers 2006 : 43 ; Skinner 1974 : 33). Selon Skinner, les mobilités vers les villes de province étaient à cette époque essentiellement des migrations de travail, pour permettre de payer ou fuir les impôts coloniaux dans la capitale (Skinner 1974 : 33–34). La mise en place d'une politique de développement de la production de coton à cette époque par les colons (Schwartz 1993) a également pu contribuer à ces mouvements vers la province (Hilgers 2009).

Du point de vue des migrations, Koudougou est cependant plutôt connue pour être au cœur de l'une des plus importantes régions de départ des migrants Burkinabè vers la Côte d'Ivoire. En 1932, avec le démantèlement de la colonie de Haute-Volta, qui avait été créée en 1919, le Cercle de Koudougou fut intégré à la Côte d'Ivoire jusqu'à la reconstitution de la Haute-Volta en 1947, afin de faciliter les réquisitions de main-d'œuvre vers les pays côtiers et les travaux forcés (Hilgers 2009 : 99). Inaugurée en 1953, la ligne de chemin de fer qui va de Ouagadougou à Abidjan et qui traverse la ville a eu un impact décisif dans l'intensification des départs en migration en Côte d'Ivoire (Degorce 2014a : 23 ; Hilgers 2009 : 107). Ce processus migratoire avait cependant déjà été engagé dans les décennies précédentes : en 1952, la ville ne comptait déjà plus que 8.700 habitants du fait de ces départs en migration ou des recrutements pour le travail forcé dans les pays côtiers (Hilgers 2006 : 43).

En 1965, une usine textile, appelée Voltex, puis rebaptisée Faso Fani pendant la période révolutionnaire (1983–1987), a été implantée à Koudougou. Cette industrie a largement contribué au dynamisme de la ville, attirant de nouveaux habitants qui venaient y travailler : « Entre 1952 et 1975, la population a quadruplé, pour atteindre 36.838 habitants » (Hilgers 2006 : 43). Dans les années 1960, Voltex emploie 300 personnes, dont 50 % de travailleurs émigrés (venant principalement de Côte d'Ivoire et de Ouagadougou) (Hilgers 2009 : 122–123). En 1992, 1.066 personnes sont employées par l'usine, qui alimente 10 % des ménages de la ville *(ibid.)*. Située dans le quartier Bourkina, l'usine a largement contribué au développement de cette partie de Koudougou.

Sur le plan politique, le fait que le premier président à l'indépendance du pays, Maurice Yaméogo, soit originaire de Koudougou et y construise un palais présidentiel ainsi que de nombreuses infrastructures, a concouru à son dynamisme dans les années 1960. La chute du président Yaméogo le 3 janvier 1966 toutefois a signé une première phase de déclin de la ville. L'industrie a cependant continué à y être développée et la Sofitex (Société burkinabè des fibres textiles) a implanté en 1968 une usine d'égrenage du coton à Koudougou (Hilgers 2009 : 111). Situé dans une zone cotonnière, Koudougou demeure l'une des rares villes du Burkina Faso à avoir des industries implantées sur son territoire, cette particularité ayant contribué à la placer comme troisième ville du pays.

Dans les années 1980, pendant la période révolutionnaire menée par Thomas Sankara, les secteurs de la ville ont été redécoupés. Des cités ont été construites, certaines pour loger les travailleurs de l'usine Faso Fani, et des infrastructures ont été réaménagées. Avec le coup d'État de Blaise Compaoré en 1987 et l'assassinat de Sankara, qui marquent la fin de la période révolutionnaire, Koudougou a connu un sombre épisode de son histoire. Le capitaine Boukary Kaboré dit « Le Lion », un proche de Sankara qui dirigeait le bataillon d'intervention aéroportée (BIA) basé à Koudougou, avait en effet refusé de reconnaître le nouveau pouvoir et tenté d'organiser une résistance. Koudougou a été alors assiégée du 23 au 28 octobre et bombardée le 27 octobre 1987. De nombreux jeunes officiers furent abattus et ensevelis dans une fosse commune. « Le Lion », qui fut l'un des seuls officiers survivants, put se réfugier hors du pays.

À la fin des années 1990, de violentes émeutes ont secoué la ville à la suite de l'assassinat du journaliste Norbert Zongo, originaire de Koudougou. En décembre 1998, ce journaliste d'investigation avait été assassiné sur la route de Sapouy, au sud de Ouagadougou, alors qu'il enquêtait sur le meurtre du chauffeur de François Compaoré, petit frère du président Blaise Compaoré. Son assassinat a provoqué d'importantes manifestations à travers tout le pays.

En 2011, un élève, Justin Zongo, est mort après une interpellation et une garde à vue au commissariat au cours de laquelle il avait été violenté (Chouli 2012). Des émeutes ont éclaté partout dans la ville. Le fait que cet épisode, qui a donné lieu à des émeutes par la suite à travers tout le pays, soit parti d'un événement survenu à Koudougou, contribue pour beaucoup à inscrire la ville dans une histoire de dissidence. Elle avait du reste boudé l'éviction du pouvoir du premier président du pays, Maurice Yaméogo dont le fils (l'avocat et leader de parti politique Hermann Yaméogo) et quelques autres camarades avaient été arrêtés pour tentative de rébellion. Koudougou est en effet souvent qualifiée de « ville rebelle » (Hilgers 2006).

Les récits locaux intègrent dans cette histoire les événements qui ont marqué les dernières décennies. Mais ils remontent aussi à la période précoloniale, où la région de Koudougou était souvent décrite comme réfractaire au pouvoir central du Moogo Naaba (chef du *Moogo,* le « pays des Moose ») basé à Ouagadougou. Plusieurs conflits ont éclaté au cours de cette période (Beucher 2017 : 70–77, 125). À la fin du XIXe siècle, de nouvelles tensions entre le Lalle Naaba[2] Wobgo et le Moogo Naaba Sanem éclatèrent. Le pouvoir colonial y mit fin, tentant par-delà de mettre un terme aux conflits précoloniaux opposant le Lalle au Moogo Naaba. En 1916, durant la guerre Bani-Volta (Saul et Royer 2002), Koudougou fut marquée par la révolte contre les autorités coloniales et le chef de Lalle, épisode notamment raconté dans le roman du journaliste Norbert Zongo, *Rougbêinga* (Zongo 2012). Au début du XXe siècle, la région avait déjà connu des soulèvements en 1903, 1908 et 1914 (Hilgers 2009 : 90), et de 1905 à 1923, le Larle Naaba Pawitraogo, l'un des principaux dignitaires de la cour du Moogo Naaba, fut envoyé à Koudougou pour y renforcer le pouvoir de la chefferie et y faire régner l'ordre. La ville a désormais perdu de son lustre d'antan. L'usine Faso Fani, fermée en 2001 à cause de la dévaluation du Franc CFA intervenue en 1994 et de l'augmentation du prix des intrants (Hilgers 2006 : 43), a ôté à Koudougou son principal poumon économique. Dans la même période, la privatisation de la régie de chemin de fer Abidjan–Niger a réduit considérablement le trafic ferroviaire, important pour le commerce et les migrations. En 2002, le conflit ivoirien a également impacté la ville. De nombreux migrants ont été contraints de rentrer, fuyant la guerre. Les circulations entre les deux pays ont été bloquées durant des mois et le trafic ferroviaire a longuement été interrompu. Lors de nos enquêtes de terrain, nos interlocuteurs évoquaient de nouveau un ralentissement économique. Celui-ci s'inscrivait dans le contexte globalement plus difficile du Burkina Faso et qui faisait suite aux différents événements politiques et sociaux traversés par le pays : avec la chute de Blaise Compaoré en octobre 2014, puis le coup d'État manqué de 2015, mais surtout la dégradation de la situation sécuritaire et la montée de l'extrémisme violent depuis 2015.

Malgré l'ouverture d'une université à la fin des années 2000, attirant de nombreux étudiants venant d'autres régions, et la reprise des circulations des migrants de Côte d'Ivoire, Koudougou peine à retrouver une activité économique suffisamment dynamique. Une usine d'égrenage de coton biologique y a cependant été inaugurée en janvier 2020, le gouvernement tentant d'y relancer l'industrie textile. Ces différents événements qui ont marqué l'histoire de la ville, et leur impact sur son économie ne sont pas sans conséquences sur les allées et venues des migrants, dont les mobilités sont essentiellement liées au commerce ou aux migrations de travail, qui ont structuré les quartiers de la ville.

Les quartiers « historiques »

Koudougou compte plusieurs quartiers (*saka*, pl. *sakse*) anciens, que l'on pourrait également qualifier « d'historiques ». Selon nos interlocuteurs, les familles fondatrices de ces quartiers seraient en effet à l'origine de la ville et de son organisation sociale. Les quartiers Issouka, Palogo et Dapoya sont ainsi généralement considérés comme les tout premiers de la ville, l'antériorité faisant l'objet d'enjeux encore actuels, notamment décrits par Mathieu Hilgers (2007, 2009). Nos enquêtes ont porté sur deux de ces quartiers (Issouka et Dapoya), ainsi que sur les quartiers Bourkina, Godin et Sougpelse (Carte 4.1). La fondation de ces trois derniers est postérieure, mais reste considérée comme ancienne et associée à une période précoloniale relativement lointaine. Chaque quartier « historique » comporte par ailleurs des sous-quartiers, qui correspondent aux lieux d'installation des familles accueillies par les lignages fondateurs de quartiers et qui restent associés à ces familles. Les quartiers ne correspondent cependant pas au découpage en dix secteurs actuellement en vigueur, qui a été opéré au cours de la période sankariste et qui n'a pas tenu compte des limites des quartiers « traditionnels »[3]. L'administration s'est depuis basée sur ce découpage administratif.

Ces quartiers ont chacun un chef (*naaba*) qui dépend du *Lalle Naaba* (chef de *Lalle)*, au même titre que les chefs des villages voisins. L'autorité du chef de Lalle couvre une région assez vaste, s'étendant de Pabré, au nord de Ouagadougou, à Kyon, en pays Lyélé à l'ouest de Réo et de Koudougou (Carte 4.2). Le palais du *naaba* de Lalle, auparavant situé à Siglé, à une soixantaine de kilomètres de Koudougou, a été déplacé à Koudougou en 1939 par les colons. Le Lalle Naaba continue cependant à célébrer les cérémonies annuelles de la chefferie (*Baasga*) à Siglé.

Selon les informations recueillies sur le terrain, les chefs (*naaba*) de quartiers auraient été intronisés en 1938, alors que les colons avaient demandé au *Lalle Naaba* d'avoir des interlocuteurs relevant de la chefferie *moaaga*. Selon Mathieu Hilgers, l'installation de chefs de quartiers pouvait aussi servir les intérêts de la chefferie et tisser ses réseaux dans

Carte 4.1 : Les principaux quartiers de Koudougou

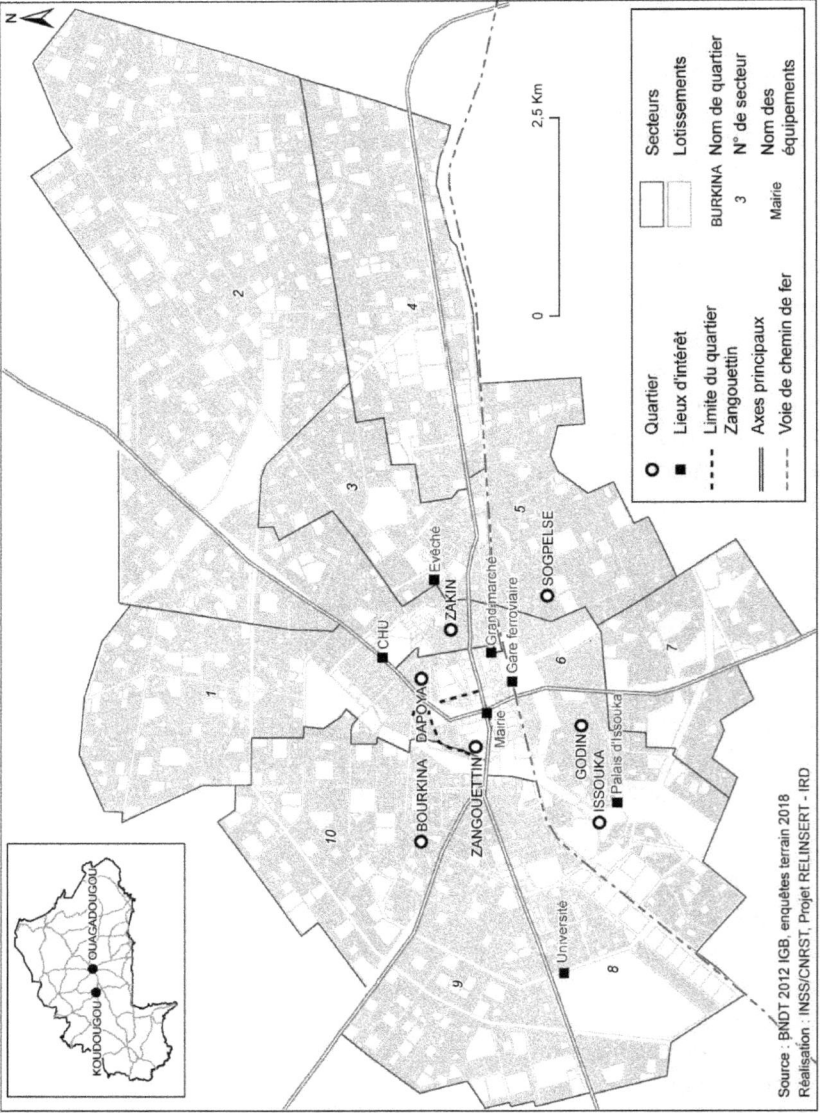

Source : BNDT 2012 IGB, enquêtes terrain 2018
Réalisation : INSS/CNRST, Projet RELINSERT - IRD

Carte 4.2 : Koudougou et les localités marquant les limites
du canton de Lalle

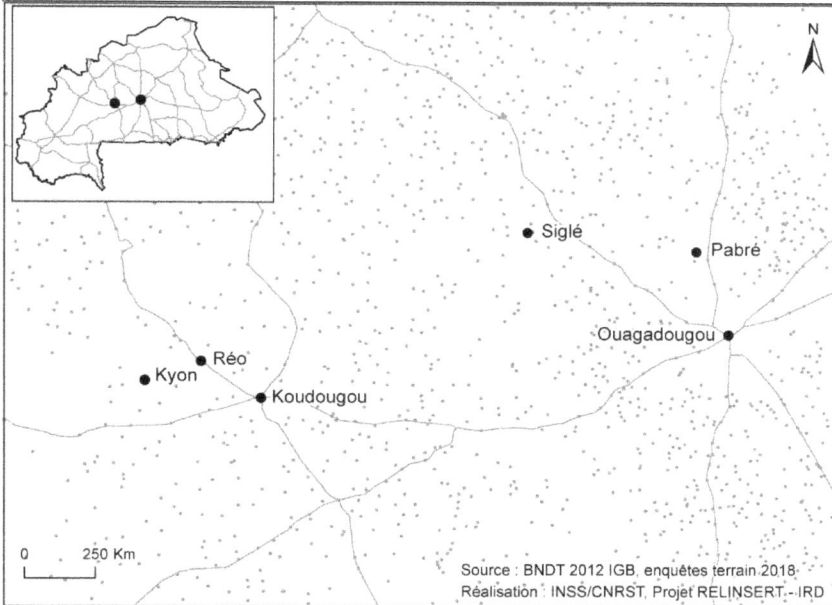

les quartiers (Hilgers 2009 : 100). Jusqu'à cette date, l'organisation politique et rituelle des quartiers de la ville reposait en effet sur des maîtres de la terre (*těngsob ramba*)[4]. La famille Yaméogo du quartier Dapoya[5] est, quant à elle, celle dont sont originaires les maîtres de la terre (*těngsob rãmba*), dont le rôle rituel est considéré comme s'étendant à l'échelle de toute la ville. Sur le plan rituel, outre un rôle important des maîtres de la terre, l'une des particularités de la région est la présence de lignages possédant des masques funéraires, les *Sukoomse*, autour desquels est organisé un savoir initiatique (*suku*) (Vinel 2005 ; Degorce 2014b). Koudougou est généralement reconnu comme étant un centre *sukoaanga* (pl. *sukoomse*) important (Degorce 2014b ; Hilgers 2009 ; Vinel 2005).

Du fait de la forte présence de ces pratiques religieuses traditionnelles[6] dans les différents quartiers de la ville, les religions universalistes s'y sont implantées relativement difficilement. Les premiers musulmans pratiquants n'ont ainsi été visibles dans l'espace public qu'au début du XXe siècle, dans le quartier Zangouettin, et l'islam s'est développé lentement. Son véritable essor ne s'est réalisé qu'à partir des années 1990 à 2000, dans un contexte plus global de réislamisation (Saint-Lary 2019). Une première tentative d'installation de l'Église catholique en 1912 aurait échoué en raison de l'opposition des maîtres de la terre :

« en 1912, l'animosité des *tengsoramba* [maîtres de la terre] est si grande qu'ils [les catholiques] ont renoncé à s'implanter dans la ville » (Hilgers 2009 : 101). À cette hostilité s'ajoutait sans doute celle des autorités coloniales déjà en place dans la ville. À partir de 1905 et de la séparation de l'Église et de l'État en France, la collaboration entre missionnaires et autorités coloniales s'est dégradée et leurs relations étaient de plus en plus tendues (Halpougdou et Langewiesche 2019 : 113). Après une période de 1904 à 1911 où les autorités coloniales ont empêché toute fondation de mission, les relations ont commencé à se détendre pour ne reprendre vraiment qu'en 1919 *(ibid.)*.

Après une autre tentative d'installation dans la petite ville voisine de Réo, où les Pères Blancs s'installèrent durant quatre ans, ceux-ci revinrent avec plus de succès en 1916 à Koudougou. La cathédrale fut construite en 1937 dans le quartier Dapoya, non loin du grand marché. À quelques centaines de mètres de la mosquée centrale, contiguë au grand marché, l'Église des Assemblées de Dieu commença à s'implanter en 1935. Comme pour les catholiques et les musulmans, ce lieu de culte protestant est longtemps resté le principal de la ville, avant que de nouvelles constructions soient envisagées dans les quartiers périphériques, notamment à la fin du XXe siècle. L'implantation de l'islam et la construction de la première mosquée dans le quartier Zangouettin sont particulièrement intéressantes à considérer à l'échelle de la ville et des migrations.

LES PREMIERS MUSULMANS DU QUARTIER ZANGOUETTIN

Zangouettin à Koudougou

Zangouettin est considéré comme un « sous-quartier » de Bourkina (Carte 4.1) et comme le lieu d'installation des premiers musulmans à Koudougou. Le quartier Bourkina est plus généralement perçu comme caractérisé par une certaine mixité. Traditionnellement, il est en effet le quartier d'accueil des nouveaux arrivants. L'histoire du quartier relate que leur ancêtre fondateur aurait été accueilli par le chef d'Issouka, déjà installé à leur arrivée. Impressionnés par la loyauté de l'ancêtre fondateur de Bourkina, les habitants d'Issouka lui auraient donné des terres et demandé qu'il s'établisse auprès d'eux. Accueillis par ceux d'Issouka, les habitants de Bourkina auraient à leur tour, au fil du temps, continué à accueillir les nouveaux arrivants, des quartiers à la fois d'Issouka et de Bourkina. D'une part, l'ordre de fondation des quartiers (Issouka étant plus ancien que Bourkina) et le fait que l'ancêtre fondateur de Bourkina ait été accueilli par ceux d'Issouka, font de Bourkina le quartier d'accueil des hôtes d'Issouka. D'autre part, la superficie bien plus étendue de Bourkina et l'espace disponible concourent à y diriger les nouveaux arrivants.

Ce rôle de quartier d'accueil a été d'actualité dans la configuration postcoloniale de la ville. L'usine Faso Fani puis l'usine de la Sofitex, implantées à Bourkina et jouxtant Issouka, ont en effet suscité l'installation de nombreux travailleurs venus d'autres localités et de pays voisins. Durant la révolution sankariste des années 1980, une cité d'une trentaine de logements a été construite pour les travailleurs de Faso Fani. La création de l'École normale supérieure de Koudougou (ENSK) en 1996, implantée dans le quartier et, plus tard, l'université Norbert Zongo créée sur le même site en 2005, a également attiré de nouveaux habitants en provenance d'horizons divers dans le quartier Bourkina, dont de nombreux étudiants vivant dans les cités et autres « célibatoriums »[7]. Sa situation géographique proche de Réo, chef-lieu du Sanguié et peuplé majoritairement par des Lyélé (du groupe Gourounsi), concourt aussi à la mixité du quartier. De nombreuses familles lyélé y vivent et les maraîchers de Réo viennent y vendre leurs produits au marché. Dynamique et étendu, ce quartier constitue donc un pôle important de la ville, comptant également un marché de quartier, une Église et le Petit séminaire de Koudougou, la caserne des pompiers, un camp de la Compagnie républicaine de sécurité (CRS) et une brigade de recherche de la gendarmerie. Une grande mosquée a été reconstruite en dur au début des années 2000 près du marché, et la Ahmadiyya y a également une école. Plusieurs établissements scolaires importants se trouvent dans ce quartier : le lycée catholique privé Sainte-Monique ; le lycée privé Tall M'By ; un lycée professionnel régional ; et, enfin, le lycée provincial, l'un des plus anciens et le plus grand de la région du Centre-Ouest, qui se situe précisément à Zangouettin. Le siège d'une importante association, Benebnooma, se trouve aussi à Bourkina : il comprend notamment une école, une radio, un centre d'apprentissage et chaque année, l'association organise les NAK, les Nuits atypiques de Koudougou, festival de musique de renommée internationale. Récemment, les deux principales voies qui traversent le quartier, conduisant respectivement à Dédougou (cette route étant également celle de l'Université) et à Réo, ont également été bitumées. D'autres investissements ont été réalisés dans la ville, avec des bitumages et des rénovations de voies et de places, ou encore la construction de la Cité des Forces Vives sur la route de Ouagadougou, à l'occasion de la Fête nationale en 2011, mais le quartier Bourkina reste l'un des pôles les plus dynamiques de la ville.

Zangouettin est la partie du quartier Bourkina la plus proche du centre-ville (Carte 4.3). Son appellation vient du nom donné en moore aux commerçants ambulants haoussa : *Zangweto*. Ceux-ci se seraient

Carte 4.3 : Le quartier Zangouettin

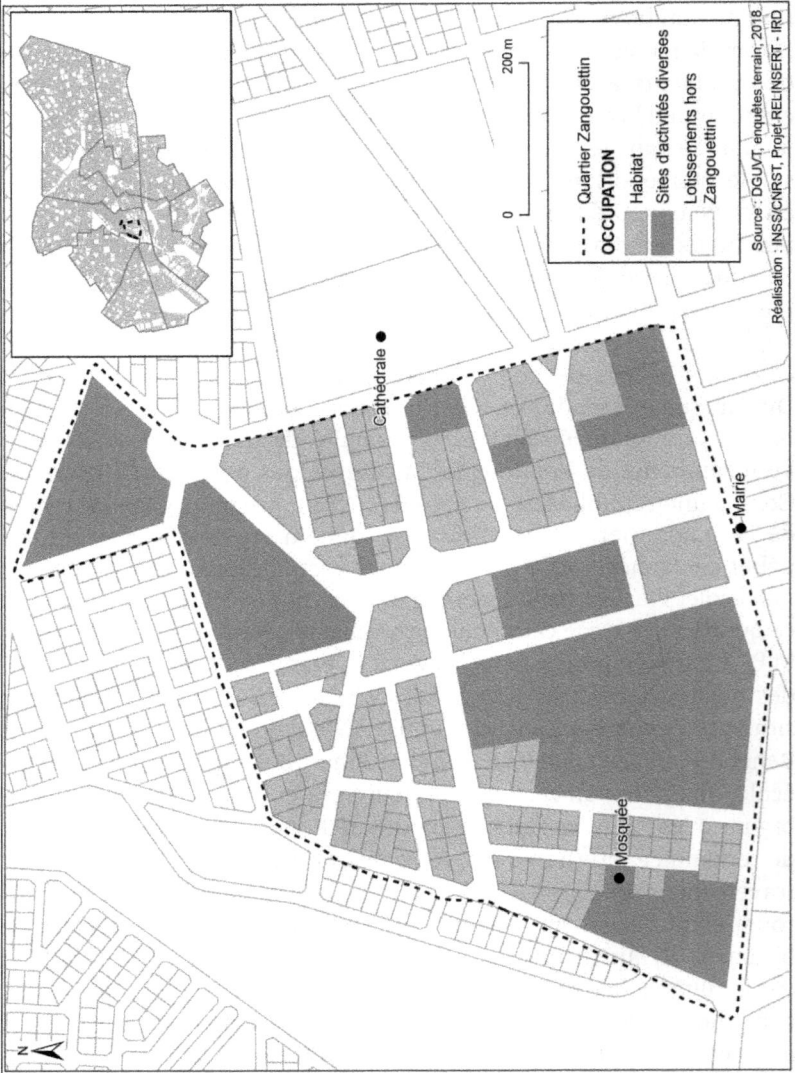

Source : DGUVT, enquêtes terrain, 2018
Réalisation : INSS/CNRST, Projet RELINSERT - IRD

OCCUPATION
Quartier Zangouettin
Habitat
Sites d'activités diverses
Lotissements hors Zangouettin

0   200 m

Cathédrale
Mairie
Mosquée

N

installés dans ce quartier pendant le règne du *Lalle Naaba* Ligdi[8], au début du XXe siècle. Ces commerçants étaient également de grands marabouts et le *Lalle Naaba* Ligdi aurait demandé au chef de Ramongo, village voisin où ils vivaient, que certains d'entre eux viennent s'installer auprès de lui[9]. Dans les royaumes moose, les musulmans étaient en effet des conseillers recherchés par les chefs (Langewiesche 2003 : 138). Les commerçants musulmans *yarse* étaient par exemple réputés pour leur savoir et Maurice Houis écrivait à ce propos que « la plupart des lettrés mossi ont eu un maître yarga » (Houis 1963 : 108).Les terres du quartier appartenaient alors à un lignage de forgerons qui n'y résidaient pas, et le *Lalle Naaba* les y a installés. À leur arrivée, seuls quatre autres musulmans vivaient à Koudougou (Namoulniara 1992 : 105). D'autres familles de confession musulmane sont ensuite venues s'installer dans ce quartier, notamment des Yarse (commerçants et tisserands musulmans dans la société moaaga) en provenance de Ouahigouya, de Yako ou du royaume moaaga voisin du Konkistenga. Des familles peules sont également installées à Zangouettin depuis plusieurs générations.

La mosquée du quartier, première mosquée de Koudougou, a été construite en banco en 1932, avec l'autorisation du *Lalle Naaba*. Au début des années 2000, elle a été agrandie et reconstruite « en dur » (en ciment) dans un premier temps grâce aux cotisations des fidèles, puis achevée grâce au financement de l'homme d'affaires Oumarou Kanazoe[10] (photo 13). Cette mosquée a longtemps été la seule de la ville et des villages alentour. Plusieurs interlocuteurs racontent que, dans les années qui ont suivi sa construction, les musulmans des localités voisines parcouraient de longues distances pour venir y prier les vendredis. Une

13. La mosquée du quartier Zangouettin à Koudougou (Crédit photo : Alice Degorce novembre 2019).

autre mosquée a ensuite été construite dans le quartier Sougpelsé, avant que ne soit érigée la mosquée centrale près du grand marché, dont la construction a commencé en 1968 et l'inauguration célébrée en 1977.

L'arrivée des Haoussa et de l'islam « visible » coïncidait avec une période de bouleversement dans la ville, notamment due à la colonisation. Le *Lalle Naaba* Ligdi a commencé son règne en 1913, et en 1916 la révolte de Rougbêinga a éclaté. Elle a été violemment réprimée, avec l'appui du pouvoir colonial. Le tout début du XXe siècle a également été marqué par les tentatives d'implantation des catholiques dans la région. Le culte du *suku*, associé aux masques *sukoomse*, prédominait dans la ville et les villages *moose* alentours. Les premières conversions aux religions universalistes, dans les premières décennies du XXe siècle, faisaient alors souvent l'objet de rejets sur le plan social (Degorce 2011). Selon les témoignages recueillis à Koudougou, les musulmans, alors très minoritaires, devaient se cacher pour prier. Le statut d'étrangers des Haoussa et la protection du *Lalle Naaba* Ligdi, qui les avaient appelés auprès de lui, ont ainsi permis l'introduction plus « officielle » de l'islam à Koudougou, tout en circonscrivant toutefois sa présence visible à Zangouettin.

Une insertion dans des réseaux commerçants et islamiques sous-régionaux

Les Haoussa de Zangouettin sont originaires de Kano au Nigeria et portent les noms de famille Kano, en référence à leur provenance, et Cissé. Ils se seraient installés dans un premier temps à Mané, non loin de Kaya. Selon les informations recueillies dans les années 1980 par Hortense Niamoulniara pour son mémoire de maîtrise en histoire, les colons auraient poussé les Haoussa de Mané à se déplacer et à se scinder en deux groupes : l'un s'installa à Ramongo, près de Koudougou, et l'autre plus au sud, à Sabtenga (Niamoulniara 1992 : 71). Les Haoussa de Koudougou entretiennent également des liens de parenté avec les habitants de l'ancien quartier Zangouettin de Ouagadougou, remplacé par l'actuelle ZACA (Zone d'activités commerciales et administratives) en plein cœur de la capitale burkinabè. Les habitants de Zangouettin et des quartiers voisins ont depuis été déplacés vers la Trame d'accueil de Ouaga 2000, au sud de Ouagadougou (Audet Gosselin 2008).

L'histoire du quartier Zangouettin de Koudougou peut être mise en perspective avec celle des quartiers d'installation des commerçants haoussa islamisés des villes voisines, ainsi qu'avec les quartiers Zongo[11] des villes côtières, par exemple Accra ou Lomé. Ils partagent en effet des caractéristiques communes, notamment celle d'être considérés comme des quartiers d'accueil des étrangers. Comme le souligne Amandine Spire à propos des quartiers Zongo à Accra et à Lomé, l'histoire et les dynamiques migratoires qui ont façonné ces quartiers empêchent de les qualifier actuellement de quartiers « ethniques » (Spire 2011 : 25) ou de quartiers haoussa. Ainsi, dans les grandes villes du Ghana ou du Togo :

> « Les zongos sont les espaces les plus identifiés comme des "quartiers d'étrangers", où l'appartenance à l'islam est considérée comme un élément de démarcation assez fort. Dans le quartier se trouve une forte présence haoussa, mais les enquêtes révèlent que de multiples ethnies cohabitent. » (Spire 2011 : 32)

Ces caractéristiques (identification en tant que « quartiers d'étrangers », islam, forte présence haoussa) sont également celles des quartiers Zangouettin de Koudougou et de Ouagadougou.

À leur naissance au cours du XIXe siècle, les quartiers Zongo des villes du Togo ou du Ghana (tant dans les capitales que dans les villes secondaires) jalonnaient les routes commerciales et constituaient autant d'étapes sur ces voies pour les commerçants haoussa (Spire 2011 : 215 ; Williamson 2013). Le terme « zongo » désignait les escales de ces caravanes de commerçants ou un lieu d'installation temporaire en haoussa (Casentini 2018 : 452). L'étape de Salaga, au Ghana, était particulièrement importante. Laurent Fourchard (2001) note que les Haoussa, de Zangouettin à Ouagadougou, entretenaient des échanges commerciaux avec Salaga, cette observation permettant de lier les quartiers Zangouettin des villes burkinabè et ces grandes routes commerciales. Michel Agier remarque aussi que des caravanes de commerçants haoussa en provenance de Kano, mais aussi de Moose venant de Ouagadougou (principalement pour vendre du bétail), se rencontraient à Salaga, importante place commerciale de la période précoloniale (Agier 1980 : 51–58).

À Koudougou également, le quartier Zangouettin est considéré comme celui où les populations étrangères étaient accueillies, au-delà des Haoussa, tout en étant identifié comme le premier quartier musulman de la ville, du fait de l'installation de populations islamisées. La construction de la première mosquée « du vendredi » de la ville à Zangouettin, dans laquelle venaient prier des musulmans issus de toute la région pour la grande prière hebdomadaire, concourt aussi à cette identification. La première école coranique fut ouverte à Zangouettin en 1925 par Rasid Z. Sankandé, grand imam de Koudougou et l'un des premiers musulmans originaires de la région (Namoulniara 1992 : 114).

La pratique du commerce constituait aussi un élément identitaire central, tout en restant liée à l'islam. La conversion garantissait en effet l'accès au savoir-faire des commerçants haoussa :

> « Dans la région de Koudougou, et surtout grâce à l'arrivée des Haoussa, les populations voient se développer leur commerce, mais aussi naître une

nouvelle religion. Dans ce cadre, plusieurs habitants de la région se sont convertis à l'islam pour pouvoir pratiquer le commerce. Étant membre du groupe, tous les rouages commerciaux sont dévoilés. Avec cette méthode, les Haoussa introduisent d'une manière pacifique l'islam qui, très rapidement, se propage. » (Namoulniara 1992 : 102)

Selon Amandine Spire en effet : « ce n'est pas la religion, mais le commerce qui a joué un rôle moteur dans la création des zongos » (Spire 2011 : 221). Le commerce a également joué un rôle déterminant pour l'immigration à Koudougou dans les décennies qui ont suivi, motivant l'installation d'autres communautés ouest-africaines.

Des différences subsistent toutefois entre le quartier Zangouettin de Koudougou et les quartiers Zongo d'Accra et de Lomé observés par Amandine Spire (2011). À Zangouettin, le haoussa n'est en effet pas la langue d'échange des commerçants de la façon globale : le moore, ou éventuellement le dioula parlé à Bobo-Dioulasso et parmi les migrants revenant de Côte d'Ivoire, sont les langues de communication au marché. Les familles du quartier n'accueillent, par ailleurs, plus vraiment de jeunes migrants venant du Nigéria, ceux-ci s'installant plutôt dans la capitale Ouagadougou, plus dynamique sur le plan économique. Enfin, Amandine Spire observe que les quartiers zongos, installés temporairement autour de marchés à leurs débuts avant de devenir des quartiers à part entière, ont souvent connu plusieurs emplacements successifs et ont été déplacés plusieurs fois dans les villes (Spire 2011 : 224). À Koudougou, en revanche, le quartier n'a pas été déplacé, mais le marché dont il était proche a été reconstruit vers l'actuel centre-ville et vers la gare ferroviaire, éloignant Zangouettin du cœur économique de la ville.

Dans la première moitié du XXe siècle, Zangouettin était pourtant un quartier central. Les résidences des colons et le camp des fonctionnaires y ont été bâtis. C'était alors un quartier résidentiel animé et le grand marché s'y trouvait : « Quand le colon était là, c'est là où on pouvait retrouver tout le monde. C'était comme le cœur de la ville. » (Entretien avec l'imam de la mosquée de Zangouettin, 19 novembre 2018). L'identification du quartier comme celui des « étrangers » a été actée au moment du premier lotissement, à l'époque coloniale : « Cette occupation du quartier date du lotissement demandant aux autochtones de se mettre du côté gauche de la route et aux étrangers du côté droit. Parmi ces derniers, il y a les Haoussa, les Yarse, tous musulmans et commerçants » (Namoulniara 1992 : 106–107).

Selon l'auteure, la route dont il est question ici est la route coloniale, principale voie traversant alors Koudougou (Namoulniara 1992 : 107). Le quartier Zangouettin est en effet délimité au sud par la route qui traverse la ville pour aller à Dédougou et à Réo, l'une des principales voies bitumées (Cartes 4.1 et 4.3). Le lotissement en question date de 1924

(Hilgers 2009 : 186). À la suite de Laurent Fourchard (2001), Mathieu Hilgers souligne « combien l'espace est conçu par les nouvelles autorités politiques comme un outil au service de la domination coloniale. » (ibid.). Dans les années 1920, les préoccupations hygiénistes guident en effet les divisions spatiales des villes coloniales (Fourchard 2001 : 66–67). Les quartiers européens sont séparés de ceux des autochtones, et des quartiers regroupant les migrants : la délimitation entre les espaces des migrants et ceux des « autochtones » par la route principale de la ville illustre concrètement cette séparation. Comme le note M. Hilgers, il y avait alors peu d'Européens à Koudougou, en comparaison avec les villes de Ouagadougou et de Bobo-Dioulasso et la création du quartier Zangouettin s'inscrit dans la constitution de la ville comme centre urbain à part entière dans les années 1920 : « La création d'un pôle urbain dans cette zone constitue une transformation majeure. Lorsque dans les années 20, Koudougou est dotée d'un centre-ville, s'instaure une rupture claire entre l'espace urbain et l'espace villageois. » (Hilgers 2009 : 188).

En plus de concourir à créer des espaces urbains et de répondre à des visées de domination, les divisions des lotissements de l'époque coloniale ont également pour objectif d'exercer un contrôle sur les migrants commerçants musulmans, dans un contexte où l'administration française occupe une position ambiguë vis-à-vis de l'islam dans la région, le considérant soit comme un facteur de subversion, soit comme une religion permettant de sortir les autochtones du « fétichisme » (Audoin et Deniel 1978 ; Kouanda 1995) :

> « En proposant le lotissement à l'ensemble des commerçants africains, l'objectif de l'administration visait à se constituer un outil statistique efficace (les permis urbains d'habiter) permettant de lever les multiples taxes sur le commerce africain [...]. Plus généralement, le lotissement devait permettre d'opérer un contrôle social étroit sur les populations de voyageurs qui véhiculaient informations, nouvelles idées et propagande islamique venue d'Afrique du Nord » (Fourchard 2001 : 70).

Le profil des premières populations musulmanes, migrantes et commerçantes du quartier Zangouettin de Koudougou, et de son lotissement dans les années 1920, semble correspondre aux analyses de Laurent Fourchard et à cette volonté de contrôler les circulations des commerçants et migrants musulmans.

Ces détours par l'histoire de Zangouettin permettent de mieux situer la place de ce quartier dans la constitution de la ville de Koudougou. Quartier central et animé à l'époque coloniale ainsi que dans les décennies qui ont suivi l'Indépendance de 1960, ses caractéristiques d'alors correspondent à celle des quartiers Zongo de villes côtières comme Lomé ou Accra, mais à une échelle toutefois réduite : quartier d'établissement des Haoussa, rôle moteur du commerce comme activité économique, et quartier de l'islam « visible » dans le contexte très peu islamisé d'alors. Au cours du XXe siècle, après avoir été identifié et délimité comme le quartier des « étrangers » lors du premier lotissement de la période coloniale, Zangouettin semble avoir peu à peu été absorbé dans la ville. Le déplacement des pôles d'attractivité dans celle-ci et la concurrence interreligieuse semblent avoir concouru à ces changements, au fur et à mesure que ses habitants ont déployé des stratégies d'insertion sociale et que les migrations se sont diversifiées.

DES RÉSEAUX COMMERCIAUX ET RELIGIEUX À L'INSERTION DES MIGRANTS À KOUDOUGOU

À l'image des Zongos côtiers, l'identité actuelle de Zangouettin n'est plus seulement marquée par l'identité haoussa. La langue haoussa est encore parlée dans plusieurs familles du quartier, mais le mooré domine. En effet, tous les descendants des Haoussa de Koudougou ne parlent pas la langue de leurs parents ou de leurs grands-parents. L'adoption du nom de famille Cissé par une partie des familles haoussa relève par ailleurs d'une logique d'insertion relativement récente :

> « C'est avec l'évolution que les plus grands ont pris Cissé. Moi, mon papa même est Kano. On avait des grands frères qui ont facilité les choses et qui ont pris Cissé. [...] Il y a des Dioula Cissé, des Dafing Cissé, des Peul Cissé, et comme nous sommes apparentés aux Peul comme ça, nous on a préféré rester avec Cissé » (Entretien avec un enseignant à la retraite, Koudougou, quartier Zangouettin, 30 novembre 2018).

Le nom de famille Cissé est très répandu en Afrique de l'Ouest. Dans cet extrait d'entretien, en plus de l'adoption de ce nom de famille, un lien de parenté avec les Peul, historiquement présents au Burkina Faso et dans toute l'Afrique de l'Ouest, et dont la langue est l'une des trois langues nationales, concourt à marquer cette intégration. Présents depuis plusieurs générations au Burkina Faso, ils sont de nationalité burkinabè, et accèdent notamment à des postes de fonctionnaires, comme cet enseignant : « J'ai exercé dans la fonction publique [...]. Nous sommes considérés comme des citoyens burkinabè. »[12] Un débat récent (juillet 2020) sur une page Facebook[13] ayant pour objectif la valorisation de la langue et de la culture moose va dans le sens des témoignages recueillis à Zangouettin. Réagissant à la question « Savez-vous que les Haoussa existent bien chez nous ? », les commentaires des internautes soulignent leur intégration à la société moaaga : « La force du Moogho pays des Moose, c'est ça aussi, ils sont bien intégrés », « Ils sont des Moose, Haoussa d'origine », « Chez nous, il n'y a pas d'étrangers, c'est le mélange qui donne le royaume moose », « La plupart de ces Zangweto sont aujourd'hui des Moose », etc. Ces remarques semblent pouvoir être mises en parallèle avec les observations de Michel Izard sur les Yarse, les Silmi-moose ou les Maranse dans le Yatenga, qui d'origine mandingue, peul ou sarakolé, sont désormais considérés comme des lignages composant la société mooaga (Izard 1992).

Dans l'extrait d'entretien ci-dessous, notre interlocuteur insiste sur son identité burkinabè, mais aussi sur le maintien des liens avec la « grande famille » haoussa du Nigéria présente à Ouagadougou : « Nous sommes des Burkinabè, mais quand il y a des infos, ceux [les Haoussa] qui sont à Ouaga nous informent. S'il y a quelque chose, on part à Ouaga ou bien eux aussi viennent ici à Koudougou. » (Entretien avec un enseignant à la retraite, Koudougou, quartier Zangouettin, 30 novembre 2018).

La migration haoussa à Koudougou est considérée comme datant d'environ un siècle selon nos interlocuteurs : cette ancienneté de leur installation joue sans doute en faveur de leur insertion dans la ville. L'implantation d'autres courants islamiques et des religions chrétiennes, tout comme la densification des migrations, ont cependant aussi concouru d'une certaine façon à englober la spécificité de Zangouettin et de ses habitants dans l'ensemble de la ville.

Le commerce est resté un élément décisif pour l'attractivité de Koudougou au cours de son histoire. D'autres groupes de migrants ont ainsi été attirés par cette activité commerciale et s'y sont installés, notamment dans la première moitié du XXe siècle ou à la veille des Indépendances, dans les années 1950. Une importante communauté yoruba vit actuellement à Koudougou. Si les Yoruba et les Haoussa de Zangouettin partagent une origine nigériane commune, ils ne revendiquent cependant pas spécifiquement d'alliances entre eux, leurs histoires migratoires ayant des origines et des cheminements différents. Ils se retrouvent néanmoins lors d'événements rassemblant les ressortissants du Nigeria, par exemple des déplacements de leur ambassadeur. Originaires pour la plupart de la région de Shaki dans l'Ouest du Nigéria, les premiers Yoruba sont arrivés à Koudougou à la fin des années 1930 et se sont installés dans un premier temps dans le quartier Zangouettin. Avec l'*Aliens' Compliance Order* adopté en 1969 au Ghana[14] et les expulsions d'étrangers qui ont suivi, des migrants yoruba ont également quitté ce pays pour le Burkina Faso au début des années 1970, se répartissant dans les grandes villes du pays, dont Koudougou. Exerçant dans la coiffure, le commerce, l'horlogerie ou travaillant dans les moulins, ils étaient pour la plupart de religion musulmane et se sont rapidement insérés, à Zangouettin dans un premier temps, puis dans le reste de la ville.

> « Nous qui sommes ici, nous nous entendons bien avec les Moose, avec les grandes familles de Koudougou. Beaucoup nous font le *rakiire* [parenté ou

alliance à plaisanterie], nous faisons comme ça, c'est du jeu seulement, pas de la bagarre. [...] Nous sommes ensemble avec les Burkinabè. Concernant les jeunes femmes qui se marient à des Yoruba, moi-même j'en ai deux comme ça qui sont avec mes fils. J'en ai deux qui se sont mariées à mes fils, et nous sommes tous devenus pareils [une même famille]. Tu peux dire qu'on va faire la bagarre, il n'y a pas de bagarre. » (Entretien avec un horloger yoruba installé à Koudougou depuis 1971, 18 juillet 2018)

Dans cet extrait, cet interlocuteur insiste sur les alliances matrimoniales qui se sont tissées avec les familles *moose* de Koudougou et qui ont permis l'insertion de sa propre famille. Les alliances à plaisanterie[15] peuvent également être créées à l'occasion de ces mariages, entre épouses et frères cadets du mari. La relation spécifique entre neveu (*yagenga*) et oncle maternel (*yesba*) concourt également à renforcer ces liens entre familles grâce aux alliances matrimoniales. En permettant le mariage de ses enfants à des femmes moose, ce commerçant a ainsi pu s'insérer dans les réseaux d'alliances locaux.

Dans les décennies qui ont précédé les Indépendances (1940–1950), des commerçants ouest-africains issus de différents pays (notamment Mali, Sénégal), se sont aussi installés à Koudougou, après avoir également eu une première base à Zangouettin pour les premiers arrivants. Certains résident encore actuellement dans ce quartier, d'autres sont dispersés à travers la ville. D'autres ont également suivi des fonctionnaires ouest-africains, par exemple travaillant à la Sofitex, arrivés dans les années 1950–1960 et qui ont fait le choix de s'établir durablement. Ces fonctionnaires, également présents à cette époque dans d'autres villes et d'autres pays africains, ont généralement fait le choix de prendre la nationalité de leur pays de résidence.

Le témoignage suivant est celui de l'un des plus importants commerçants du grand marché, également muezzin à la mosquée centrale et d'origine sénégalaise. Établi depuis la fin des années 1960 à Zangouettin, il a été témoin des départs et des arrivées de ses compatriotes au gré des opportunités économiques de la ville :

« Je suis venu ici en 1969. Voilà. [...] pour les religions aussi on est de l'islam, tous les Sénégalais qui sont ici ils sont de l'islam... On a été beaucoup ici, mais maintenant tout le monde est parti, on n'est plus beaucoup à rester ici... [...] Ils ont dit ça ne marche pas. Ils sont venus pour faire du commerce, comme ça marche pas ils sont partis voilà c'est comme ça. [...]

Moi, quand je suis venu ici j'avais 18 ans, à Koudougou ici. Donc j'ai fait toute ma vie à Koudougou, alors Koudougou aussi ça me plaît ? Burkina ça me plaît ? Moi, je suis resté ici. Le reste c'est dans les mains de Dieu. J'ai construit ici, c'est ici que j'ai fait toute ma vie. [...] Ma femme est Burkinabè, on est tous Burkinabè. J'ai dit que quand je suis venu ici, j'avais 18 ans en ce temps. Je n'étais pas marié, je me suis marié au Burkina ici voilà. Moi aussi, j'ai la nationalité burkinabè, depuis à peu près trente ans » (Entretien avec un commerçant sénégalais, 18 juillet 2018).

Ici encore, le mariage est mis en avant comme un gage d'insertion et d'installation durable dans la ville. Le Code de la personne et de la famille burkinabè élaboré sous la Révolution et actuellement encore en vigueur permet à un conjoint de Burkinabè d'origine étrangère de prendre la nationalité par mariage, l'acquisition de papiers d'identité burkinabè facilitant l'établissement durable dans le pays. Les Sénégalais sont cependant actuellement peu nombreux à Koudougou, beaucoup étant partis du fait de la situation économique, et ils ne comptent plus que quelques familles installées durablement dans la ville. Cet interlocuteur cite également l'islam comme élément identitaire fort dans la communauté sénégalaise. Il s'y décline principalement à travers la Tijāniyya et le Mouridisme à Koudougou.

Les migrants commerçants et musulmans se sont ainsi insérés de façon relativement aisée dans les réseaux locaux. Beaucoup exercent leur activité au grand marché, qui se trouve à quelques dizaines de mètres de la mosquée centrale.

L'islam et la première mosquée de Zangouettin s'inscrivent actuellement dans la pluralité religieuse locale, où les christianismes (catholicisme et protestantisme évangélique) ont connu un nombre croissant de fidèles au cours du XXe siècle. L'islam a lui-même vu l'implantation de nouveaux courants. Actuellement, la plupart des grandes associations représentent les courants islamiques au Burkina Faso[16] sont présentes à Koudougou[17]. Les pratiques religieuses traditionnelles, à travers notamment le rôle des maîtres de la terre (*těng soaba*) et le culte des masques *sukoomse*, restent par ailleurs très prégnantes, souvent cumulées avec une religion chrétienne ou l'islam. Avec les nouveaux lotissements depuis le début des années 2000, qui ont vu la ville gagner en superficie, les constructions de lieux de culte se sont également multipliées, notamment dans les nouveaux quartiers. Dans ce contexte, la mosquée de Zangouettin conserve sa place de mosquée « du vendredi » où est organisée la grande prière hebdomadaire, mais surtout le statut historique de première mosquée de la ville.

L'un des discours récurrents rencontrés lors des entretiens concerne le sentiment d'appartenance à la ville de Koudougou. Si les interlocuteurs reconnaissent que certains des leurs ont quitté la ville pour des raisons économiques, ceux qui restent et avec qui nous avons pu nous entretenir se considèrent avant tout comme habitants de Koudougou, certains s'étant mariés à des femmes moose et ayant créé des réseaux d'alliance locaux, d'autres ayant pris la nationalité burkinabè ou ayant exercé dans la fonction publique.

Ces observations sont à mettre en lien avec ce que Mathieu Hilgers analyse à l'aune du concept de collectif d'appartenance, en comprenant cette notion à l'échelle de Koudougou en tant que ville moyenne du pays (2009). Ce concept, étudié par Hilgers du point de vue de l'histoire de la ville, de l'urbanité contemporaine et de l'histoire sociopolitique récente, trouve ici un nouvel écho à l'échelle des groupes de migrants. Comme il le souligne cependant : « À Koudougou, les individus et les groupes sont soumis à de multiples sources de socialisation, le niveau de différenciation sociale est relativement élevé et, dès lors, l'ordre de légitimité qui définit la hiérarchie urbaine semble connaître de nombreuses variantes » (Hilgers 2009 : 136).

Dans les discours des migrants, et surtout des anciens migrants, l'appartenance au collectif urbain est mise en avant, tout en se déclinant en une pluralité de catégories identitaires, marquées par l'origine géographique, l'appartenance religieuse, les alliances locales ou encore le nom de famille. Ces discours sur l'appartenance, qui se rencontrent chez les autres habitants de la ville, rendent finalement peu opérante la catégorie même de « migrant » et relativisent celle plus utilisée localement d'étranger (*sãana* en moore). L'ancienneté de la migration participe de ce principe, en particulier dans le cas de ceux qui se sont installés dans la ville pendant la période coloniale. Mais les contours multiples de ces notions concourent également à les rendre flexibles sur le plan social et identitaire. En ceci, l'origine, la ville de résidence, le quartier, la famille, les alliances, l'activité professionnelle, la langue ou l'appartenance religieuse constituent un jeu d'échelles sociales complexe (dont l'énumération n'est pas ici exhaustive) composant la pluralité à Koudougou.

CONCLUSION

La ville de Koudougou a été peu étudiée du point de vue des migrations qui l'ont constituée. L'histoire du quartier Zangouettin dans la ville, en tant que premier quartier musulman et ancien quartier des commerçants haoussa venus du Nigeria, s'inscrit ainsi dans celle de réseaux commerciaux et religieux transnationaux. Elle se lit en lien, bien qu'à une échelle réduite, avec celle du quartier Zangouettin de Ouagadougou, mais aussi avec les quartiers zongos des villes des pays côtiers. Centre urbain secondaire, ces éléments permettent néanmoins d'inscrire Koudougou dans des réseaux transnationaux de commerce sous-régional et de circulation de l'islam.

La création de Zangouettin n'en a pas moins été affectée par le souci de domination coloniale. Les colons à l'origine de sa mise en place ont en effet cherché à y regrouper les migrants s'installant en ville, en particulier les commerçants musulmans. Sous la bienveillance du Lalle

Naaba, la première mosquée de Koudougou y fut érigée dans les années 1930, donnant à l'islam une visibilité nouvelle dans l'espace public, dans un contexte marqué par les religions traditionnelles et alors que les religions chrétiennes cherchaient aussi à s'implanter dans la région. Le grand marché et la place de Koudougou en tant que pôle commercial dans la région – favorisée par l'arrivée du chemin de fer dans les années 1950 et le développement de l'industrie textile dans les années 1960 –, ont en effet rendu la ville attractive pour différents groupes de migrants, venant s'y installer, avec souvent leur propre pratique religieuse ou attirant avec eux des acteurs religieux.

Au cours du XXe siècle, le quartier Zangouettin s'est fondu dans la ville en même temps que ses premiers occupants haoussa se sont insérés à la société burkinabè, prenant la nationalité, parlant la langue, occupant des postes de fonctionnaires et, pour certains, changeant de nom de famille. Centrée au début du XXe siècle autour des religions traditionnelles et des lieux de culte des principales religions révélées en présence au Burkina Faso (islam, catholicisme et protestantisme), l'offre religieuse s'est densifiée et diversifiée au fur et à mesure du développement de la ville et de l'intensification de l'immigration en provenance des villes et des pays voisins. La plupart des migrants commerçants les plus anciennement installés ont résidé à Zangouettin à leur arrivée ou y résident toujours, et ils pratiquent presque tous l'islam. Ils ont noué des alliances matrimoniales localement, et ont même souvent pris la nationalité burkinabè ou développent des formes de parenté à plaisanterie avec les familles moose de Koudougou. Le moore constitue la langue de communication commune et marque l'appartenance au « collectif urbain ». Cette appartenance, à travers ses différentes déclinaisons, donne à voir une société dont la pluralité rend possible l'insertion des nouveaux arrivants et au sein de laquelle le fait religieux constitue l'un des modes d'intégration locaux possibles.

NOTES

1. Ce travail se base sur des enquêtes de terrain à Koudougou s'étalant de 2013 à 2019. Je remercie Aude Nikiema, Habibou Ouédraogo et Oumar Zongo avec qui j'ai pu effectuer une partie du travail sur le terrain, ainsi que Ludovic O. Kibora, Pouraogo Kaboré et Benoit Beucher pour leurs remarques stimulantes pendant la rédaction de ce texte. Aude Nikiema a réalisé les cartes de ce chapitre.
2. Chef (*naaba*) de la région de Koudougou, souvent appelée en français « canton de Lalle », et qui répond au *Moogo Naaba,* chef basé à Ouagadougou.
3. Ce découpage en secteurs est à mettre en lien avec la logique de mise à distance de la chefferie traditionnelle durant la période révolutionnaire. Sur les rapports entre les chefferies moose pendant la période sankariste, voir notamment le Chapitre 7 du livre de Benoit Beucher (2017).

4. La traduction « maître de la terre » retenue par Michel Izard (1985) est préférée ici à celle de « chefs de terre », car elle permet de différencier la fonction des maîtres de la terre de celle des chefs (*naaba*). Elle permet également de souligner que le *tĕngsoaba* est celui qui maîtrise les relations avec la Terre, notamment les rituels, et non celui qui la possède, la Terre n'étant pas une possession, mais une entité divine dans la tradition *moaaga*.

5. La ville compte plusieurs familles ou lignages portant le patronyme Yaméogo.

6. Avec toutes les nuances entendues derrière cette appellation : voir à ce propos Kibora et Langewiesche (2019).

7. Ce terme désigne généralement un long bâtiment de plain-pied divisé en plusieurs maisonnettes dans une cour, et habité par des célibataires. Les étudiants se mettent souvent à plusieurs pour occuper une seule maison.

8. Ses dates supposées de règne sont de 1913 à 1937. Les informateurs d'Hortense Namoulniara situent leur arrivée dans leur quartier en 1910 (Namoulniara 1992 : 105).

9. La version recueillie par Namoulniara est différente : « les premiers Haoussa s'installent à Koudougou «grâce à l'amitié tissée entre un garde cercle de Koudougou et un Haoussa de Ramongo» nous affirment des informateurs » (Namoulniara 1992 : 72). Dans les deux versions, la provenance est située dans le village voisin de Ramongo.

10. El Hadj Oumarou Kanazoe était un richissime opérateur économique burkinabè qui, de son vivant, a évolué dans le secteur du BTP et a réalisé de nombreux ouvrages au Burkina Faso et en Afrique. Il a été président de la Communauté musulmane du Burkina Faso (CMBF) jusqu'à sa mort en octobre 2011. Il a construit gracieusement de nombreuses mosquées dans différentes régions du Burkina Faso (à propos de Kanazoe, voir notamment Cissé 2018 : 142–146).

11. L'appellation de ces quartiers n'est *a priori* pas liée au nom de famille Zongo, très répandu à Koudougou.

12. Entretien avec un enseignant haoussa à la retraite, Koudougou, quartier Zangouettin, 30 novembre 2018.

13. Voir https://www.facebook.com/8Mossi8sans8frontieres/ posts/2658941897651284, page consultée le 22 juillet 2020.

14. L'*Aliens' Compliance Order* est une mesure appliquée en 1969 au Ghana dans le but de réduire le chômage, le déficit de la balance des paiements du fait du rapatriement des revenus des migrants et l'implication des étrangers dans la fraude. Elle a donné lieu à une vaste opération d'expulsion d'étrangers (Ouédraogo 2019 ; Spire 2011).

15. Les alliances ou parentés à plaisanterie sont des liens sociaux marqués par une liberté de parole entre individus, qui peut aller jusqu'à l'insulte, sous-entendue toutefois par un rapport de bienveillance et de protection mutuelle. Ces relations peuvent concerner des rapports inter-ethniques, inter-villages, mais peuvent aussi s'exprimer au sein de la parenté, par exemple entre épouses et cadets du mari dans la société moaaga.

16. Les différentes Églises et courants religieux ont un statut associatif au Burkina Faso et doivent être reconnus par le Ministère de l'administration territoriale et de la décentralisation.

17. Notamment la CMBF (Communauté musulmane du Burkina Faso), le Mouvement sunnite (wahhabiyya), l'AEEMB (Association des élèves et étudiants musulmans du Burkina), le CERFI (Cercle d'études, de recherche et de formation islamique, qui regroupe des lettrés francophones musulmans),

la CITB (Communauté islamique de la Tidjaniyya du Burkina Faso), l'Ittihad Islami du Burkina Faso (IIB, association du Cheikh Doukouré), la Communauté spirituelle musulmane des soufis du Burkina Faso (CSMSBF), Ansar Dine (association liée au Cheikh Haïdara du Mali, et non aux mouvements salafistes du Nord Mali). L'association islamique Ahmadiyya, non reconnue par les autres courants de l'islam, est également implantée à Koudougou.

BIBLIOGRAPHIE

Agier, M., 1980, Les gens du Zongo. Présentation des commerçants étrangers musulmans de Lomé et de leur quartier, Rapport d'élève de 2e année, Comité technique de sociologie et psychologie, Paris, ORSTOM.

Audet-Gosselin, L., 2008, Le projet Zaca et ses suites (Ouagadougou, Burkina Faso, 2001 à nos jours) : Marginalisation, résistances et reconfigurations de l'islam ouagalais, mémoire de maîtrise en histoire, Université Laval, Québec.

Audouin, J., et Deniel, R., 1978, *L'islam en Haute-Volta à l'époque coloniale*, Paris-Abidjan, L'Harmattan-Inades.

Beucher, B., 2017, *Manger le pouvoir au Burkina Faso. La noblesse mossi à l'épreuve de l'histoire*, Paris, Karthala.

Casenteni, G., 2018, « Migration networks and narratives in Ghana: A case study from the Zongo », *Africa*, 88, 3, pp. 452–468.

Chouli, L., 2012, *Burkina Faso 2011. Chronique d'un mouvement social*, Toulouse, Éditions Tahin Party.

Cissé, I., 2018, « Les enjeux de l'islam et l'économie burkinabè », in Holder, Gilles et Jean-Pierre Dozon (dir.), *Les politiques de l'islam en Afrique. Mémoires, réveils et populismes islamiques*, Paris, Karthala.

Degorce, A., 2011, « Un islam africain minoritaire. Funérailles et situation religieuse plurielle au Burkina Faso », in Khadiyatoulah Fall et Mamadou Ndongo Dimé (dir.), *La mort musulmane en contexte d'immigration et d'islam minoritaire : enjeux culturels, identitaires et espaces de négociations*, Presses de l'Université Laval (Collection Intercultures), pp. 207–224.

Degorce, A., 2014a, « Burkina Faso », in C. Canut et E. Ramos (dir.), *Carnet de route d'un voyageur en Afrique de l'Ouest*, Paris, Le Cavalier Bleu Éditions.

Degorce, A., 2014b, (recueillis et présentés par) *Chants funéraires des Mossi (Burkina Faso)*, Paris, Classiques Africains, 318 p.

Fourchard, L., 2001, *De la ville coloniale à la cour africaine. Espaces, pouvoirs et sociétés à Ouagadougou et à Bobo-Dioulasso (Haute-Volta) fin XIXe siècle à 1960*, Paris, L'Harmattan.

Halpougdou, M., et Langewiesche, K., 2019, « L'Église catholique au Burkina Faso : Pluralité et mutations », in Alice Degorce, Ludovic O. Kibora et Katrin Langewiesche (dir.), *Rencontres religieuses et dynamiques sociales au Burkina Faso*, Dakar, Amalion, pp. 17–38.

Hilgers, Mathieu, 2006, « Voter à Koudougou : la soumission d'une ville rebelle ? », *Politique Africaine*, n° 101, pp. 42–62.

Hilgers, M., 2007, « Les conflits autour de l'histoire de Koudougou (Burkina Faso) », *Cahiers d'études africaines*, n° 186, pp. 313–344.

Hilgers, Mathieu, 2009, *Une ethnographie à l'échelle de la ville. Urbanité, histoire et reconnaissance à Koudougou (Burkina Faso)*, Paris, Karthala.

Houis, M., 1963, *Les noms individuels chez les Mossi*, Dakar, Institut français d'Afrique Noire.

Izard, M., 1985, *Gens du pouvoir, gens de la terre. Les institutions politiques de l'ancien royaume du Yatenga (Bassin de la Volta Blanche)*, Cambridge, Cambridge University Press & Paris, Éditions de la maison des sciences de l'Homme.

Izard, M., 1992, *L'Odyssée du pouvoir. Un royaume africain : État, société, destin individuel*, Paris, Éditions de l'EHESS.

Kibora, L.O. et Langewiesche, K., 2019, « Qu'est-ce que la tradition ? Qu'appelle-t-on religion traditionnelle ? », *in* Alice Degorce, Ludovic O. Kibora et Katrin Langewiesche (dir.), *Rencontres religieuses et dynamiques sociales au Burkina Faso*, Dakar, Amalion, pp. 17–38.

Kouanda, A., 1995, « La progression de l'islam au Burkina pendant la période coloniale », *in* Gabriel Massa et Y. Georges Madiega (dir.), *La Haute-Volta coloniale. Témoignages, recherches, regards*, Paris, Karthala, pp. 235–259.

Langewiesche, K., 2003, *Mobilité religieuse. Changements religieux au Burkina Faso*, Münster, Lit Verlag, Mainzer Beiträge zur Afrika-Forschung.

Namoulniara, H., 1992, *La ville de Koudougou et le facteur islamique des origines à nos jours (1990)*, mémoire de maîtrise, Université de Ouagadougou.

Nikiema, A., Sidbèga S., Ouédraogo, O. et Zougouri, A., 2018, *Cartographie des équipements confessionnels dans dix villes du Burkina Faso*, Rapport pour le programme « État des lieux des connaissances sur le religieux au Burkina Faso », Ouagadougou.

Ouédraogo, S.N., 2019, « Le dilemme de la nationalité chez les Burkinabè du Ghana », *in* S. Bredeloup, A. Degorce et Palé, A. (dir.), *Se chercher en migration. Expériences burkinabè*, Paris, L'Harmattan, Collection Mobilités Africaines, pp. 77–97.

Saint-Lary, M., 2019, *Réislamisations au Burkina Faso. Questions de genre et enjeux sociaux*, Paris, Karthala, Collection « Religions contemporaines ».

Saul, M. et Royer, P., 2002, *West African Challenge to Empire : Culture and History in the Bani Anti-Colonial War*, Athens, Oxford, Ohio Press, James Currey.

Schwartz, A., 1993, *Brève histoire de la culture du coton au Burkina Faso*, Bondy, ORSTOM.

Skinner, E.P., 1974, *African Urban Life, The Transformation of Ouagadougou*, Princeton, Princeton University Press.

Spire, A., 2011, *L'étranger et la ville en Afrique de l'Ouest. Lomé au regard d'Accra*, Paris, Karthala.

Vinel, V., 2005, *Des femmes et des lignages. Ethnologie des relations féminines au Burkina Faso (Moose, Sikoomse)*, Paris, L'Harmattan, Connaissance des Hommes.

Williamson, E.A., 2013, *Understanding the Zongo. Processes of Socio-Spatial Marginalization in Ghana*, Aga Khan Grant Report.

Zongo, N., 2012, *Rougbêinga*, nouvelle édition, Ouagadougou, L'Harmattan Burkina.

II

NOUVEAUX TERRAINS DU RELIGIEUX
ET DES MOBILITÉS À OUAGADOUGOU

5.

ENTRE CHIISME ET SUNNISME, LES ÉTUDIANTS BURKINABÈ DE RETOUR DE LA RÉPUBLIQUE ISLAMIQUE D'IRAN

Yacouba Ouédraogo

Les pays arabes du Moyen-Orient sont les destinations privilégiées des candidats burkinabè en quête de formation religieuse dans le monde musulman (Ouédraogo 1999 ; Bava et Pliez 2009 ; Ouédraogo 2015). L'Iran, pays musulman de tendance chiite, a constitué une destination parfois occultée ou minorée par les études du fait que les musulmans du Burkina Faso, à l'instar de la plupart des pays africains, s'inscrivent majoritairement dans le sunnisme. L'introduction du chiisme en Afrique de l'Ouest est tardive. Elle remonte à la période 1918–1960, correspondant à l'installation dans les colonies françaises de commerçants syro-libanais chiites originaires du Sud-Liban (Auregan 2012 ; Charnay 2017). Le Sénégal et la Guinée sont cités comme les principales colonies d'accueil de ces Syro-Libanais en Afrique de l'Ouest avant leur essaimage dans la région (Auregan 2012 ; Diop 2013 ; Charnay 2017). De nos jours, il existe certainement au Burkina Faso une communauté chiite au sein des Syro-Libanais, très actifs dans le secteur du commerce. Mais des Burkinabè comptent aussi parmi les chiites. Certains ont adhéré au chiisme sur place tandis que d'autres l'ont fait à la suite de leur expérience migratoire en Iran. Ces mobilités de Burkinabè vers l'Iran ont débuté par des itinéraires informels, avant d'être formalisées avec l'établissement de relations diplomatiques entre les deux pays en 1986.

Le retour des étudiants burkinabè du monde arabe a déjà fait l'objet de quelques études. Sur la base de récits, Bredeloup (2009 et 2014) a analysé les stratégies d'intégration professionnelle des étudiants arabophones, tandis que Ouédraogo (2019) s'est intéressé à l'intégration de ces étudiants arabophones dans l'administration burkinabè. Une approche comparative des migrations de retour des étudiants diplômés arabophones du Burkina Faso et de Côte d'Ivoire a été aussi menée (Binaté et al. 2019). Il est donc intéressant d'interroger l'expérience migratoire de ces étudiants burkinabè ayant séjourné en Iran, en retraçant d'une part, les itinéraires et les profils de formation et, d'autre part, en examinant les expériences d'insertion socioprofessionnelle au retour.

La présence d'une mission diplomatique iranienne au Burkina Faso a constitué un atout symbolique du fait que le contexte général dominé par le sunnisme ne devrait *a priori* pas faciliter l'intégration sociale de ces migrants majoritairement convertis au chiisme. Notre étude est basée sur des enquêtes de terrain essentiellement constituées d'entretiens menés avec d'anciens étudiants burkinabè en Iran. On compte parmi eux des responsables d'associations, des promoteurs d'écoles, des imams, des prêcheurs et des enseignants. Les données ont été également tirées du dépouillement d'archives, de sources audiovisuelles et de sources de presse, notamment islamique[1]. La première partie de ce texte aborde les séjours des étudiants burkinabè en Iran et la deuxième partie est consacrée au retour des migrants au Burkina Faso.

L'IRAN : TERRE D'ÉTUDE PAR DÉFAUT ?

L'Iran n'est pas historiquement une terre d'étude de prédilection pour les Burkinabè. C'est même plutôt « accidentellement » que des ressortissants burkinabè s'y sont rendus pour y poursuivre des études.

Les aventuriers

Les premières bourses d'études octroyées à des étudiants voltaïques dans les années 1960 les destinaient à des séjours d'étude en Arabie saoudite et en Égypte. Le royaume saoudien, animé d'une volonté d'occuper le leadership au niveau du monde musulman, voulait promouvoir l'idéologie wahhabite par la création de l'université islamique de Médine en 1960. La Ligue islamique mondiale (*Rabitat al-âlam al-islami*), fondée le 18 mai 1962, devait accompagner les diplômés de cette citadelle du wahhabisme (Schulze 1993). À l'université islamique de Médine, les conditions de vie et d'études étaient meilleures que celles d'autres établissements d'enseignement : confort de la cité universitaire, gratuité du logement, de la restauration, des fournitures scolaires et de l'habillement. Les boursiers bénéficiaient d'un billet aller-retour chaque année pour passer les vacances dans leur pays d'origine (Ouédraogo 2015).

Cette même volonté a animé un pays comme la Syrie, mais compte tenu de ses moyens limités, elle n'a pas pu suivre l'exemple saoudien. Les Burkinabè qui sont partis en Syrie pour leurs études évoluaient dans des conditions précaires, à l'exception des élèves issus de familles aisées qui étaient soutenus par leurs parents. Certains élèves dits « boursiers » ne l'étaient pas en réalité. Pour arriver en Syrie, ils étaient passés par des réseaux d'intermédiaires qui les ont aidés à obtenir des documents de voyage et des inscriptions dans les établissements. Ces contraintes ont poussé certains élèves à tenter une aventure en Iran. À titre d'exemple, Compaoré, l'un des bénéficiaires de cette bourse d'études pour la Syrie en 1978, n'a pas pu supporter les conditions de vie dans ce pays et, après deux ans de séjour, il a préféré tenter une aventure en Iran[2]. Kindo, quant à lui, a quitté la Syrie en 1983 pour l'Iran. Auparavant, il avait pu arriver en Syrie en 1981 grâce aux services d'un intermédiaire. C'est après deux ans de formation à l'Institut Awqaf de Damas qu'il décida de tenter l'aventure en Iran. Ils étaient alors huit Burkinabè en séjour d'études dans ce pays, tous en provenance de Syrie où les conditions de vie et d'études étaient jugées difficiles[3]. Ces étudiants faisaient partie de la première génération d'étudiants parmi lesquels on cite Tamboura, originaire de Djibo, et Youssouf, originaire de Taslima. Quelques-uns ont écourté leur séjour et sont retournés en Syrie pour s'inscrire dans des filières professionnelles[4]. Après cette première vague, d'autres aventuriers ont suivi les pas de la première génération : Sidi, Hashim, Sawadogo et Traoré[5]. Un autre canal de mobilité de nature officielle vers l'Iran va se dégager au milieu de la décennie 1980 avec la signature d'accords de coopération entre l'Iran et le Burkina Faso.

Les boursiers

L'année 1986 est marquée par un rapprochement diplomatique entre le Burkina Faso, engagé dans un processus révolutionnaire en 1983, et la République islamique d'Iran en pleine révolution depuis 1979. La rencontre des deux révolutions burkinabè et iranienne se concrétisa par l'ouverture d'une ambassade iranienne à Ouagadougou en novembre 1986 (Konaté 2019). Très rapidement, l'Iran s'est lancé dans un activisme diplomatique qui ne manqua pas de créer des tensions au niveau des communautés musulmanes burkinabè. Les campagnes de recrutement d'élèves dans les medersa dans la perspective de voyages d'études en Iran furent dénoncées par une association comme la Communauté musulmane du Burkina Faso, qui a envoyé une lettre en février 1989 auprès du ministre de l'Administration territoriale pour désapprouver l'ingérence de l'ambassade d'Iran dans les affaires des associations islamiques[6]. Dans la lettre, sont mentionnées : « les interventions anarchiques de l'ambassade d'Iran auprès des structures musulmanes… : organisations de concours, de voyages d'études en Iran.[7] »

En réalité, l'ambassade d'Iran s'appuyait sur des membres de la Communauté musulmane du Burkina Faso, sympathisants de la révolution iranienne. La figure de proue de ces sympathisants était Mahmoud

Tiemtoré, étudiant arabophone formé en Algérie et directeur de la medersa centrale à Ouagadougou (Otayek 1996 : 242), par l'intermédiaire duquel l'ambassade d'Iran passait pour le recrutement des élèves à destination de l'Iran. En 1991, l'ambassade iranienne créa l'exception dans l'univers des bourses d'études en sélectionnant trois filles bénéficiaires, titulaires du baccalauréat obtenu au sein des medersa. Elles furent envoyées à l'université Zahra de Qom, un établissement créé spécifiquement pour former des femmes[8]. Habiba, une des lauréates, a hésité avant de se décider à voyager en Iran :

> « Bien que bénéficiaire de la bourse de l'ambassadeur d'Iran, j'étais perplexe car [au Burkina Faso] parallèlement à mon cursus arabe, je suivais des cours du soir en français dans la filière de comptabilité. Je devais me présenter à l'examen du CAP de la Chambre de commerce et du CAP d'État. La possibilité m'était donnée d'obtenir un diplôme et de décrocher un emploi dans l'administration publique ou privée [burkinabè][9] ».

Le nombre de bourses accordées aux bacheliers burkinabè variait en fonction des années. En 1997, huit bacheliers ont été retenus comme lauréats pour poursuivre leurs études supérieures en Iran[10]. Boureima, lauréat de l'année 1998, soutient qu'ils étaient trois à être sélectionnés pour l'Iran[11]. Les conditions de vie et d'études y étaient jugées acceptables. Comme les étudiants de l'université de Médine, les étudiants étrangers en Iran bénéficiaient d'une prise en charge. En plus des allocations dont ils jouissaient, ils avaient d'autres avantages liés au régime d'internat : logement, restauration, soins médicaux[12]. Les bourses d'études étaient accordées pour des formations essentiellement religieuses.

Les profils de formation

La formation reçue en Iran par les Burkinabè, et par les étudiants originaires de pays africains en général, est en effet exclusivement religieuse. L'université Al Mustapha de Qom située à 100 km de Téhéran, où la plupart des étudiants ont été formés, est un établissement réservé aux étrangers. Elle a été créée en 1979 pour donner aux étudiants du monde entier l'occasion d'étudier scientifiquement la théologie islamique chiite. Sa vocation mondiale et missionnaire rappelle l'expérience de l'université de Médine entreprise depuis les années 1960. Si l'université de Médine se consacre à la diffusion de l'idéologie sunnite wahhabite, l'université Al Mustapha, dans une dynamique de concurrence, promeut en revanche la vision et l'idéologie chiites. Par conséquent, les étudiants étrangers qui y ont été formés sont investis d'une mission à leur retour au pays, celle de répandre l'islam chiite : « Aujourd'hui, l'un des vecteurs puissants d'exportation du chiisme iranien est l'université Al-Mustafa. Située à

Qom, elle forme des milliers d'étudiants étrangers et dispose d'un réseau dans de nombreux pays, notamment d'Afrique. » (Doix 2017).

Ainsi, les programmes sont dominés par les sciences islamiques, la langue persane et la langue arabe. À leur arrivée, les étudiants étrangers sont tenus de consacrer 6 mois au moins et 12 mois au plus à l'apprentissage du persan[13].

La plupart des étudiants ont adhéré au chiisme, mais pas tous. Zaynab par exemple n'a pas apprécié son expérience de formation en Iran. Elle estime qu'elle n'a pas été envoyée dans un établissement d'enseignement supérieur, mais dans une « sorte de couvent » en raison des règles de vie strictes qui leur étaient imposées au sein de l'université. De retour au Burkina Faso en 1993, elle a sollicité une bourse d'études pour aller étudier dans un pays du Maghreb. Pour elle, l'expérience chiite fut une parenthèse « sombre » dans son cursus.

Sans disposer de véritables statistiques sur le nombre de Burkinabè formés dans les filières iraniennes, il est difficile de fournir des chiffres précis. Toutefois, les estimations recueillies auprès des leaders chiites dénombrent entre 200 et 300 étudiants burkinabè formés en Iran. La quasi-totalité de ces Burkinabè a fréquenté la faculté de théologie et la plupart d'entre eux ont obtenu la licence. Un effectif réduit a pu acquérir un master et un seul a pu soutenir une thèse de doctorat, dans la mesure où l'accès à ce cycle est très sélectif[14].

L'Iran ne dispose pas pour ses étudiants africains en fin de cursus d'un puissant dispositif d'insertion, comme la Ligue islamique mondiale, du côté de l'Arabie saoudite. Ces propos tenus par un professeur de l'université Al Mustapha de Qom à l'intention des étudiants africains et rapportés par l'un de nos interlocuteurs sont édifiants : « Ici nous vous avons donné le savoir grâce au bénéfice des bourses d'études. Pour le retour au pays, il ne faut pas compter sur nous. Chacun doit compter sur ses propres forces, pour se débrouiller par ses propres initiatives[15] ».

La plupart des étudiants retournent dans leur pays d'origine après l'obtention de la licence.

LE RETOUR AU BURKINA FASO ET LA PROMOTION DU CHIISME

La première génération d'étudiants burkinabè a commencé à rentrer au pays au début des années 1990. Elle sera suivie progressivement par les autres cohortes formées après elle. L'ambassade d'Iran au Burkina Faso n'a pas créé de dispositif formel pour permettre l'intégration socio-professionnelle des étudiants formés en Iran. Mais, elle va susciter ou accompagner des initiatives allant dans ce sens.

La difficile implantation du chiisme

Le contexte socio-religieux au Burkina Faso est déterminant pour comprendre les possibilités de diffusion du chiisme ainsi que l'insertion des étudiants. La promotion du chiisme occupe une place importante dans la mission des anciens étudiants d'Iran. Mais elle va se faire dans un contexte assez difficile, dans la mesure où le clivage entre sunnites et chiites du monde musulman est reproduit au Burkina Faso. Les détracteurs du chiisme se distinguent surtout parmi les leaders musulmans formés en Arabie saoudite. L'islam au Burkina Faso est majoritairement sunnite et l'insertion des chiites ne saurait se faire sans certaines difficultés. Pour rappel, les campagnes de recrutement d'élèves menées par l'ambassade d'Iran à la fin des années 1980 avaient créé des tensions avec la Communauté musulmane du Burkina Faso. Mais, les tensions n'avaient pas conduit à une persécution des chiites. Ainsi, ces derniers n'ont pas été contraints de recourir à la *taqiyya*, cette disposition qui légitime la dissimulation de la foi chiite pour échapper à la persécution[16] (Sfeir 2013 : 42 ; Clark et Chebel 2015 : 313). Au contraire, les chiites ont profité de la libéralisation de la vie associative du début des années 1990 au Burkina Faso pour se faire reconnaître par les autorités politiques et mener leurs activités.

L'intégration par les œuvres socio-éducatives

Kindo et Sidi, deux anciens étudiants rentrés en 1990, se sont ainsi associés à des collaborateurs de l'ambassade d'Iran pour mettre en place une association islamique[17]. Il s'agit de Aboubacar Kouanda, un érudit musulman du quartier Zogona de Ouagadougou, de Mahmoud Tiemtoré ancien étudiant d'Algérie et directeur de la medersa centrale de la Communauté Musulmane du Burkina Faso et d'Idrissa Ouédraogo, autre ancien étudiant d'Algérie. La structure est reconnue en 1991 sous la dénomination Association de l'Établissement de l'Unité Islamique (AEUI). Elle a essentiellement pour objectif de se consacrer à l'assistance sociale des élèves et étudiants, à la promotion de l'éducation et de la culture islamique. Dans le bureau de l'association, Aboubacar Koanda est le président tandis que les deux anciens étudiants d'Iran occupent les postes de responsable aux affaires sportives et sanitaires et de responsable aux affaires économiques et de bienfaisance[18]. Les responsables ont pris contact avec l'ambassadeur iranien pour lui présenter la structure et demander son soutien[19].

Les activités de l'AEUI nouvellement créée ont reçu l'appui de l'ambassade d'Iran et, au-delà, celle des autorités iraniennes. Ainsi, une fondation basée en Iran et dénommée *Munnazzamat Hawzaat wal madaaris al-ilmiyya al-islamiyya* s'est engagée à appuyer l'AEUI dans son objectif de fonder un établissement scolaire en 1991[20]. Cet établissement a été ouvert en 1991 à Ouagadougou sous le modèle de medersa et appelé *Madrasat Hatamouan biya'a*. Un local a été loué à cet effet et des anciens étudiants d'Iran ont été recrutés comme enseignants et rémunérés par la structure iranienne. La quasi-totalité des enseignants sont en effet des anciens étudiants d'Iran, dont Kindo, membre du bureau de l'association, et Mahmoud, étudiant ayant séjourné pendant 12 ans en Iran[21]. Les élèves recrutés étaient logés en internat et pris en charge grâce au financement iranien. Les meilleurs bacheliers obtenaient une bourse pour continuer leurs études en Iran. Cette école va ainsi constituer une passerelle pour plusieurs générations d'élèves désireux de poursuivre des études en Iran. Dans le souci de contrôler les activités qu'elle finance, l'Iran impose cependant un directeur de nationalité iranienne secondé par un Burkinabè. Une autre medersa est ouverte à Bobo-Dioulasso, deuxième ville du pays, selon le même format. Elle porte le nom de « Imam Hussein »[22].

À Ouagadougou, à la suite de la première initiative ayant conduit à la naissance de la *Madrasat Hatamouan biya'a,* une autre ouverture d'établissement scolaire a été entreprise par un groupe d'anciens étudiants vers la fin des années 1990. Cette fois-ci, il est question de la création d'un collège dispensant un enseignement classique. Désireux d'investir dans le milieu éducatif, ils ont bénéficié de l'appui d'une fondation iranienne nommée Daroul Houda qui avait déjà ouvert des établissements d'enseignement dans plusieurs pays africains. Cette collaboration a permis l'ouverture du collège Daroul Houda en 1997. L'établissement dispense un enseignement classique, conformément aux programmes de l'État burkinabè, auquel s'ajoutent éventuellement des cours religieux islamiques. Daroul Houda international est le fondateur institutionnel, mais le directeur est nommé parmi les initiateurs burkinabè du projet, considérés comme des membres fondateurs. Un directeur des études burkinabè, issu généralement des cadres intellectuels musulmans francophones, est recruté pour assurer la direction technique de l'établissement.

Au départ, un local avait été loué dans le quartier Gounghin pour le démarrage des activités. Ensuite, l'établissement a été transféré dans le quartier de Sinyeri avant d'être déplacé sur un site définitif à Dassassogo[23]. Les enseignements religieux étaient dispensés par des enseignants burkinabè formés en Iran. Même si l'établissement est ouvert à tous, la philosophie de l'enseignement religieux dispensé est de tendance chiite. Dans un avis aux parents d'élèves publié dans le journal islamique *L'Appel* en 1999, il est dit ceci :

« Il est dispensé un enseignement général conforme au programme officiel du Burkina Faso ainsi que les cours particulièrement orientés vers l'éducation morale et religieuse afin de développer chez nos enfants l'amour du culte du travail, de la responsabilité, de la tolérance et le sens du respect[24] ».

Dans les années 2010, à la faveur de la dynamisation des relations entre l'Iran et le Burkina Faso, les autorités de Téhéran ont essayé de renforcer la présence chiite au Burkina Faso. L'ambassade d'Iran facilita l'ouverture d'un établissement d'enseignement supérieur, qui permettrait d'augmenter les capacités de socialisation chiite dans le pays. En effet, l'Institut Al Mustapha, filiale de l'université Al Mustapha de Qom en Iran, vit le jour au Burkina Faso en 2011[25]. Elle comptait une seule faculté, celle de théologie. Sidi, ancien étudiant, est nommé assistant du représentant d'Al Mustapha au Burkina Faso[26]. Cette nouvelle institution éducative a permis l'insertion de plusieurs étudiants formés en Iran et titulaires de diplômes de master ou de doctorat.

Alassane, premier docteur burkinabè formé en Iran, est rentré après avoir soutenu sa thèse en 2011. Il a passé 14 ans en Iran pour ses études[27]. Au Burkina Faso, en plus de son poste d'enseignant, il est associé à certaines tâches de l'ambassade telles que la traduction des textes et l'interprétation. Alassane s'est lancé également dans les affaires, puisque grâce à ses relations avec des entreprises iraniennes, il importe des hydrocarbures d'Iran. D'autres étudiants, comme Boureima, ont été recrutés comme enseignants en 2017[28]. L'intégration d'anciens étudiants dans le corps professoral présente des exigences particulières. Il faut détenir un diplôme de niveau master ou doctorat et ceux qui remplissent ces conditions sont encore peu nombreux. L'ouverture de l'institut au Burkina Faso comporte plusieurs avantages tels que la réduction du coût de la formation, l'accroissement des effectifs d'étudiants et le recrutement d'un personnel local.

Cet institut avait aussi pour objectif de permettre d'absorber le plus grand nombre possible d'élèves formés par des filières chiites et qui ne pouvaient pas tous bénéficier de bourses d'études pour l'Iran.

La promotion du chiisme

Si à ses débuts l'implantation du chiisme dans l'univers associatif islamique s'est déroulée difficilement, les chiites ont pu s'adapter et se faire accepter par la plupart des différentes tendances musulmanes. L'ambassade d'Iran et les étudiants burkinabè chiites étaient conscients de cette situation et ils en ont tenu compte dans leurs stratégies d'implantation et de diffusion. Pour cela, les chiites adoptent une attitude de dialogue et non de « va-t-en-guerre ». Kindo décrit comment ils répondent à leurs détracteurs :

> « Le silence. Quand ils attaquent et on ne répond pas, ils finissent par nous laisser tranquilles. La plupart des détracteurs se fondent sur des préjugés et des idées arrêtées pour juger le chiisme. La meilleure pédagogie que nous adoptons, c'est d'orienter les plus réceptifs vers la lecture de la littérature chiite. Généralement, la lecture des auteurs chiites les amène à relativiser leurs positions.[29] »

Les associations chiites sont reconnues au sein de la Fédération des Associations Islamiques du Burkina, la faîtière des associations islamiques créée en 2005, ce qui n'est par exemple pas le cas de l'Association islamique Ahmadiyya, considérée par la plupart des mouvements islamiques comme un mouvement hérétique. Si, au départ, les chiites se sont appuyés sur des membres de la Communauté musulmane du Burkina pour s'installer, actuellement, c'est avec les associations confrériques de la Tijaniyya que les chiites entretiennent des relations plus poussées. Un des leaders chiites reconnaît que leurs relations avec le foyer hamalliste de Ramatoulaye, dans la province du Yatenga, sont plus importantes que les liens avec les autres tendances islamiques[30].

Au Burkina Faso, un ensemble de structures chiites ont été créées, dans lesquelles les anciens étudiants d'Iran militent selon leurs profils ou leurs centres d'intérêt. Ils y occupent également des postes de responsabilité. L'Association Islamique Al Mawadda regroupe des chiites francophones issus du milieu des élèves, des étudiants et des travailleurs de l'administration[31]. L'association « Fitya pour le développement et la sensibilisation » est une structure créée par d'anciens élèves issus des medersa chiites. Sur le plan national, les chiites sont organisés dans l'Assemblée Nationale des Ahl Bayt (ANAB), elle-même coiffée par le Conseil Supérieur des Ahl Bayt pour la culture et le développement (CSA/CD). Sidi, ancien étudiant d'Iran, est par exemple le chargé des affaires théologiques de cette dernière instance. Dans l'ensemble, les actions des anciens étudiants sont surtout visibles à l'occasion des conférences, des séminaires et des journées de commémoration (Achoura, journée de la femme Fatima Zahra, Ide al Ghadir, Al Mahdi).

Quelques trajectoires individuelles dynamiques

En marge du sillage des activités de l'ambassade d'Iran, d'anciens étudiants ont développé des initiatives individuelles qui ne sont pas forcément liées aux activités de l'ambassade ou chapeautées par elle. Hormis la ville de Ouagadougou où les activités sont concentrées, les villes secondaires ne sont pas en reste. Des étudiants formés en Iran ont pu créer leurs propres écoles, notamment à Bobo-Dioulasso (collège privé d'enseignement) et à Djibo (medersa). Dans l'ensemble, deux trajectoires d'étudiants constituent des exemples pertinents à analyser.

Le premier cas est un entrepreneur religieux et le deuxième une ancienne étudiante très engagée dans la *da'wa* islamique.

Kindo, un entrepreneur religieux

Pour rappel, Kindo a fait partie du premier groupe des aventuriers burkinabè à se rendre en Iran. Il est rentré au Burkina Faso en 1990 et en 1991, il a été recruté comme enseignant pour le compte de la *Madrasat Hatamouan biya'a*. Grâce à des économies opérées sur son salaire d'enseignant, il a pu acquérir en 1994 un terrain dans une zone non viabilisée appelée communément « zone non lotie » dans le quartier Rimkieta à Ouagadougou. Sur ce site, il a engagé un projet éducatif en ouvrant d'abord une medersa, « Imam Ali », essentiellement grâce au soutien financier de membres de sa famille et de commerçants locaux[32]. Dans le même temps, il fonde également dans son village situé dans la province du Yatenga une école medersa dénommée « Imam Sâdiq ».

De la medersa « Imam Ali », le projet s'est transformé en complexe scolaire. Kindo est un promoteur membre d'une association qui regroupe les fondateurs des écoles franco-arabes : la Fédération des Associations des Établissements Franco-Arabes du Burkina Faso (FAEFA). Cette structure, créée en 2009, encouragea ses membres à participer à la réforme de l'enseignement franco-arabe en cours par la modernisation avec l'application des programmes officiels : « Nous étions conscients qu'il fallait intégrer l'enseignement officiel dans nos medersa au risque de les voir disparaître un jour.[33] » Voilà pourquoi Kindo a procédé à l'ouverture dans l'enceinte de l'établissement d'un cycle primaire français et d'un cycle secondaire qui préparent les élèves aux examens du Certificat d'Études Primaires (CEP) et du Brevet d'Études du Premier Cycle (BEPC). Il a bénéficié de l'appui du PREFA[34], un projet du ministère de l'Éducation nationale visant à appuyer les écoles franco-arabes. Il a réalisé à son profit des bâtiments, des logements pour enseignants, une cuisine, un forage d'eau et affecté en plus deux enseignants[35]. Sur le site, un centre de couture réservé aux filles a été inauguré, mais n'est pas encore fonctionnel (photo 14). Il est prévu, pour les futures pensionnaires, un cycle de formation gratuit de deux ans. Sur ses propres fonds, il a construit une bibliothèque publique dans l'espoir de participer à la formation intellectuelle des Burkinabè. La littérature chiite domine, mais on note la présence d'autres formes de littérature, notamment sunnite. Une mosquée construite grâce au soutien de ses amis complète l'architecture.

Ses sources de financement sont variées, allant des ressources extérieures qu'il estime peu importantes à l'appui de mécènes locaux et au soutien des projets publics comme le PREFA. De notre point de vue,

14. Centre féminin de couture. Source : cliché de l'auteur.

Cheick Kindo symbolise un entrepreneur religieux chiite, certes, mais qui a su s'adapter aux réalités par son esprit de collaboration et d'ouverture. Il pense que les étudiants en fin de formation en Iran doivent rentrer : « Tous ceux qui partent se former doivent rentrer pour contribuer au développement de leur pays. Ils sont plus utiles dans leurs pays qu'en Iran.[36] »

Habiba ou le leadership féminin

Parmi les anciens étudiants formés en Iran, le dynamisme de Habiba dans la promotion de l'islam en général et dans celle du chiisme en particulier est à retenir. Elle fait partie du groupe des trois filles qui ont bénéficié des bourses d'études iraniennes en 1991. Gagnée par l'idéologie chiite, elle a entamé une carrière de prêcheuse depuis son retour d'Iran en 1993. Elle a tout d'abord été cooptée par la cellule féminine d'une association non chiite dénommée *Ittihâd islamî*[37]. La cellule féminine d'*Ittihâd* anime des prêches, des séminaires et des conférences à l'intention des fidèles musulmanes à Ouagadougou et organise des missions à l'intérieur du pays[38]. Elle est devenue la deuxième vice-présidente de cette cellule. Habiba a également entamé une carrière d'enseignante. Elle fait partie d'un groupe d'enseignants recrutés en 1997 par l'AMAI[39], un organisme libyen pour dispenser les cours dans les medersa. Sa carrière d'enseignante l'a conduite à donner des cours dans plusieurs établissements chiites (Collège Daroul Houda, Institut Al Ghadir) et non chiites (medersa Nour Din, Haïriyya, El Nour). Pour accroître ses compétences, elle a continué à se former au Burkina Faso au Centre Universitaire Polyvalent du Burkina[40]. En 2008, elle a obtenu un diplôme de maîtrise en pédagogie[41].

Au niveau de la communauté chiite, Habiba occupe une place importante dans le leadership féminin. Elle dirige l'animation des principales

127

activités féminines, comme la conférence organisée le 14 juin 2009 sur la journée de la femme musulmane consacrée à Fatima Zahra[42]. Sur le plan international, elle était l'une des deux femmes désignées pour représenter l'Afrique de l'Ouest au colloque mondial d'*Ahlul bayt* du 24 au 25 juin 2008 à Téhéran, dont le thème a porté sur « La connaissance de Fatima Zahra »[43].

Habiba a su se positionner aussi bien dans le milieu chiite que dans le paysage islamique en général, où elle s'est insérée. Elle n'a pas développé de discours radical ou clanique, d'où sa capacité de mobilité au sein des différentes associations. Interrogée sur sa mobilité exemplaire au sein des structures islamiques, voici sa réponse : « Moi je suis au service de l'islam. Je suis membre de structures musulmanes, certes, mais je travaille pour le compte de l'islam.[44] » Son talent d'oratrice l'a propulsée dans le rang des organisateurs de cérémonies religieuses, d'où les sollicitations multiples et ses prestations dans de nombreuses manifestations. Pour résumer, Habiba est enseignante, prêcheuse et organisatrice de cérémonies.

Les exemples de Kindo et de Habiba illustrent bien deux trajectoires intéressantes d'étudiants burkinabè de retour d'Iran. Bien que défendant l'idéologie chiite, ils ont pu, par leur esprit d'ouverture et leur capacité d'adaptation, mobiliser des ressources pour émerger l'un dans l'entreprenariat religieux et l'autre dans la *da'wa* en milieu féminin.

CONCLUSION

Les diplômés arabophones formés dans les filières arabo-islamiques du Moyen-Orient et du Maghreb et de retour au pays ont, dans leur majorité, intégré les secteurs de l'emploi islamique (Otayek 1993 ; Bredeloup 2014 ; Ouédraogo 2015 ; Binaté et al. 2015). Une minorité d'étudiants a pu s'insérer dans l'administration publique malgré les obstacles institutionnels et linguistiques (Bredeloup 2014 ; Ouédraogo 2019).

Quant aux étudiants de retour d'Iran, les itinéraires de formation et l'intégration sociale présentent des configurations tout à fait différentes. L'Iran n'a pas été une terre d'étude de prédilection pour les Burkinabè en quête de formation religieuse, du fait de son idéologie religieuse. Ce sont plutôt les circonstances sociales, géographiques et diplomatiques qui ont progressivement fait de cette citadelle du chiisme, une terre d'accueil pour des Burkinabè. Formés dans des filières exclusivement religieuses et empreintes d'idéologie chiite, la plupart des étudiants de retour ont intégré le réseautage chiite construit peu à peu à la faveur de la présence de l'ambassade d'Iran et contrôlé par cette dernière. Ils participent de ce fait à la diffusion du chiisme dans un contexte majoritairement sunnite. Cependant, les difficultés rencontrées par les uns sur le terrain et les ambitions nourries par les autres ont été déterminantes dans la construction de trajectoires plus singulières. Le chiisme occupe certes une place marginale dans le paysage islamique burkinabè, mais la contribution des anciens étudiants d'Iran dans l'émergence de cet islam chiite est déterminante.

NOTES

1. Il s'agit principalement de l'organe de presse islamique *Al Mawadda*, journal publié par une structure chiite dénommée Association Islamique al Mawadda au Burkina (AIMB), créée en 1999. Le journal a fait sa première parution en octobre 1999.
2. Entretien, 9 avril 2013 à Ouagadougou.
3. Entretien avec Kindo, 31 mars 2020 à Ouagadougou.
4. Entretien avec Kindo, 31 mars 2020 à Ouagadougou.
5. Entretien avec Alassane, 19 janvier 2019 à Ouagadougou.
6. Lettre n° 13/CMBF/89 du 8 février 1989.
7. Note n° AN VI-000027/FP/PRES/SG du 28 février 1989 adressée au Président du Faso, C.N.A.B. (7V 485).
8. Entretien avec Zaynab, 13 décembre 2012 à Ouagadougou.
9. Entretien radiodiffusé sur la radio Ridwane et développement dans l'émission « Savoir d'ici et d'ailleurs », 15 mars 2014 et 16 mars 2014.
10. Entretien avec Alassane, 19 janvier 2019 à Ouagadougou. Il fait partie des lauréats.
11. Entretien avec Boureima, 6 avril 2019 à Ouagadougou.
12. Entretiens avec Kindo, Boureima, Alassane, Zaynab ; entretien radiodiffusé de Habiba avec la radio Ridwane et développement.
13. Entretiens, document sur l'université Al Mustapha.
14. Entretiens avec Alassane et Boureima.
15. Entretien avec Kindo, 31 mars 2020 à Ouagadougou.
16. Elle remonterait au temps du calife Muawiya, période durant laquelle les partisans de Ali étaient obligés de cacher leur identité chiite pour éviter la persécution (Sfeir 2013 : 42).
17. Entretien avec Kindo, 31 mars 2020 à Ouagadougou.
18. Récépissé de l'association (N° AN-VIII-71/FP/MAT/SG/DELPAJ) du 9 janvier 1991.
19. Entretien avec Kindo, 31 mars 2020 à Ouagadougou.
20. Kindo, président de l'A.E.U.I., entretien du 8 septembre 2013 à Ouagadougou.
21. *Al Mawadda*, n° 39-40-41, novembre 2007–avril 2008, p. 7.
22. Entretien avec Alassane, 19 janvier 2019 à Ouagadougou.
23. Entretien avec Oubda Mahamoudou, ancien surveillant et ancien directeur des études du collège Daroul Houda.
24. Journal islamique mensuel *L'Appel*, n° 31, août 1999, p. 2.
25. D'autres filiales ont été créées au Mali et au Niger.
26. Le représentant est toujours un Iranien, secondé par un Burkinabè.
27. Entretien avec Alassane, 19 janvier 2019 à Ouagadougou.
28. Entretien avec Boureima, 6 avril 2019 à Ouagadougou.
29. Entretien avec Kindo, 31 mars 2020 à Ouagadougou.
30. Entretien avec Kindo, 31 mars 2020 à Ouagadougou.

31. Elle est dirigée par un journaliste de formation. L'association publie le journal du même nom.
32. Entretien avec Kindo, 8 septembre 2013 à Ouagadougou.
33. Entretien avec Kindo, 31 mars 2020 à Ouagadougou.
34. Le Projet d'appui à l'Enseignement Franco-arabe est une initiative du gouvernement burkinabè financé par la Banque islamique de Développement (BID). Il construit des infrastructures, édite des manuels, recrute du personnel et forme des ressources humaines pour améliorer la qualité de l'enseignement franco-arabe et accompagner le programme Éducation pour Tous (EPT).
35. L'un des enseignants est pris en charge par la Banque islamique de développement et l'autre par l'Union européenne.
36. Entretien avec Kindo, 31 mars 2020 à Ouagadougou.
37. L'association est fondée en 1991 par le Cheikh Boubakar Doukouré dans le contexte de la libéralisation de la vie associative pour moderniser le foyer confrérique Hamalliste qu'il dirigeait. Dans la nouvelle structure créée, il en est le guide spirituel.
38. Les informations données sont tirées d'une interview réalisée avec Adja Habiba Soré par la radio islamique « Ridwane et développement », dont les séquences ont été diffusées le 15 mars 2014 et le 16 mars 2014.
39. Association Mondiale de l'Appel à l'Islam. Elle assure le salaire des enseignants qui sont libres dans le choix des écoles.
40. Établissement fondé en 2004 et dont Cheikh Boubakar Doukouré est le promoteur.
41. Entretien radiodiffusé sur la radio « Ridwane et développement » dans l'émission « Savoir d'ici et d'ailleurs », 15 mars 2014 et 16 mars 2014.
42. *Al Mawadda,* n° 48-49, mai–août 2009, p. 6.
43. *Al Mawadda,* n° 44, septembre–octobre 2008, p. 16.
44. Habiba, interview déjà citée.

BIBLIOGRAPHIE

Auregan, X., 2012, « Communauté libanaise en Afrique de l'Ouest », *Diploweb. com : la revue géopolitique*, Octobre.

Bava, S. et Pliez, O., 2009, « Itinéraires d'élites musulmanes africaines au Caire. D'Al Azhar à l'économie de bazar », *Afrique contemporaine*, 3, n° 231, pp. 187–207.

Binaté, I., Ouédraogo, Y. et Audet Gosselin, L., 2019, « Être arabisant en Afrique francophone : regards croisés sur le retour au pays d'élites burkinabè et ivoiriennes formées en pays arabo-musulmans », *Islam et Société au sud du Sahara*, nouvelle série, vol. 5, Paris, Les Indes Savantes, pp. 9–30.

Bredeloup, S., 2014, « Étudiants arabophones de retour à Ouagadougou cherchent désespérément reconnaissance », *L'Année du Maghreb* [En ligne], 11, 2014, mis en ligne le 2 décembre 2014, consulté le 23 mai 2016. URL : http://anneemaghreb.revues.org/2227 ; DOI : 10.4000/anneemaghreb.2227

Bredeloup, S., 2009, « Les étudiants burkinabè de retour des pays arabes », in Mazzella S. (dir.), *La mondialisation étudiante : le Maghreb entre nord et sud*, Paris, Karthala, pp. 361–377.

Charnay, J., 2017, « Les Syro-Libanais en Afrique-Occidentale française (AOF) des années 1880 à 1939 », *Revue des mondes musulmans et de la Méditerranée*, Vol 142, Seconde Partie, Études libres.

Clark, M. et Chebel, M., 2015, *L'islam pour les nuls*, Paris, Éditions First.

Diop, M., 2013, « L'introduction du chiisme au Sénégal », *Histoire, monde et cultures religieuses*, vol. 28, n° 4, pp. 63–77.

Doix, V., 2017, « Le facteur chiite dans la politique étrangère de l'Iran », *Diploweb.com : la revue géopolitique*.

Konaté, D.C., 2019, *Introduction à la politique étrangère du Burkina Faso : Tome 2 : La politique étrangère de Thomas Sankara 1983–1987*, Presses Africaines, 531 p.

Otayek R., 1993, « L'affirmation élitaire des arabisants au Burkina Faso : enjeux et contradictions », *in* Otayek R., (dir.), *Le radicalisme islamique au sud du Sahara : da'wa, arabisation et critique de l'Occident*, Paris, Karthala, pp. 229–252.

Otayek, R., 1996, « L'islam et la Révolution au Burkina Faso. Mobilisation politique et reconstruction identitaire », *Social Compass. Revue internationale de sociologie de la religion*, vol 43, n° 2, pp. 233–247.

Ouédraogo, I., 1999, *Les contacts arabo-africains de 1895 à 1995. Le cas du Burkina Faso*, Thèse de doctorat, Université Paris VIII.

Ouédraogo, Y., 2015, Les arabisants au Burkina Faso : formation et intégration socioprofessionnelle (1958–2012), Thèse de doctorat unique en histoire, Université de Ouagadougou, 479 p.

Ouédraogo, Y., 2019, « Intégrer l'administration burkinabè : parcours du combattant pour les diplômés arabophones », *in* Bredeloup, Sylvie et al. (dir), *Se chercher en migration. Expériences burkinabè*, Paris, L'Harmattan, pp. 191–209.

Schulze, R., 1993, « La da'wa saoudienne en Afrique de l'Ouest » in Otayek René, (dir.), *Le radicalisme islamique au sud du Sahara : da'wa, arabisation et critique de l'Occident*, Paris, Karthala, pp. 21–35.

Sfeir, A., 2013, *L'islam contre l'islam. L'interminable guerre des sunnites et des chiites*, Éditions Grasset et Fasquelle.

6.

LES FONDATIONS TURQUES AU BURKINA FASO. CHARITÉ ISLAMIQUE, *SOFT POWER* ET ÉCONOMIE NÉOLIBÉRALE

Maud Saint-Lary

« Dans le cadre de sa campagne "Mon cadeau est le Coran", la Fondation Diyanet (Direction des affaires religieuses) de Turquie (FDT) a offert mille Coran (livre saint musulman) à Ouagadougou, la capitale du Burkina Faso, pays d'Afrique Occidentale. La distribution des Corans s'est faite en présence de l'Ambassadeur turc au Burkina Faso, Korkut Tufan, au sein du Centre des Recherches des études islamiques. Dans une allocution, l'Ambassadeur Tufan a estimé que les campagnes humanitaires des associations et fondations turques permettent de renforcer les liens économiques et politiques entre la Turquie et le Burkina Faso. » (*Anadolu Ajansı, 14 juin 2016*)

Ces quelques lignes tirées d'un article de *Anadolu Ajansı*, l'agence de presse du gouvernement turc (dont les dépêches sont traduites en 12 langues) posent d'emblée le lien assumé par l'État turc entre charité islamique, économie et diplomatie dans sa politique extérieure en direction du Burkina Faso. Elles expriment un phénomène en marche depuis le début des années 2000, période à partir de laquelle les Turcs font leur apparition dans le paysage burkinabè, et plus généralement dans toute l'Afrique subsaharienne. Leur présence s'observe dans une diversité de domaines de l'économie : l'industrie textile ou l'or, l'électroménager ou les denrées alimentaires, la santé ou la sécurité. Dans le champ éducatif, ils se sont distingués dès 2003 à Ouagadougou avec leur très élitiste complexe scolaire Horizon international financé par le mouvement Fethullah Gülen qui sera un allié de l'État turc jusqu'en 2016 avant de devenir l'ennemi juré du régime du président Recep Tayyip Erdogan[1]. Des établissements franco-arabes (écoles primaires, collèges, lycées et internats) sont également financés par des fondations turques qui conjuguent enseignement général et islamique. Cette présence récente des Turcs sur le marché éducatif conduit la jeunesse burkinabè à postuler pour les bourses d'études, de plus en plus nombreuses, dans les universités turques. En outre, beaucoup de Burkinabè concèdent que les Turcs sont des « gens qui ne sont pas pingres »[2]. Lors des grandes fêtes musulmanes, les plus vulnérables profitent de leurs largesses avec des colis alimentaires (riz, sucre, huile, pâtes), sans compter les distributions massives de bœufs à l'occasion de la fête de Tabaski (sacrifice musulman).

Les pouvoirs d'Ankara mettent en œuvre depuis deux décennies une politique extérieure tournée vers le continent africain, s'appuyant largement sur l'identité musulmane de la Turquie (Mbabia 2011 ; Angey 2014, 2015 ; Binaté 2019). Cette tendance s'est renforcée avec l'accession au pouvoir en 2002 du parti pour la justice et le développement (*Adalet ve Kalkınma Partisi* – AKP). Dans ce contexte, l'islam apparaît comme un outil de « *soft power* » où la diplomatie se mêle avec « une multitude d'actions touchant les domaines des affaires, de l'éducation, de l'humanitaire et de l'islam » (Binaté 2019). Ce qui est vrai aujourd'hui avec les pays musulmans d'Afrique l'a d'ailleurs été dans les années 1990 avec les pays d'Asie centrale (Balci 2014a). L'État turc avait coopéré avec la mouvance de Fethullah Gülen, ou encore celle de Osman Nouri Topbaş, dans sa stratégie d'implantation en Asie centrale (Balci 2014a ; Dorronsoro 2009), mouvements que l'on retrouve au Burkina Faso.

Lorsque j'ai entamé mes recherches sur les organisations islamiques turques en octobre 2018, la présence quasi systématique de fondations, dénommées « *vakfı* », a retenu mon attention. Insani Yardım Vakfı, Hayrât Vakfı, Aziz Mahmûd Hüdâyi Vakfı ou Diyanet[3], sont quelques exemples de ces « *vakif*[4] », fortement ancrées dans un éthos islamique, qui soutiennent des projets humanitaires ou de développement au Burkina Faso. Implantées dans de nombreux pays africains et ailleurs, elles ont une vocation transnationale. De ce constat, j'ai alors mesuré l'intérêt d'étudier ces fondations. Elles entraînent la création d'ONG et d'associations burkinabè dont elles financent les emplois, les actions et les locaux, favorisant par là même de nouvelles circulations entre le Burkina Faso et la Turquie. En toile de fond de ces entreprises de charité, il y a des hommes d'affaires, turcs et burkinabè, des projets professionnels et toute une diplomatie. Ainsi l'économie libérale se conjugue avec les œuvres de charité et la politique extérieure turque rencontre des aspirations de burkinabè tournées vers un horizon culturel et géographique lointain. On est face à un mécanisme de convergence entre l'économie néolibérale et l'économie morale de la charité que certains auteurs ont déjà étudié (Triaud et Villalón 2009 ; LeBlanc et Audet Gosselin 2016). La question de l'enchevêtrement des sphères de l'économie libérale et de la charité est au cœur de cette étude. À l'instar des travaux de Marie Nathalie LeBlanc et Louis Audet Gosselin dans leur livre *Faith and Charity. Religion and Humanitarian Assistance in West Africa* (LeBLanc et Audet Gosselin 2016), l'économie libérale est entendue dans sa double dimension à la fois institutionnelle et idéologique. Institutionnelle, car elle s'appuie sur des politiques publiques qui incitent à la réduction du contrôle étatique à la faveur d'acteurs privés. Idéologique, car elle défend un principe où l'individu l'emporte sur le collectif (LeBlanc et Audet Gosselin 2016 : 2). Ceci nous amènera à identifier la place de l'individu dans ce modèle de charité islamique qui promeut des formes de solidarités et discrédite l'enrichissement personnel sans contrepartie « sociale » tout en appuyant fortement la politique extérieure de l'État turc et le modèle libéral. En outre, intégré au programme de recherche « Relinsert », ce travail montre que ces fondations islamiques turques favorisent de nouvelles circulations entre le Burkina Faso et la Turquie. Ces circulations sont d'abord celles des étudiants burkinabè vers la Turquie, ce sont aussi celles d'entrepreneurs burkinabè saisissant des opportunités d'affaires avec la Turquie. Enfin, ce sont les Turcs qui s'expatrient dans le pays. Tout cela est conditionné par la promotion de la langue turque, un objectif visé par certaines fondations présentes au Burkina Faso. Ici, migration et religion sont deux dimensions intimement liées par le fait que la politique étrangère de « *soft power* » de la Turquie repose en partie sur l'islam.

Ce chapitre présente les premiers résultats d'une recherche encore en cours qui a débuté en octobre 2018 au sein du programme « Relinsert » par une enquête de terrain de six semaines complétée par une autre d'un mois effectuée en juillet 2019. Ancrée dans la discipline anthropologique, la méthodologie s'est voulue inductive, élaborée sur la base d'hypothèses souples, formulées grâce à ma connaissance préalable (mais incomplète) du paysage islamique ouagalais (Saint-Lary 2019). La thématique des organisations islamiques turques au Burkina Faso étant nouvelle pour moi, ma démarche d'enquête a d'abord été de soumettre aux imams, prédicateurs et militants islamiques rencontrés les années passées, mes intentions scientifiques. Je sollicitais tous azimuts leur statut d'expert sur la question autant que leur expérience personnelle (Olivier de Sardan 1995). Nombreux étaient ceux qui avaient effectué au moins un voyage de courte durée en Turquie, et ils avaient tous dans leur entourage des personnes ayant travaillé ou étudié « avec les Turcs ». Quant à leurs analyses, elles soulignaient souvent la multiplication des bourses d'études vers la Turquie et les actions de charité au moment des fêtes musulmanes. Un point marquant à leurs yeux était la générosité des Turcs qui « font en grand ». Ils me donnaient des contacts, des noms d'associations, d'ONG, d'écoles qui ont fourni autant de pistes que j'ai ensuite explorées[5]. Nous verrons en quoi l'économie morale de la charité islamique, arrimée sur le modèle des fondations turques (*vakif*), s'avère être une véritable stratégie pour l'État turc désireux de s'implanter en Afrique subsaharienne depuis la fin des années 1990, mais aussi, comment ce modèle participe de la construction d'un nouvel horizon turc, susceptible de fournir aux Burkinabè des opportunités d'emplois. L'ONG FOSAPA (Fondation de solidarité et d'aide au peuple africain), branche burkinabè de la fondation Aziz Mahmûd Hüdâyi Vakfı, servira d'étude de cas.

VAKIF : UNE TRADITION ISLAMIQUE OTTOMANE RÉACTIVÉE

La fondation de solidarité et d'aide au peuple africain (FOSAPA) a vu le jour en 2008 au Burkina Faso. Elle est la « représentation africaine » de l'organisation turque Aziz Mahmûd Hüdâyi Vakfı. Comme son nom l'indique, il s'agit d'un « *vakfı* », terme issu des régions turcophones ou persanophones pour désigner le mot arabe *waqf* (pluriel : *awqâf*), plus communément connu sous le nom de « *habous* » dans le nord de l'Afrique et couramment traduit en français par « fondation pieuse ». *Waqf* est « une donation faite par un particulier à une œuvre d'utilité publique, pieuse ou charitable » (Chergui 2009), qui permet au donateur de « laisser son empreinte dans la société durant son vivant et après son décès » (Deguilhem 2016 : 1555).

Les formes de solidarité liées au *waqf* remonteraient ainsi à l'époque du prophète. Son fondement tiendrait d'un hadith selon lequel : « *lorsque le fils d'Adam vient à mourir, tous ses actes sont interrompus, hormis trois choses : une aumône toujours en cours, une science dont les autres bénéficient et une progéniture pieuse qui invoque Dieu pour lui* » (Tahiri Jouti 2013)[6]. Le *waqf* est donc une « aumône en cours » qui implique qu'une propriété privée soit convertie en une propriété dite sociale, *dont le revenu généré est alloué à des bénéficiaires précis (op.cit.)*. Faruk Bilici rappelle que *waqf* (littéralement « arrêter, immobiliser ») suppose « d'immobiliser un bien et d'affecter son produit à une œuvre de charité dotée de la personnalité morale. Ainsi dans le droit musulman classique, le bien immobilisé est normalement et théoriquement consacré à Dieu. À ce titre, il devient inaliénable, c'est-à-dire qu'il ne peut plus faire l'objet de vente, achat, expropriation, hypothèque, saisie » (Bilici 1993). Contrairement à la *zakât* (l'aumône légale) qui a un caractère obligatoire parce qu'elle est l'un des cinq piliers de l'islam, le *waqf* est considéré comme facultatif. Toutefois plusieurs versets coraniques et Hadith soulignent la nécessité de pratiquer ce type de don pour prouver sa foi et investir pour l'outre-tombe[7]. De ces prescriptions, adressées aux croyants aisés, découle le devoir, face à l'enrichissement personnel, de faire preuve de générosité. L'explication des *waqf* par cet entrepreneur burkinabè partenaire de plusieurs organisations turques, traduit bien l'idée que l'enrichissement est légitime si une partie est immobilisée en faveur des plus pauvres :

> « *Vakfı*, c'est *waqf*, c'est quelque chose qu'on donne et qu'on ne peut pas vendre. Par exemple, tu peux acheter une voiture comme ça et la donner à l'hôpital en disant que c'est *waqf*. Ou bien tu peux décider que l'arbre, par exemple les manguiers, c'est quelque chose qui est bon pour les gens. Il est sur ton terrain et tu dis c'est *waqf*, on vend pas, ça sera pour les gens. […] Et même demain, après-demain, dans cent années, si tu n'es plus de ce monde, y a quelque chose que Dieu va te donner. Nous tous on va mourir ! C'est pour ça, si je gagne quelque chose, je mets [dans l'ONG]. » (Entretien avec Amadé [Tous les noms des informateurs ont été changés et les données géographiques brouillées.], chef d'entreprise et d'ONG, Ouagadougou, 13 novembre 2018)

Les *awqâf* se sont développés sur tout le pourtour méditerranéen dans le monde musulman, certes, mais aussi au sein des communautés non musulmanes, comme l'attestent les travaux des historiens (Adada 2011 ; Arnaud 2017 ; Deguilhem 2016). Dans tout l'Empire ottoman, des régions les plus occidentales aux plus orientales, les *waqf* ont contribué à structurer les grands centres urbains comme Le Caire, Damas, Alep, Beyrouth et, dans une moindre mesure, Alger (Chergui 2009 ; Arnaud 2017). Supports de vocations à la fois pieuses, sociales et économiques, les *vakif*[8] ont fortement impacté les processus d'urbanisation. Selon Faruk Bilici, dans l'Empire ottoman du XVIIIe siècle, les revenus des fondations représentaient environ un tiers des recettes de l'État. Ils assuraient la « quasi-totalité » du financement des services publics d'enseignement et de santé, mais aussi de certains services municipaux et travaux publics (Bilici 1993). Au XIXe siècle, le déclin général de l'Empire ottoman entraîne alors la déchéance des *vakif* du fait de « l'abandon de la plupart des biens immobilisés », malgré les tentatives de certains sultans, et même de la monarchie constitutionnelle au début du XXe siècle, de les réorganiser[9]. Très présents dans l'Empire ottoman, avec des usages multiples permettant notamment la création de biens communs et d'œuvres sociales, mais aussi de détournements de patrimoine au profit de riches propriétaires, les *vakif* ont constitué un enjeu important lors de la création de la République de Turquie en 1923. Autant les colonisateurs français et britanniques s'étaient évertués à les étudier et à les répertorier pour mieux les contrôler et se les réapproprier, (Deguilhem 2016), autant le régime d'Atatürk, à partir de 1923, les considère comme « incompatibles avec l'État moderne » et laïque. Mais au lieu de les supprimer, la jeune République de Turquie les dépouille de toute référence religieuse pour les mettre au service du nationalisme turc (Bilici 1993 : 416). En somme, elle les sécularise. Le travail de Faruk Bilici sur les *vakif* montre le caractère ambivalent du rapport de l'État moderne à ces institutions. Elles sont à la fois considérées comme un héritage du nationalisme turc – « l'âme du Turc » – devant être à ce titre restauré, mais leur référence sacrée doit disparaître.

Les choses changent en 1967 quand une loi sur les « nouveaux *vakif* » est promulguée en Turquie, conjuguant des normes issues du droit musulman avec celles régissant les fondations américaines. Par leur mode de fonctionnement, beaucoup moins restrictif que les associations, les fondateurs ne sont soumis à aucune incompatibilité administrative et politique, et peuvent, du reste, être désignés à vie, sans nécessité d'une assemblée générale. Les fondations exigent un capital de départ important, théoriquement égal à 600 fois le salaire minimum dans les années 1990, ce qui constitue un frein à leur création. Ce capital de départ, qui ne dit rien des dons et legs effectués par la suite et exonérés d'impôts, génère une discrimination économique certaine, même si plusieurs fondations, islamistes notamment, parviennent à lui échapper (Bilici 1993).

En outre, les entreprises sont incitées à créer des « *vakif* ». Leur nombre augmente de manière significative à partir des années 1980 et elles sont soumises au contrôle peu scrupuleux[10] de l'État par le biais de la « direction générale des *vakif* ». Ces fondations revêtent différentes formes : celles dont l'objectif est une œuvre de charité à côté de celles qui pérennisent les patrimoines familiaux. Cette dernière forme permet aux grands propriétaires d'éviter la dispersion de leur patrimoine après leur mort et de conserver leur postérité, puisque souvent le nom du fondateur est conservé au fil des générations. Comme le suggère Randi Deguilhem, il ne faut pas négliger les stratégies sociales liées aux choix du bénéficiaire par le fondateur. Cela « dévoile, en effet, des réseaux socio-politiques du fondateur déjà en œuvre ou des réseaux nouvellement construits par l'acte de créer la fondation » (Deguilhem 2016). À partir des années 1970–1980, la Turquie connaît une floraison de *vakif* à vocation islamique. Leur rôle dans la réhabilitation de l'enseignement islamique (interdit entre les années 1930 et 1950) a été de construire des écoles d'imams-prédicateurs, des écoles coraniques, de soutenir les élèves boursiers venant de tout le pays et de répondre à une attente forte des populations musulmanes de favoriser l'enseignement islamique. Le cas le plus emblématique est celui de *Türkiye Diyanet Vakfı*, renommée *Diyanet İsleri Başkanlığı*, Présidence des affaires religieuses, communément appelée « *Diyanet* »[11]. Ce *vakif* a été réactivé en 1975 à partir d'une structure préexistante et a été intégré à l'appareil d'État pour superviser le fonctionnement des lieux de culte, de l'enseignement islamique, et en somme gérer les relations complexes entre l'État et l'islam. La *Diyanet* est, selon Bayram Balci, « une vraie création du système républicain turc dont l'objectif était de gérer les relations entre État et islam » (2014a : 14). La politique intérieure menée par la Turquie dans les années 1970–1980 consistant à réhabiliter la culture islamique à travers la construction de mosquées, de foyers étudiants, l'édition et la vente de livres et de cassettes audiovisuelles, en passant par des bourses aux étudiants (surtout ceux des facultés de théologie), a été ensuite mise en œuvre dans sa politique extérieure. Ainsi, dans les années 1990, l'État fera de la Diyanet « un outil fondamental dans la politique d'influence turque dans tout l'ancien bloc socialiste » (Balci 2014a : 14). En effet, lorsque la Turquie réoriente sa politique extérieure vers des pays musulmans, elle se tourne d'abord vers l'Asie centrale. Elle privilégie en premier lieu les territoires avec lesquels elle partage une culture, une langue, une histoire[12]. Bayram Balci décrit un processus de (re)conquête des pays d'Asie centrale : au cœur de celui-ci se trouve la Diyanet qui « s'est invitée aussi dans la politique extérieure d'Ankara » (op. cit.) ainsi que des acteurs privés, comme le mouvement de Fethullah Gülen, ou celui de Osman Nouri Topbaş à travers sa fondation Aziz Mahmûd Hüdâyi Vakfi. Or toutes ces institutions sont aujourd'hui des acteurs implantés au Burkina Faso et dans de nombreux pays africains. Cette similarité entre les politiques menées en Asie centrale et en Afrique suggère que l'on est face à une stratégie politique assumée par l'État turc, où la diplomatie s'appuie sur des entreprises transnationales dont la vocation religieuse est plus ou moins explicite[13]. Dans le cas de la fondation Aziz Mahmûd Hüdâyi Vakfi, qui nous intéresse puisqu'elle finance FOSAPA au Burkina Faso, sa vocation islamique est explicite. L'exemple de cette fondation est intéressant pour mieux saisir comment ces *vakfi*, dont l'existence et les actions sont légitimées par un ethos de charité islamique, servent d'appui à la politique étrangère turque en Afrique.

DE LA FONDATION AZIZ MAHMÛD HÜDÂYI VAKFI EN TURQUIE À FOSAPA AU BURKINA FASO

Très connue en Turquie, et considérée comme étant proche du pouvoir turc actuel, la fondation Aziz Mahmûd Hüdâyi serait rattachée directement à la confrérie Celvetiye (Bilici 1993 ; 2015)[14]. Cette fondation serait la réactivation d'un *vakif* situé dans la partie anatolienne d'Istanbul et qui existait déjà au XVIIe siècle (Bilici 1993). Dans l'acte de fondation[15], la référence à la figure historique de Aziz Mahmud Hüdayi est mentionnée dès l'article premier dans ces termes :

« Aziz Mahmûd Hüdâyi Vakfı qui a donné son nom à la fondation a vécu entre 1545 et 1628 et a été témoin des règnes allant de Souleymane le Magnifique à Mourad IV. Il s'est avéré être un personnage historique inscrit dans la mémoire de la Nation. Il a converti des gens à l'islam, prêché la vérité, le bien, l'unité et la solidarité. Avec son travail, ses prêches, ses avis et ses conseils, il a transformé les mosquées et les complexes qu'il a édifiés en maisons de la science, en lieux d'accueil des pauvres et des malades. Ces fonctions se sont perpétuées pendant des centaines d'années, au travers de fondations. Notre fondation a été nommée en référence à Aziz Mahmûd Hüdâyi, enterré à Usküdar, pour promouvoir cette grande figure et perpétrer les œuvres sociales de ses établissements » (traduit de l'anglais).

Ces quelques lignes posent la double légitimité de la fondation qui se veut à la fois historique, c'est-à-dire ancrée dans l'histoire de l'Empire ottoman, puis celle de la nation turque, et islamique en participant de manière active au rayonnement de l'islam par la diffusion de l'enseignement et l'édification d'œuvres sociales effectuées en direction des plus démunis (pauvres, malades). Dès le premier article, les vocations éducatives et sociales sont ainsi posées. Ce document mentionne également les noms des vingt propriétaires de la fondation. Parmi eux, on compte des figures d'autorité religieuses, à l'instar du président de la fondation, Osman Nuri Topbaş, mais aussi des hommes d'affaires, comme Yahya Kigili, propriétaire du groupe Hayat, Valmet industrie, ainsi que des figures politiques comme celle du ministre d'État turc, professeur de théologie sunnite, membre de l'AKP, Ahmet Hamdi Topbaş. La collusion entre milieux d'affaires, politiques, et religieux atteste que cette fondation s'appuie sur une « communauté d'intérêts » (Angey 2014), à la fois publics et privés. Les objectifs visés dans le champ de la charité islamique se conjuguent à d'autres, diplomatiques et économiques.

Présente dans 49 pays du monde et dans 17 pays africains, la fondation Aziz Mahmûd Hüdâyi s'est déployée dans toute l'Afrique anglophone, francophone et lusophone[16]. Au Burkina Faso, elle s'est implantée en 2008, avec la création de l'ONG FOSAPA. Je l'ai découverte la même année, lors d'un entretien avec un imam de l'AEEMB[17] qui m'avait conviée sur son lieu de travail, le « Lycée Madina de formation des imams et des prédicateurs », situé dans le quartier de Cissin proche du centre-ville de Ouagadougou. L'établissement venait d'ouvrir ses portes et avait été créé au départ sur le modèle des « lycées-Hatip »[18] qui forment les imams de la République turque en associant enseignements islamique et général. Plus tard, le nom du lycée a été réduit au « lycée Madina ». Non loin de là, sur le boulevard Bassawarga, se trouvait le siège social de l'ONG avant qu'elle ne déménage une première fois à Cissin à côté du lycée.

Depuis, l'organisation s'est déployée sur le territoire burkinabè. Elle a acquis un immense terrain dans le quartier de Balkuy, à la sortie sud de la ville, sur lequel elle a construit un nouveau lycée internat pour garçons, réservant l'ancien bâtiment de Cissin à l'internat pour filles. En mars 2020, le siège social a déménagé une seconde fois dans un immeuble flambant neuf sur le terrain de Balkuy à proximité du lycée pour garçons et de la mosquée « Istanbul », nommée ainsi du fait de son architecture dont les deux coupoles rappellent le style byzantin inhabituel dans le pays. Les logements des personnels turcs expatriés au Burkina Faso parachèvent cet ensemble dans un quartier en cours d'urbanisation. En implantant son siège social dans cet environnement bien identifié par la population du fait de sa mosquée « Istanbul », FOSAPA réaffirme sa « turcité » et son attachement à l'islam, sorte de « synthèse turco-islamique » (Copeaux 1998) conforme à la politique extérieure de la Turquie. Les activités de la fondation se concentrent sur son volet éducatif, au travers de ses établissements Madina, à savoir, une école maternelle, deux lycées[19] internats, mais aussi l'établissement partenaire qui couvre le niveau primaire, ainsi que sa résidence étudiante (pour jeunes hommes) en centre-ville. Elle mène également un programme destiné à l'accès à l'eau, avec à son actif la construction de plus de 300 forages en 2018 (selon le secrétaire particulier du président de FOSAPA). Son volet social ou caritatif vise à parrainer des orphelins et à soutenir financièrement des veuves et des personnes touchées par une incapacité corporelle. Elle organise la distribution de kits alimentaires pendant le Ramadan et de bœufs au moment de la fête de Tabaski. En outre, la fondation a construit quelques mosquées et centres de santé.

LES COURTIERS DE LA CHARITÉ ISLAMIQUE, RELAIS DES ORGANISATIONS TURQUES

Sur le territoire burkinabè, les organisations islamiques financées par les Turcs se sont implantées grâce à la médiation de militants islamiques burkinabè. À l'image des « courtiers du développement » (Bierschenk et Olivier de Sardan 2000) qui ont acquis une expérience « ailleurs » ainsi qu'un savoir-faire et un savoir-vivre s'accommodant en partie de cultures hétérogènes, les *courtiers de la charité islamique*, constituent des relais importants pour l'implantation de ces organisations islamiques turques. La fondation Aziz Mahmûd Hüdâyi Vakfi, tout comme les autres fondations turques présentes au Burkina Faso, s'appuie sur deux types de courtiers islamiques pour s'implanter dans le pays : les étudiants arabisants lors de leur séjour d'études à l'étranger puis de retour de migration et les associations islamiques représentant la communauté musulmane du pays.

En effet, pour saisir le rôle prépondérant des étudiants arabisants dans l'implantation de FOSAPA, il est éclairant de porter son attention sur les débuts de ce dernier. L'organisation a vu le jour au Burkina Faso grâce à l'entremise d'un homme, Noufou Sawodogo[20] qui, avec le Turc Ramzi Seker, forment le binôme dirigeant de l'ONG burkinabè[21]. C'est en Syrie, où Noufou a étudié de nombreuses années, qu'il rencontre des acteurs humanitaires turcs. Il se fait d'abord le relais d'une autre fondation turque, Insani Yardım Vakfı (IHH encore appelée Humanitarian Relief Foundation), puis sera ensuite sollicité par le Cheikh Osman Nouri Topbaş, guide spirituel de la fondation turque Aziz Mahmûd Hüdâyi, pour créer FOSAPA. À son retour au Burkina Faso, Noufou manque de réseau dans le pays, car il est resté longtemps en Syrie. Pour déployer ses projets de partenariat avec IHH d'abord, il crée une association, Nasrou-Lah, qui sera le support de ses projets financés par la fondation dès le début des années 2000. Grâce à cette collaboration, il pilote la construction d'écoles franco-arabes, de centres de santé et de mosquées. Il sera d'abord particulièrement actif à Titao, sa localité d'origine située dans le nord du Burkina Faso, où il inaugure en 2006 la construction d'une école franco-arabe et d'une maternité (Sidwaya, 3 octobre 2007[22]). Il crée dans le même temps une nouvelle association, OSEH (Organisation pour le Secours Humanitaire), qui deviendra le partenaire burkinabè numéro un de la fondation turque IHH et sera notamment à l'origine de la construction de l'internat SIFA de Titao, un complexe scolaire où l'enseignement général se combine avec « une instruction religieuse bien appuyée » (Facebook, OSEH). Noufou se fait également le relais de la générosité turque dans les faubourgs de Ouagadougou. Issaka, un imam d'un quartier non-loti de Ouagadougou, raconte comment sa mosquée a pu être construite grâce à l'entremise de cet homme :

> « Il y a un grand là-bas (Noufou), c'est un Burkinabè qui venait de rentrer de Turquie[23], mais il ne connaissait personne, il n'avait aucune relation. Comme il ne connaissait pas les gens, il fallait qu'il trouve quelqu'un ici qui va lui servir d'intermédiaire. Il a d'abord approché un ami qui avait une école coranique dans le quartier pour qu'il lui montre où il pourrait mettre une mosquée. Le problème pour les Turcs, c'est qu'ils ont les moyens, mais ils n'ont pas les terrains pour construire. Cette mosquée est la première je pense qui a été construite par les Turcs. Au début quand les Turcs partaient là-bas, les gens disaient qu'on ne va pas leur donner notre parcelle. J'ai dit "non, laissez-les", ils vont venir et ils vont construire, il n'y a pas de problème. Ils ont construit la mosquée en 2007 et en 2012 on a ouvert ça en mosquée du vendredi. » (Entretien avec Issaka, imam, novembre 2018, Ouagadougou)

Issaka venait d'achever les démarches auprès des services de la mairie pour obtenir l'autorisation de construire une mosquée quand la proposition lui parvient par le biais d'un ami maître coranique, proche de Noufou. L'association Nasrou-Lah est d'abord relais de la fondation Aziz Mahmûd Hüdâyi Vakfı pour financer la construction de cette mosquée en 2007. Lorsqu'en 2008 FOSAPA voit le jour, elle reprend à son compte les projets liés à cette mosquée. Comme l'indique le propos de Issaka, les Turcs « ont les moyens, mais ils n'ont pas les terrains ». Le projet se réalise dans une sorte de partenariat gagnant-gagnant : pour l'imam burkinabè, la mosquée prendra place dans un quartier en voie d'urbanisation et de peuplement ; pour les organisations turques, le soutien à ce projet permet de soigner l'image de ce pays encore méconnu de la population et de s'implanter dans des zones urbaines peu saturées où les besoins en infrastructure sont importants.

Depuis la Syrie, alors qu'il est étudiant en théologie islamique, Noufou est donc sollicité par de nombreuses fondations turques : IHH et l'organisation Aziz Mahmûd Hüdâyi Vakfi, ensuite. Il est identifié comme un bon relais local par les représentants des fondations turques et déploiera à son retour au Burkina Faso des projets en partenariat avec elles. Nos enquêtes menées à Ouagadougou rendent compte du rôle de « courtier » joué par les étudiants arabisants ayant migré sur les territoires qui furent ceux de l'Empire ottoman.

L'exemple de Noufou qui crée ses partenariats avec les Turcs depuis la Syrie n'est pas isolé. La même logique est mise en œuvre par la fondation turque Hayrât Vakfi, avec des étudiants ayant migré au Soudan pour poursuivre leurs études. Le mode opératoire est identique : un représentant de la fondation Hayrât Vakfi sollicite un réseau d'étudiants ouest-africains (Burkina Faso, Niger, et Côte d'Ivoire) en séjour d'études à Khartoum. Il y a des emplois à la clé pour que chacun, de retour dans son pays, puisse créer une représentation de la fondation. C'est ainsi que l'association Yam Wekré a vu le jour à Ouagadougou, permettant la création de trois emplois pour les anciens étudiants arabisants qui mettent en œuvre des projets d'éducation islamique : colonie de vacances, organisation de conférences et des actions caritatives pendant le ramadan et la Tabaski[24]. Ces exemples montrent le rôle prépondérant des étudiants arabisants en migration dans la phase d'implantation des *vakif* au Burkina Faso. Toutefois, pour mener à bien leurs actions de charité, les fondations s'appuient sur une autre catégorie de courtiers de la charité islamique, à savoir sur les associations islamiques considérées comme représentatives de la communauté des musulmans du pays

Une fois implantées sur place, les fondations turques construisent avec les acteurs islamiques locaux, comme la Communauté musulmane du Burkina Faso ou la Fédération des Associations Islamiques du Burkina, les partenariats qui leur permettront de mettre en œuvre leurs actions de charité :

> « Quand ils sont arrivés, ils ont approché la communauté musulmane pour comprendre le milieu, avoir des informations pour pouvoir bien mener leurs activités. Ils ont demandé aussi l'accompagnement de la communauté musulmane. Comme la communauté musulmane connaît le terrain, nous avons des bureaux provinciaux, des bureaux dans les départements, dans les circonscriptions administratives. Donc ça a facilité leurs interventions [...]. La première délégation de la Turquie, nous l'avons reçue en présence du président de la CMBF, El Hajj Oumarou Kanazoé.[25] Elle était venue nous signifier sa présence et nous informer l'objectif et les domaines dans lesquelles elle voulait intervenir et demander l'accompagnement de la communauté musulmane. Le social aussi c'est un des volets de la communauté musulmane qui intervient dans le social en tant que structure religieuse, donc ça répondait vraiment aux critères de nos programmes et de nos objectifs et donc nous, on n'a pas vu d'inconvénient de leur accorder notre accompagnement et on s'est mis à travailler ensemble. Quand ils ont des activités, ils nous informent et ensemble on essaie d'organiser et de planifier. On avait même mis en place un programme annuel qu'on a exécuté conjointement. » (Karim, ancien membre permanent de la Communauté musulmane du Burkina Faso, Ouagadougou, le 27 novembre 2018)

Ainsi, le réseau des associations islamiques locales est mobilisé pour mener les actions caritatives, « le volet social ». Fortement liées aux saisons musulmanes (Ramadan et Tabaski notamment) et ancrées dans un ethos islamique, les actions de charité de FOSAPA sont relayées par les associations islamiques fédérant plusieurs tendances de l'islam (CMBF, AEEMB, FAIB)[26]. Ce qui permet à la fondation de ne pas se positionner sur l'échiquier en faveur de certaines mouvances et d'adopter une approche universaliste de l'islam.

Ainsi, souvent accompagnés de représentants de l'islam au Burkina, les Turcs expatriés ou en simple visite annuelle n'hésitent pas à se rendre dans les faubourgs de Ouagadougou ou dans les villages reculés pour rencontrer des orphelins à parrainer, des veuves à soutenir, pour inaugurer une mosquée ou un forage qu'ils ont financé grâce au soutien de riches hommes d'affaires turcs.

DU LOCAL AU GLOBAL : L'ENJEU DES CAMPAGNES DE DONS

Parmi les œuvres de charité citées plus haut, il y a les campagnes de dons à l'occasion de la Tabaski, remarquées et soulignées par beaucoup d'informateurs que j'ai pu interroger. L'examen de ces campagnes montre comment, au-delà des vivres et des cadeaux distribués, ces actions popularisent l'image de la Turquie. Elles permettent également à toute une chaîne d'intermédiaires burkinabè y participant, de bénéficier d'une notoriété plus ou moins localisée.

Au sujet de ces campagnes, on dit que « les Turcs donnent des bœufs par centaines », qu'« ils font en grand » ou qu'« ils ne sont pas pingres ». C'est ainsi qu'en 2018, la FOSAPA a par exemple organisé l'abattage et la distribution de 800 bœufs selon un mode opératoire précis où des relais sont chargées d'identifier les « bénéficiaires ». L'imam Issaka rapporte comment la distribution s'effectue :

> « Ils font un système de tickets. Ils me donnent au moins 150 tickets pour que je partage ; parce que moi, (en tant qu'imam du quartier), je sais qui n'a pas les moyens. On distribue les tickets et puis on leur dit dans "15 jours, vous venez". [Sur le ticket]. On met la date et l'heure à laquelle ils doivent venir. » (Entretien avec Issaka, imam, novembre 2018, Ouagadougou)

Ainsi la distribution s'opère grâce à des relais, comme cet imam, qui depuis leur quartier, organisent le partage des tickets selon des critères sociaux (« ne pas avoir les moyens ») mais aussi en respectant l'ordre des hiérarchies sociales du quartier :

> « On va tout faire pour que les chefs coutumiers gagnent quelque chose, ça c'est très important. Après il faut que chaque imam qui est dans ce quartier gagne quelque chose. Après il y a les pères de famille qui n'ont pas les moyens, et qui ont des femmes et des enfants, on va leur donner quelque chose. Une fois qu'on a fait ça, le reste on va partager. » (Entretien avec Issaka, imam, novembre 2018, Ouagadougou)

Par ce système de distribution, les fondations turques permettent ces relais de bénéficier du prestige social que confère l'acte de donner, d'autant plus que ces courtiers s'appuient eux-mêmes sur des personnes de leur entourage pour organiser la distribution. Il en résulte une chaîne de courtiers, liés directement ou indirectement à FOSAPA, qui participe à la popularisation de cette campagne de dons. La logique de dons en chaîne qui en découle apporte à chaque élément du maillon une dose de prestige. « J'ai reçu un bœuf par le fils d'un voisin qui connaît des Turcs », se rappelle un imam du centre-ville dont la mosquée a bénéficié de dons.

Un des éléments qui motive ce système de distribution est d'éviter la marchandisation des dons. Il est donc nécessaire de s'appuyer sur des « personnes de confiance », comme l'indique Alizeta, en poste à FOSAPA depuis plusieurs années :

> « Les Turcs achètent des centaines de bœufs à Fada [N'Gourma] et quand ils reviennent avec le camion à bétail, ils s'arrêtent dans des villages qui sont sur le trajet pour distribuer au fur et à mesure. Ils choisissent les villages d'origine des employés, parce que tu sais, sans ça, nous les Africains,

on pourrait prendre les dons pour les revendre. Ils préfèrent passer par des personnes de confiance. » (Alizeta, Employée de FOSAPA, Ouagadougou, 16 novembre 2018)

De fait, les employés de FOSAPA occupent eux aussi cette fonction de courtier relais. En outre, comme souvent s'agissant des œuvres de charité, ces actions sont relayées par les médias : « Tabaski 2018 : L'ONG FOSAPA solidaire des personnes vulnérables », intitulait en 2018 le journal numérique *faso.net*. C'est l'occasion de quantifier l'action : « 800 bœufs » pour un montant de « 400 millions de francs CFA » et cela sur « 35 sites [...] identifiés pour la distribution des carcasses ». C'est aussi le moment de rappeler les différents domaines d'action de l'ONG et de rendre visible le soutien de la classe dirigeante burkinabè à l'ONG, dont la présence de la ministre de la Femme, de la solidarité nationale et de la famille témoigne.

Avec ce système de dons, la fondation Aziz Mahmûd Hüdâyi Vakfı contribue au même titre que d'autres fondations turques à cette entreprise de charité qui rend visible la générosité turque jusque dans les villages et les faubourgs de la capitale. Amadé, qui travaille essentiellement avec la Diyanet (fondation liée à l'État turc), insiste lui aussi sur ce système de distribution massive de bœufs :

« Par exemple la Tabaski qui vient de passer (2018), la Diyanet a donné 2.812 bœufs cette année à égorger. Et après nous, on a redistribué à la FAIB (Fédération des associations islamiques du Burkina). On a donné 320 bœufs là-bas. Ici à côté, on a donné 400 et quelques bœufs qu'on a fait égorger à côté et pendant trois jours on a travaillé là-bas pour égorger les bœufs et distribuer. Les mosquées des alentours après viennent prendre. [...] C'est pas à Ouaga seulement. Ouaga c'est 1.000 bœufs et les 2.500 restants, c'est aux villages. Nous, pendant trois jours, on a partagé la viande pour 10 groupes et dans un groupe parfois y'a deux villages, trois villages. C'est avec plus de quinze villages qu'on a partagé. » (Entretien avec Amadé, chef d'entreprise et d'ONG, Ouagadougou, 13 novembre 2018)

FOSAPA n'est donc qu'un acteur parmi toutes les organisations turques qui offrent les animaux par centaines. En se connectant au tissu islamique local, les fondations turques privées ou publiques ont développé de manière significative leur « action sociale », bénéficiant rapidement d'une véritable popularité. Même dans les localités reculées, où pour beaucoup la Turquie est restée longtemps méconnue (et difficile à classer[27]), son peuple est identifié à travers cette façon de faire « en grand ». Lors de ces campagnes de dons, si les courtiers burkinabè prennent leur place au cœur du dispositif de distribution, les représentants turcs profitent systématiquement de cette occasion pour se déplacer.

Ainsi, même si la fondation Aziz Mahmûd Hüdâyi Vakfı emploie une équipe de personnels turcs détachés à Ouagadougou, des membres de la fondation font parfois le voyage depuis la Turquie. Le « Docteur » Hasan Kamil Yilmaz[28], l'un des propriétaires de la fondation[29], publie le récit de sa tournée au Burkina Faso et au Mali dans le magazine *Islam et société moderne*[30]. Intitulé « Voyage en Afrique : pourquoi avez-vous tant tardé ? », en référence à une question posée par un élu du Mali qui s'interrogeait sur l'arrivée tardive des Turcs sur le continent, son récit dresse, non sans excès, le portrait « du troisième pays le plus pauvre du monde », où « l'eau est récupérée à partir des flaques d'eau au sol ». Décrivant sa tournée à Ouagadougou, Dablo (village de Cheik Khalid Sana, partenaire de FOSAPA) et Titao (village d'origine de Noufou Savadogo, Vice-Président de la fondation), il rapporte l'accueil chaleureux d'habitants démunis mais pieux, récitant des « *takbirs* » et des « *tahlils* » pour les accompagner de l'entrée jusqu'à la place du village. Selon lui, leur demande « la plus pressante restant celle concernant le sacrifice de l'Aïd, en particulier la quantité de viande demandée, plus élevée que celle de l'année précédente ». Cette publication destinée à un lectorat francophone révèle l'importance pour la fondation de justifier auprès d'un public susceptible de compter des donateurs, les actions destinées aux personnes démunies et l'importance des dons faits au moment de la fête du sacrifice.

ÉDUCATION ET PROMOTION DE LA LANGUE TURQUE AU CŒUR DE LA COOPÉRATION TURCO-BURKINABÈ

« Avec ses huit établissements scolaires (du niveau maternel jusqu'au lycée), la FOSAPA forme 1 131 élèves burkinabè » (lefaso.net, 3 mars 2020). Comme l'indique cette déclaration de l'ambassadeur de Turquie à l'occasion de l'inauguration du nouveau siège social de FOSAPA, l'éducation constitue un volet important des activités de l'ONG. Ces établissements proposent un enseignement général conforme au programme national burkinabè et un enseignement islamique effectué à partir de manuels édités en Turquie. Se considérant comme peu portée sur le prosélytisme, la fondation diffuse toutefois les œuvres de Osman Nouri Topbaş, de manière ludique, en organisant annuellement des « concours de lecture » d'un de ses ouvrages. En outre, par ses diverses actions éducatives et caritatives, la fondation participe à la mise en œuvre de la stratégie de *soft power* turc, et à la construction de nouveaux horizons professionnels pour les Burkinabè. Le portrait de deux d'entre eux, liés à FOSAPA, en témoigne.

147

Issouf : patron d'un centre de formation

Issouf est parti 4 ans en Turquie. Il est originaire de la province du Yatenga où il a fait une grande partie de sa scolarité. Après l'obtention du BEPC, il part en vacances à Ouagadougou où il découvre l'existence du lycée Madina financé par l'organisation (FOSAPA). Une annonce a été faite après la prière du vendredi, où il apprend que la campagne de recrutement des élèves de seconde est lancée. Issouf s'informe sur cet établissement et passe le test d'entrée avec succès. Il intègre la classe de seconde et poursuit sa scolarité dans le lycée Madina jusqu'au Bac D. Il fait ensuite partie de la dizaine d'élèves sélectionnés pour partir en Turquie. FOSAPA finance tout : la première année pour l'apprentissage de la langue turque d'abord, puis si l'étudiant est sélectionné, pour entrer à l'université. Il passe cette première année avec succès et poursuit en sciences politiques et administration, une filière dont il pense qu'elle va lui permettre de « donner du travail aux autres » comme il le dit, non sans fierté. Son projet était d'« être patron d'un centre de formation ». Depuis la Turquie, il élabore son projet de centre de formation qui couple deux objectifs : l'apprentissage rapide des langues et l'instruction islamique (elle aussi rapide). Lui-même parle français, anglais, turc, arabe et mooré. Et quant à son instruction islamique, il dit l'avoir reçue lorsqu'il était élève au lycée Madina et après, par des recherches personnelles, bien qu'il soit né au sein d'une famille musulmane.

À son retour, fort de son expérience en Turquie, il est recruté par FOSAPA pour occuper le poste de directeur des études à Erkam, un dispositif de résidence étudiante financé par la fondation. Situé au cœur de la ville de Ouagadougou, le bâtiment « erkam », a été nommé ainsi en référence au nom arabe « arkam », la maison où le prophète trouvait refuge et dispensait les enseignements religieux à ses compagnons. C'est une résidence étudiante non mixte, destinée aux jeunes hommes venus de toutes les provinces du Burkina Faso pour leurs études. Si leur dossier est accepté, ils intègrent la résidence pendant la durée de leurs études : ils sont nourris et logés à condition qu'ils respectent le rythme des prières et des enseignements islamiques donnés le soir. Erkam peut aussi être un tremplin pour partir en Turquie. Sur place, le directeur des études travaille en binôme avec un directeur turc. Ils recrutent les étudiants, veillent au respect des lieux et coordonnent la formation islamique sur place assurée par des enseignants du lycée Madina. Parallèlement à cela, Issouf effectue des missions ponctuelles de traduction de textes administratifs pour le siège de FOSAPA. Il quittera rapidement Erkam pour se consacrer pleinement son centre de formation qui s'ouvre à Cissin, mais il poursuivra ses missions ponctuelles de traduction pour FOSAPA.

Alizeta : parler d'autres langues et voir ailleurs

Le profil d'Alizeta est différent. Originaire d'une province du sud du Burkina, Alizeta y sera scolarisée avant de poursuivre dans un lycée technique de Ouagadougou. Son goût pour les langues la conduit à faire des études d'anglais à Ouagadougou dans la perspective de devenir secrétaire bilingue. En licence, elle fréquente une amie fervente catholique, ce qui la pousse à renforcer sa foi musulmane. Ce sera la période où elle « prend le voile islamique ». Elle explique avoir été refoulée de plusieurs postes à cause de son voile, mais parviendra à travailler dans différents lieux comme professeure d'anglais pendant 7 ans et comme interprète et assistante de direction dans une organisation canadienne pour l'enfance. À côté de cette carrière qu'elle mène entre l'enseignement et l'administration, Alizeta a des projets d'entreprise familiale, dont elle ne veut pas me dire plus. Elle découvre l'existence de bourses financées par FOSAPA pour partir en Turquie et apprendre la langue turque. Comme il n'y a point d'exigence d'avoir fait sa scolarité au lycée Madina, elle décide de tenter sa chance. C'est l'occasion d'« apprendre la langue et puis aussi de voir ailleurs comment c'est ». Voir ailleurs donc, et apprendre une langue qui n'était pas nécessaire pour son projet d'entreprise familiale, mais qui pouvait offrir des opportunités, dit-elle. « À cette époque, les Turcs commençaient à arriver au Burkina Faso. Donc à ce moment-là, tu te dis que si tu arrives à maîtriser la langue, surtout moi qui aime les langues, ça peut aider. C'était aussi ajouter à ton CV, ça fait quelque chose. »

Alizeta voit en la Turquie un pays émergent prometteur en termes d'affaires, et elle est poussée par son amour des langues et aussi de l'aventure, de la découverte : elle part deux ans, totalement nourrie et logée par FOSAPA. Comme elle le dit, ceux de FOSAPA, « en fait c'était comme une liste ouverte, tu viens et tu t'inscris si tu as envie d'y aller. Et eux, ils financent tout : ton voyage, tout, tout, tout. Si tu pars, tu n'apportes rien ; à l'époque ils m'avaient dit d'amener juste une tenue ». Elle fait deux années scolaires, deux fois huit mois et lorsqu'elle revient, on lui propose un emploi à FOSAPA.

Il ressort, à travers ces deux portraits brossés rapidement, des parcours d'insertion professionnelle favorisés par un séjour d'étude en Turquie. On voit notamment comment l'organisation FOSAPA favorise l'apprentissage de la langue turque à travers le financement de bourses dédiées exclusivement à cela. Plusieurs personnes lors de mon enquête ont témoigné de leur envie d'apprendre cette langue, à leurs yeux prometteuse d'opportunités. Comme l'exprime Alizeta, l'enjeu est de se positionner sur un marché nouveau, en plein développement, potentiellement pourvoyeur d'emplois : « À cette époque, les Turcs commençaient à arriver. »

L'éducation représente le support du *soft power* turc dont la double stratégie culturelle vise d'une part à introduire la langue turque dans les cursus du secondaire et d'autre part à octroyer des bourses d'études vers la Turquie aux bacheliers les plus méritants. Un employé de FOSAPA explique l'enjeu que représente l'apprentissage de la langue turque pour les élèves :

> « Dans les classes, en plus de l'anglais qui fait partie du programme burkinabè, et de l'arabe, nous avons le turc. Le turc, c'est deux heures dans la semaine. C'est pour permettre aux élèves de comprendre le b.a.-ba de la langue turque, pour pouvoir communiquer. Comme l'administration est formée de Turcs et de Burkinabè, c'est pour faciliter cette communication-là. » (Amadé, employé de FOSAPA, novembre 2018, Ouagadougou)

L'introduction de la langue turque est l'une des spécificités des établissements de FOSAPA. Ces propos pointent la dimension pragmatique de cet enseignement à valeur d'initiation qui permet aux élèves de « communiquer » puisque l'administration est « formée de Turcs et de Burkinabè ». Ce pragmatisme vise d'autres objectifs, comme le précise Amadé :

> « C'est aussi pour les enfants qui le veulent et qui excellent. Après le baccalauréat, certains élèves peuvent avoir des bourses dans certaines universités turques pour continuer leurs études. Arrivés là-bas, ils sont obligés de faire la langue turque en profondeur pour poursuivre. » (Amadé, employé de FOSAPA, novembre 2018, Ouagadougou)

Ainsi, à l'instar de Issouf, les nouveaux bacheliers candidats pour la Turquie passeront une première année exclusivement réservée à l'apprentissage de la langue, pour ensuite poursuivre dans le cursus de leur choix. Nombreux sont ceux qui peuvent se contenter de cette unique année dédiée à l'apprentissage de la langue pour, de retour au Burkina Faso, espérer occuper des postes d'interprètes auprès des personnels turcs expatriés. Amadé explique que beaucoup des interprètes sont « nos élèves (ceux des établissements de FOSAPA) qui sont allés une année en Turquie et après ils sont revenus pour faire traducteurs ».

Enjeu important pour ce pays émergent, l'enseignement de la langue turque a ouvert des perspectives de bourses d'études pour les étudiants souhaitant tenter l'aventure en Turquie. Comme l'indique une étude récente pointant les « étudiants africains de plus en plus nombreux en Turquie », le « bilan des relations turco-africaines en 2020 » fait état de plus de 5.000 étudiants boursiers africains en Turquie entre 2010 et 2019 et de 2.849 diplômés de la Turquie sur le continent africain. Ce qui « constitue autant de relais, conscients ou inconscients du *Soft power* turc » (Ezgi Yazıcıoglu et Saa Ngouana 2020 :13). Les établissements de FOSAPA participent à cette diplomatie culturelle largement affirmée par les pouvoirs d'Ankara qui favorisent la mobilité des étudiants africains dans les universités turques. Les bourses financées par l'État turc et ses organisations partenaires « ont pour objectif de créer un réseau de futurs leaders, qui promettent de renforcer la compréhension mutuelle et la coopération entre les pays et les peuples » (Ezgi Yazıcıoglu et Saa Ngouana 2020 :13). Pays émergent dans l'économie africaine, la Turquie offre pour le moment aux étudiants africains des perspectives plus promettaises que celles qu'ont les étudiants de retour des pays arabes (Bredeloup 2014a). Au-delà des perspectives d'emploi comme interprètes, l'apprentissage de la langue turque donne la possibilité de s'insérer sur le marché des entreprises turques de plus en plus nombreuses dans le pays. La direction de ces entreprises n'étant pas francophone, l'enjeu est de taille. L'enseignement de la langue turque permet de former les cadres de demain, issus de différents domaines, qui pourront constituer un vivier de professionnels à même de favoriser l'émergence de l'économie turque.

CONCLUSION

L'exemple de FOSAPA montre que les vakif, par leur caractère combinant intérêts publics et privés, constituent un véritable outil de la politique étrangère turque. Ces fondations s'appuient sur l'universalisme islamique de solidarité et de charité pour saisir des relais burkinabè, mettre en lien des entrepreneurs turcs et burkinabè, valoriser l'image méconnue de la Turquie et promouvoir sa langue. On observe ainsi, par cette focale très particulière des fondations turques qui s'appuient sur la charité islamique, la politique d'un État émergent sur les territoires d'Afrique subsaharienne.

Comme a pu le montrer Sylvie Bredeloup (2014b) à travers l'étude de plusieurs générations d'étudiants africains en Chine, les bourses d'études obtenues par les étudiants africains constituent un outil diplomatique important permettant à un État émergeant d'établir des relations d'interdépendance avec le pays où il s'implante. C'est précisément ce mécanisme à l'œuvre que les fondations opèrent. Leur spécificité toutefois (contrairement à la Chine) est de s'appuyer sur le religieux dans une « synthèse turco-islamique », pour reprendre les mots du géographe Étienne Copeaux (1997). Les étudiants burkinabè en migration vers des pays arabes anciennement issus de l'Empire ottoman (on l'a vu avec l'exemple de la Syrie ou du Soudan) constituent des relais importants des fondations islamiques turques. Par leur vocation transnationale, ces fondations s'appuient sur ces étudiants arabisants de retour de migration pour se déployer localement dans plusieurs pays d'Afrique subsaharienne.

Porteurs de valeurs islamiques, ces arabisants parviennent à construire, grâce à l'islam d'abord, le projet de ces organisations de charité turques. En somme, on constate que des perspectives professionnelles se dessinent pour les Burkinabè, révélant que le jeu n'est pas à sens unique. Considérée encore comme un pays émergent, la Turquie a ouvert, pour quelques années au moins, un nouvel horizon potentiellement pourvoyeur d'emplois.

NOTES

1. Nous n'aborderons pas ce sujet ici car il mériterait un article à part entière. Pour en savoir plus sur ces questions, on se reportera aux travaux de Gabrielle Angey-Sentuc (2015), et Issouf Binaté (2019) pour l'Afrique, mais aussi à Bayram Balci (2014b) sur les effets du conflit entre Fethullah Gülen et Erdogan sur la politique étrangère de la Turquie.
2. Selon les propos du directeur de la radio Iqra (Ouagadougou, octobre 2018).
3. Ce dernier est intégré à l'État turc, comme nous le verrons plus loin.
4. En langue turque, le ı sans point, de « *vakfı* » désigne la fondation « de ». Pour désigner le nom courant, le terme devient « vakif ». C'est donc ce dernier que nous emploierons si nous ne désignons pas une fondation en particulier.
5. Qu'ils soient ici remerciés pour leur contribution.
6. https://www.lescahiersdelislam.fr/L-institution-des-waqf-et-la-finance-islamique_a391.html
7. Coran, verset 3, sourate 92 : « Vous n'atteindrez la (vraie) piété, que si vous faites largesses de ce que vous chérissez. Tout ce dont vous faites largesses, Allah le sait certainement bien ».
8. Pour plus d'intelligibilité, nous conservons désormais le terme turc de « *vakıf* » (de manière indifférente au singulier ou au pluriel) et non de « *waqf* » puisque l'article traite des usages de cette institution islamique par la Turquie.
9. Faruk Bilici cite l'exemple du Sultan Mahmut II, qui créa un ministère des *Vakıf en 1826*.
10. Dans les années 1990, l'augmentation du nombre de *vakıf* est importante alors que le personnel d'État dédié à leur gestion reste, lui, insuffisant.
11. *La Diyanet* a fait l'objet d'un numéro spécial de la revue *The Muslim World*, vol. 98, n° 2/3, 2008.
12. Dans le contexte particulier de la période post-soviétique et des relations singulières qui unissent la Turquie aux pays d'Asie centrale, espace culturel turcophone, ce qui n'est évidemment pas le cas en Afrique subsaharienne.
13. Les écoles issues du mouvement Gülen sont présentées comme laïques et n'affichent généralement aucune ambition religieuse (Angey-Sentuc 2015). Au Burkina Faso, ce n'est qu'en 2016, quand les tensions entre Fethullah Gülen et Erdogan ont atteint leur paroxysme, que les élèves de l'établissement Horizon international et leurs parents ont découvert l'existence du mouvement de Fethullah Gülen et son lien avec leur école. Pour tout le monde, il s'agissait simplement d'une « école turque ». Toutefois, il n'en reste pas moins que cet établissement a mis en œuvre jusqu'à cette crise aiguë, des actions de charité à l'occasion des fêtes musulmanes, en s'appuyant

non pas sur une fondation de type « *vakıf* », mais sur les ONG Kimse Yok Mu et Timestohelp (Binaté 2019).

14. Selon Balci (2014) et Binaté (2019), la fondation serait rattachée à la Nashqbandiyye, une confrérie soufie née des enseignements d'un maître originaire d'Ouzbékistan (1319–1389), alors que pour Faruk Bilici, elle ne serait qu'une inspiration Nashqband lointaine. Dans un récent article réactualisant ses travaux sur l'étude de l'important patrimoine de la fondation, il indique que grâce aux voyages pieux de Hûdaï (1541–1628), la confrérie Celvetiye s'est répandue considérablement à travers l'Anatolie et dans les Balkans devenant l'une « des confréries les plus importantes du monde musulman » (Bilici 2015).

15. Nous avons eu accès à un amendement daté de 1985 qui reprend les articles fondateurs : *cf.* « Amendment to foundation deed » obtenu sur le site de la fondation Aziz Mahmûd Hüdâyi Vakfı en décembre 2018, mais qui n'est plus accessible aujourd'hui.

16. Pour avoir la liste complète des pays d'implantation, on se reportera au site Internet de la fondation : https://hudayivakfi.org/en/about-us.html. On notera qu'aucune mention n'est faite de sa présence en Afrique du Nord.

17. Association des Élèves et Étudiants Musulmans du Burkina Faso.

18. Comme l'indique un des fondateurs de Aziz Mahmûd Hüdâyi Vakfı dans le récit de son voyage au Burkina Faso et au Mali (*cf.* plus loin).

19. Au Burkina Faso, la catégorie de lycée recouvre les niveaux collège et lycée français.

20. Malgré nos multiples tentatives, nous ne sommes pas parvenues à rencontrer le vice-président de la fondation. En revanche, nous avons recueilli des éléments de sa biographie grâce à des entretiens avec plusieurs de ses collaborateurs, actuels et anciens.

21. Au Burkina Faso, les ONG ont le statut juridique d'association, « toutefois certaines organisations, surtout internationales, arrivent à obtenir un récépissé d'ONG qui est différent de celui d'association. Il permet essentiellement des exemptions de droits de douane pour certains équipements » (LeBlanc et al. 2013).

22. https://lefaso.net/spip.php?article16685

23. En réalité il vient de rentrer de Syrie, mais cette erreur montre la perception que les gens ont de ses partenariats solides avec la Turquie.

24. L'association Yam Wekré a été créée pour mettre en œuvre les projets éducatifs et caritatifs de Hayrât Vakfı. Une extension de cette organisation existe également en Côte d'Ivoire.

25. Décédé en 2011, il est une figure emblématique de l'islam au Burkina Faso autant que de la réussite dans le monde des affaires. Pour en savoir plus, on se reportera à sa biographie (Cissé 2010).

26. Communauté Musulmane du Burkina Faso, Fédération des Associations Islamiques du Burkina et Association des Élèves et Étudiants du Burkina Faso.

27. Une femme m'a parlé des « arabes turcs » et biographe de Azîz Mahmûd Hüdâyî.

28. Docteur en théologie islamique.

29. Son nom figure dans le document cité plus haut.

30. Nous supposons qu'il s'agit de la traduction française de la revue de la fondation Hudayi.

BIBLIOGRAPHIE

Adada, A., 2011, « Les fondatrices des Waqf à Beyrouth entre 1843 et 1909 », *Chronos, Revue d'histoire de l'Université de Balamand*, n° 23 : 159–176.

Angey-Sentuc, G., 2015, « L'éthique missionnaire de l'éducation dans le mouvement de Fethullah Gülen en Afrique subsaharienne », *Social Science and Mission*, décembre.

Angey, G., 2014, « La recomposition de la politique étrangère turque en Afrique subsaharienne. Entre diplomatie et acteurs privés », *Notes de l'Ifri*, mars.

Arnaud, J.-L., 2017, « Entre vocabulaire et catégorie juridique, usages du terme waqf au Caire à la fin du XIXe siècle » *Al-sabil. Revue d'histoire, d'archéologie et d'architecture maghrébine*, Université de la Manouba. Tunis, (halshs-01625210).

Balci, B., 2014a, « La Turquie en Asie centrale. Acteurs privé et étatique dans le développement d'une influence islamique turque dans les Républiques post-soviétiques », *Revue internationale de politique comparée*, 2014/1, vol. 21 : 9–31.

Balci, B., 2014b, "What Are the Consequences of the Split Between Erdoğan and Gülen on Turkey's Foreign Policy?", *Foreign Policy Journal*, Blog, 17 janvier 2014, https://www.foreignpolicyjournal.com/2014/01/17/what-are-the-consequences-of-the-split-between-erdogan-and-gulen-on-turkeys-foreign-policy/

Bierschenk, T., Chauveau, J.-P. & Olivier de Sardan, J.-P., 2000, *Courtiers en développement. Les villages africains en quête de projets*, Paris, Karthala ; Mayence, APAD, 318 p.

Bilici, F., 1993, « Sociabilité et expression politique islamistes en Turquie. Les nouveaux vakifs », *Revue française de science politique*, 43e année, n° 3, 1993 : 412–434 ; doi : https://doi.org/10.3406/rfsp.1993.394751

Bilici, F., 2015, « Aziz Mahmud Hüdâi et le tekke celveti à Üsküdar à travers ses waqf au XVIIe siècle », billet du carnet de recherche de l'Observatoire urbain d'Istanbul, mis à jour le 19 mai 2015. https://oui.hypotheses.org/2827#identifier_11_2827

Binaté, I., 2019, « La présence turque en Côte d'Ivoire contemporaine : entreprise transnationale au service de l'éducation, l'humanitaire et l'islam en Afrique de l'Ouest », *Revue canadienne des études africaines*, DOI : 10.1080/00083968.2019.1597743

Bredeloup, S., 2014a, « Étudiants arabophones de retour à Ouagadougou cherchent désespérément reconnaissance », *L'Année du Maghreb*, 11 | 2014, 57–78.

Bredeloup, S., 2014b, « Pluralité des parcours des étudiants ouest-africains en Chine », *Cahiers de la recherche sur l'éducation et les savoirs* [En ligne], 13 | 2014, mis en ligne le 2 juin 2014, consulté le 29 avril 2019. URL : http://journals.openedition.org/cres/2631

Bayart, J.-F., 2014, « La crise politique en Turquie, une combinatoire complexe », *blog Médiapart* https://blogs.mediapart.fr/jean-francois-bayart/blog/080114/la-crise-politique-en-turquie-une-combinatoire-complexe

Chergui, S., 2009, « Le waqf et l'urbanisation d'Alger à l'époque ottomane », *Insaniyat*, 44–45, 21–32. DOI : https://doi.org/10.4000/insaniyat.302

Cissé, I., 2010, « El hadj Oumarou Kanazoé: homme d'affaires et mécène dans la communauté musulmane burkinabè. *Cahiers du CERLESHS* 34:151–186.

Copeaux, É., 1997, *Espace et temps de la nation turque. Analyse d'une historiographie nationaliste*, Paris, Éditions du CNRS.

Deguilhem, R., 2016, « Waqf », *Dictionnaire de la Méditerranée*, Dionigi Albera, Maryline Crivello et Mohamed Tozy (dir.), Arles, Actes Sud.

Dorronsoro, G., 2009, *Que veut la Turquie ? Ambitions et stratégies internationales*, Paris, Éditions Autrement, p. 57.

Ezgi, Y. et Saa Ngouana, 2020, « Les Relations Turco-Africaines : quel bilan en 2020 ? », rapport du CEIDES, 25 pages.

Mbabia, O., 2011, « Ankara en Afrique : Stratégies d'expansion », *Outre-Terre*, 2011/3, n° 29 : 107–119.

LeBlanc, M.N. et Audet Gosselin, L., 2016, *Faith and Charity. Religion and humanitarian assistance in West Africa*, Londres, Pluto Press, 257 pages.

LeBlanc, M.N., Audet Gosselin, L., et Gomez-Perez, M., 2013, « Les ONG confessionnelles en Afrique de l'Ouest : un équilibre précaire entre prosélytisme et professionnalisme au Burkina Faso », *Revue canadienne d'études du développement*, 2013, Vol. 34, No. 2 : 236–256, http://dx.doi.org/10.10 80/02255189.2013.791259

Olivier de Sardan, J.-P., 1995, « La politique du terrain », *Enquête*, 1, 1995, 71–109.

Saint-Lary, M., 2019, *Réislamisation au Burkina Faso. Questions de genre et enjeux sociaux*, Paris Karthala, 300 pages.

Tahiri J., 2013, « Les waqf et la finance islamique », *Les cahiers de l'islam. Revue d'études sur l'islam et le monde musulman*, blog : https://www. lescahiersdelislam.fr/L-institution-des-waqf-et-la-finance-islamique_a391.html

Triaud, J.-L. et Villalón, L., 2009, « L'islam subsaharien entre économie morale et économie de marché : contraintes du local et ressources du global », *Afrique contemporaine* (3), n° 231 : 23–42.

Presse

Anadolu Ajansı, 2016, https://www.aa.com.tr/fr/afrique/turquie-afrique-la-fondation-diyanet-offre-des-corans-au-burkina-faso-/589307 14 juin.

Lefaso.net, 2007, « Association Nasrou-Lah du Burkina et Insani Yardim Vakfi (IHH) de la Turquie : Une école, une maternité et des vivres pour Titao » https://lefaso.net/spip.php?article16685 3 octobre.

Lefaso.net, 2018, « Tabaski 2018 : L'ONG FOSAPA solidaire des personnes vulnérables », https://lefaso.net/spip.php?article85068 22 août.

Lefaso.net, 2020, « Actions sociales : L'ONG FOSAPA a un nouveau siège à Ouagadougou », https://lefaso.net/spip.php?article95229 3 mars.

7.

LA BRANCHE NIASSÈNE DE LA TIJÂNIYYA (FAYDHA) À OUAGADOUGOU DANS LES TRANSPORTS ET LES MOBILITÉS

Ousseny Sigué

Le Burkina Faso est un pays laïc composé majoritairement de musulmans selon le dernier Recensement général de la population et de l'habitat (RGPH) réalisé en 2006 (INSD 2009). Mais l'une des grandes caractéristiques de l'islam dans ce pays est son éclatement entre groupes soufis[1] (islam confrérique), essentiellement *Tijanes* onze (Hamallisme) et douze grains (Soares 2000), et une large palette de tendances islamiques dites « réformistes » ou « rigoristes ». Une grande partie des musulmans se disent également « musulmans simples », autrement dit n'appartenant pas à une confrérie ou à un courant particulier. Toutefois, la pluralité islamique repose sur des divisions principalement internes. Le « mouvement sunnite », issu de la *Wahabiyya*[2], très important socialement, est scindé en plusieurs branches rivales, de même que la *Tijâniyya*, prépondérante en nombre de fidèles, mais très divisée. La *zawiya*[3] de Ramatoulaye a été fondée dans la première moitié du XXe siècle et est toujours majoritaire, notamment au nord du pays, mais fractionnée en plusieurs branches dont les deux plus importantes sont en concurrence depuis leur création : il s'agit de celle de la famille Maïga, issue de Ramatoulaye, et de celle de la famille Doukouré, issue de Djibo. Actuellement, les deux *zawiyas* ont leur siège à Ouagadougou, et rivalisent pour le leadership de la *tarîqa* (confrérie, voie[4]) (Samson 2012).

À côté de ces deux dernières existe la branche *Niassène* (ou *Faydha*) de la Tijâniyya. Celle-ci, née au Sénégal, s'est diffusée dans toute l'Afrique de l'Ouest, notamment au nord du Nigéria (*via* l'émir de Kano), au Ghana, au Niger, au Mali, au Burkina Faso, au Togo, au Libéria, en Sierra Leone, au Tchad, au Cameroun, en Gambie et en Mauritanie (Mané 2012). Mais, les Niassènes sont également présents en Amérique du Nord, en Asie et au Moyen-Orient. Ce mouvement transnational représenterait plusieurs millions d'adeptes. Si la Tijâniyya est bien implantée au Burkina Faso, il n'existe pas, à notre connaissance, d'études sur la branche Niassène burkinabè. Pourtant, le portrait du Cheikh Ibrahim Niasse, son fondateur, est très présent dans l'espace public burkinabè, notamment dans le secteur des transports routiers. Il est peint sur de très nombreux véhicules de transport (camions, autobus, taxis...), immatriculés soit au Burkina Faso, soit dans des pays voisins.

Dans le cadre du projet Relinsert, l'objectif de cette recherche était de mener une étude exploratoire sur la présence de la branche *Niassène* de la Tijâniyya à Ouagadougou dans le secteur des transports de marchandises et de personnes. La présence de plus en plus visible dans l'espace public du portrait du cheikh sur les véhicules de transport interpelle en effet sur le lien entre mobilité et religion. Quelle est l'histoire de la branche Niassène à Ouagadougou et au Burkina Faso ? Quel est son rapport avec le secteur des transports ? Quelle est la structuration de la *Faydha* dans le paysage religieux à Ouagadougou ? Ces portraits peints sont-ils des repères pour les migrants qui voyagent dans ces véhicules ? Ceux-ci choisissent-ils un véhicule de transport en fonction de l'appartenance à la confrérie Niassène ? Il s'agit donc d'expliquer l'attachement du secteur des transports à l'image du guide spirituel de cette confrérie à Ouagadougou.

MÉTHODOLOGIE

Dans le cadre de cette étude, plusieurs méthodes de collecte de données ont été utilisées pour répondre aux différentes questions. Des entretiens ont été réalisés avec le premier responsable *Niassène* présente à Ouagadougou. Ils ont permis de comprendre l'historique de son implantation à Ouagadougou, ses relations avec la « branche mère » du Sénégal et sa structuration dans les différents quartiers de la ville.

Ensuite, des comptages ont permis de mesurer l'importance de la présence de l'image du leader de la Faydha à Ouagadougou dans le secteur des transports de voyageurs et de marchandises. Il s'est agi de dénombrer les camions de transport de marchandises portant le portrait du Cheikh Ibrahim Niasse pour 200 camions poids lourds sur un total de 12.000 résidents à Ouagadougou (Sigué 2015). Concernant le transport de personnes, il a été procédé au comptage de 200 taxis sur un total estimé à 4.000 taxis dans les différentes gares de taxis existant à Ouagadougou. Par manque de base de données, il a été procédé au comptage de 100 bus et minibus exerçant à l'interurbain dans les différentes gares routières à Ouagadougou (*cf.* Tableau 7.1).

Tableau 7.1 : Véhicules comptés

Types de véhicules	Effectifs	Lieux des comptages	Durée du comptage
Camions poids lourds	200	Ouagarinter	1 jour
Taxis artisanaux	200	Gares de Tampouy, de l'Est, Larlé, Grand Marché, Gounghin, Patte d'Oie, CHU Yalgado, gare de Kongoussi	3 jours
Bus	100	Gares de Tampouy, de l'Est, Larlé, Grand Marché, Gounghin, Patte d'Oie, gare de Kongoussi	3 jours
Total	500		

Source : O. Sigue mai 2019.

Les différentes gares évoquées dans le tableau ci-dessus ont été choisies en tenant compte de leur importance dans le trafic urbain et interurbain.

Enfin, des entretiens qualitatifs ont eu lieu auprès de deux taximans (gare de l'Est), de deux chauffeurs d'autobus et d'un chauffeur de camion (Ouagarinter), soit cinq chauffeurs au total. Sur les cinq chauffeurs, un des taximans n'avait pas peint son véhicule aux couleurs du Cheikh. Cinq voyageurs ont également été interrogés à la gare routière de Tampouy, à la gare de l'Est et à la gare menant à Kongoussi. Ces entretiens ont porté sur l'appartenance religieuse de ces derniers et les raisons de la présence du portrait sur les véhicules. Pour ce qui concerne les voyageurs[5], il s'agissait de les entendre sur leur attitude vis-à-vis du portrait du cheikh Niasse avant d'emprunter un véhicule. Des photos du portrait du Cheikh sur les véhicules ont été prises pour illustrer ce texte.

LA TIJÂNIYYA, UNE CONFRÉRIE DU SOUFISME

Pour comprendre le fonctionnement actuel de la confrérie[6] de la Tijâniyya, il est important de faire un bref rappel historique de sa naissance et son évolution depuis sa genèse au Maghreb et sa propagation en Afrique de l'Ouest. La Tijâniyya tient son nom de son fondateur, Cheikh Ahmed Ibn Mukhtar Ibn Salim Al-Tijânî, né en 1737 à Aïn Mâdi, en Algérie. Mais c'est du Maroc, à Fez précisément, où il s'installa définitivement et mourut en 1815[7], que sa doctrine de base, consignée dans un ouvrage intitulé *Jawâhir al-maani* (« Les Perles des Sens »), s'est déployée et a gagné le reste du Maghreb et l'Afrique subsaharienne (Mané 2012).

La Tijâniyya a été fondée en 1196 de l'Hégire (1781/2 de notre ère), à la suite d'une vision du Prophète Muhammed, en état de veille, dans l'oasis algérienne d'Abû Samghûn, par le savant et mystique Ahmad al-Tijânî (1737–1815/1150–1230 H.) (Triaud 2000 ; Mané 2012). Ahmad al-Tijânî, le fondateur, avait auparavant été initié à plusieurs autres voies soufies, notamment la *Khalwatiyya,* lors de son séjour en Égypte. En 1781 ou 1782, il avait eu, selon ses dires, à l'état de veille et non, comme le plus souvent dans la tradition musulmane, en rêve, une rencontre mystique avec le Prophète qui lui avait enseigné directement, sans intermédiaire, une nouvelle voie. Muhammad (Mahomet) lui ordonna d'abandonner toutes ses affiliations précédentes et lui promit d'être son intercesseur privilégié, et celui de ses fidèles, auprès de Dieu (Triaud 2010). De cette position particulière allait découler l'exclusivisme de la nouvelle organisation (Triaud et Robinson 2000). La voie nouvelle (la Tijâniyya), paraissait sûre, rapide et débarrassée des longs exercices ascétiques d'autres voies. Ainsi découle « son pouvoir d'attraction qu'elle exerça assez rapidement, ainsi que l'hostilité suscitée par son arrogance théologique » (Triaud 2010).

Pendant la période coloniale, cette confrérie a connu ses plus grands développements en Afrique de l'Ouest. Depuis cette période, la Tijâniyya s'est imposée comme la grande confrérie africaine des XIXe et XXe siècles en se propageant en Afrique noire et au Burkina Faso, à partir du Sénégal.

Au Sénégal, la Tijâniyya se propagea grâce à l'action d'un homme, considéré comme l'une des figures religieuses les plus marquantes du pays. Cet homme, El Hadj Omar Foutiyou Tall (1794–1864), à sa mort, laissait en héritage à ses fils un empire qui n'allait pas tarder à sombrer sous les coups de boutoir du colonialisme français, à la fin du siècle (Mané 2012).

Pour autant, la flamme de la Tijâniyya ne s'éteignit pas. Parmi ceux qui avaient pris la relève, apparut un autre grand érudit charismatique sénégalais, d'ethnie Toucouleur, comme El Hadj Omar. Il s'appelait El Hadj Malick Sy (1855–1922). Après plusieurs passages, celui-ci s'installe définitivement, en 1902, à Tivaouane, au Cayor. Ce lieu est devenu jusqu'à nos jours le pôle central d'attraction de la Tijâniyya au Sénégal, avec la célébration annuelle du Maouloud (*Gamou*)[8], devenu l'un des événements marquants de l'islam au Sénégal que El Hadj Malick Sy, de son vivant, dirigeait personnellement. Avant sa mort en 1922, il avait réussi, en accord avec les autorités coloniales, à faire installer la Tijâniyya dans nombre de villages et de villes du pays, dont Dakar, Saint-Louis, Rufisque et Kaolack (*op. cit.*).

À côté de El Hadj Malick Sy, une autre grande figure de la Tijâniyya sénégalaise, du nom de El Hadj Abdoulaye Niasse, sema la base de la branche Niassène de la Tijâniyya. De Taïba Niassène, El Hadj Abdoulaye Niasse finit par s'installer à Kaolack. Né en 1844, d'une lignée maraboutique qui remontait à son père Sidi Muhammad Niasse, El Hadj Abdoulaye Niasse était un contemporain du marabout Maba Diakhou Bâ, mort au combat en 1867, contre les Sérères du Sine qu'il tentait de convertir de force à l'islam. El Hadj Abdoulaye Niasse se résolut, à l'instar de son contemporain El Hadj Malick Sy, à une démarche plus pacifique de prosélytisme et s'établit définitivement à cet effet au Saloum en 1910, loin du Djolof, la terre d'origine de son père.

Il eut le temps, avant sa disparition survenue en 1922, de jeter les bases de son mouvement religieux. Ce fut un de ses fils, El Hadj Ibrahim Niasse (1900–1975), son troisième Khalife, qui allait, au fil des ans, donner à cette branche Tijâne le prestige et le rayonnement international que l'on continue de lui connaître de nos jours. La ville de Kaolack, le siège de ce mouvement, s'affirme avec ses *gamous*, comme un des centres islamiques les plus importants du Sénégal. Elle accueille des fidèles en provenance d'autres pays africains, notamment la Gambie, la Mauritanie, le Nigéria, le Niger, le Mali, le Tchad et le Burkina Faso, ainsi que d'Europe et d'Amérique. Cette Tijâniyya Niassène, fortement liée à Fez et à Kano, se distingue par une ouverture moderniste (l'éducation des femmes, la création d'écoles) et le souci plus général de l'instruction, aussi bien scientifique qu'initiatique (Kane 1997).

La Tijâniyya comporte deux grandes branches, à savoir les onze grains[9] et les douze grains. Les douze grains sont nés à partir d'un événement qui a eu lieu à l'époque même du Cheikh Ahmad al-Tijânî. Selon l'entretien réalisé auprès de l'ambassadeur de la Faydha au Burkina Faso[10] : « Le cheikh est arrivé en retard alors que ses disciples récitaient la onzième fois le wird, la djawharatoul kamal (la perle de la perfection) ; ces derniers décidèrent de réciter une douzième fois pour honorer le cheikh. »

À partir de cet instant est née la branche des douze grains. La branche *Niassène* appelée « *Faydhatou Tidjâniyya* » est une sous-branche des « douze grains ».

NAISSANCE ET ÉVOLUTION DE LA *FAYDHA* AU BURKINA FASO ET À OUAGADOUGOU

Selon notre interlocuteur, l'ambassadeur de la Faydha à Ouagadougou, l'histoire de la branche Niassène de la Faydha au Burkina Faso est directement liée à celle du Sénégal, dans la mesure où les premiers pionniers burkinabè ont été initiés par le maître fondateur sénégalais ou par ses disciples.

Selon les entretiens[11], le cheikh Ibrahim Niasse se considère comme le « successeur légitime » de Ahmad Tidjâne. Avant le cheikh Ibrahim Niasse, pour atteindre la connaissance parfaite de Dieu, le *soufi* devait se retirer de la société et mener une vie d'ascète. Mais avec le cheikh Niasse, les adeptes n'ont plus besoin de s'isoler. Il suffit de suivre une initiation auprès de lui pour atteindre la perfection. Ainsi, il permit à un nombre important d'adeptes d'atteindre ce but, d'où le terme Faydha.

La Faydha signifie en arabe « l'abondance » ; en d'autres termes, c'est la *tarîqa* (voie) qui permet à une grande masse d'adeptes d'atteindre la perfection tout en vivant dans la société. Par conséquent, le cheikh est considéré comme un grand réformateur et innovateur dans la confrérie de la Tijâniyya.

La Faydha[12] est arrivée au Burkina Faso par l'intermédiaire du cheikh Youssouf Tall dit Abdoul Fath Wa Nadjah. D'après un des talibés interrogés à Ouagadougou, Tall effectua un pèlerinage à La Mecque en 1949 où il aurait rencontré le cheikh Niasse. Cette rencontre permit à ces deux hommes de se connaître et de nouer des relations. Dès son retour du pèlerinage, Tall alla postuler auprès du cheikh fondateur à Kaolack en 1950 afin de pouvoir suivre son enseignement. Ce dernier le recommanda auprès d'un de ses disciples installés à Ségou (Mali), nommé cheikh Mohammad Mahi Haïdara. C'est ce dernier qui initia le cheikh Tall au cours de la même année (1950). Celui-ci, de retour du Mali, s'installa à Todjame (Titao), dans la région du nord du Burkina Faso, et commença à enseigner la *tarîqa*. Ainsi, pour les disciples du cheikh Tall, Todjame est devenu de nos jours un lieu de pèlerinage où nombre de pèlerins affluent lors de la célébration du Maouloud.

D'autres pionniers de la *tarîqa* au Burkina Faso se sont initiés personnellement, dans les années 1960, auprès de maîtres maliens et ghanéens, tous disciples du grand maître cheikh Niasse. Il s'agit du cheikh Sawadogo Yacouba de Ouahigouya, Ouédraogo Issa de Gnagné, Ouédraogo Aboubacar de Bourougnagné et Sana Abdou Rahmane de Sambloyssé de Kaya. Tous ont significativement contribué à la diffusion de la *tarîqa*, mais Tall Youssouf reste le plus ancien connu.

Quoique ne résidant pas en permanence à Ouagadougou, tous les cheikhs burkinabè de la branche Niassène évoqués plus haut y avaient des bases depuis leurs initiations. Le cheikh Tall venait régulièrement au quartier Zangouettin (centre-ville de Ouagadougou) où il avait des adeptes, dont un ex-fonctionnaire de la Communauté économique de l'Afrique de l'Ouest (actuelle Union économique et monétaire ouest africaine) qui a entraîné beaucoup d'adhésions parmi ses collègues.

Le cheikh Sawadogo Yacouba de Ouahigouya passait régulièrement à Ouagadougou où il prêchait à la radio nationale. Par ce biais, il réussit à initier de nouveaux adhérents à la *tarîqa*.

Le cheikh Abdou Rahmane Sana venait également prêcher à Ouagadougou et en Côte d'Ivoire où il forma beaucoup de disciples.

Par conséquent, il est possible d'affirmer que la branche Niassène est entrée au Burkina Faso par les régions du Nord et du Centre-Nord en 1950, pour ensuite atteindre la capitale, Ouagadougou, surtout par le quartier Zangouettin. La Faydha à Ouagadougou est toujours en cours de construction d'une structure unificatrice, qui serait une référence pour tous les talibés des 12 grains. Ainsi, elle ne dispose pas d'un siège formel, à l'image des autres associations islamiques du pays.

LA *TARÎQA* À OUAGADOUGOU : UNE ORGANISATION PAS COMME LES AUTRES

Il existe dans le monde plusieurs centres indépendants de la Tijâniyya, notamment trois au Mahgreb. Il s'agit de ceux de Fez (Maroc), où se trouve le tombeau du fondateur, de Aïn Mâdî (Algérie), le fief des héritiers directs du fondateur, et celui d'un grand disciple à Tamasîn (Algérie).

La Faydha connaît également plusieurs centres indépendants en Afrique, et au Burkina Faso, tels que Todjame, Ouahigouya, Kaya ou Ouagadougou. Au Burkina Faso, il existe de nombreuses associations islamiques[13] regroupées au sein de la Fédération des Associations Islamiques du Burkina (FAIB), dont le siège se trouve à Ouagadougou. La branche Niassène de la confrérie est représentée au sein de la FAIB par le groupe (association) *Ahloul Faydhatou Tidjâniyya*. Cette association compte des adeptes dans presque tous les chefs-lieux de provinces.

Ahloul Faydhatou Tidjâniyya a été créée sur proposition de Hassane Cissé, fils de la fille aînée du cheikh Ibrahim Niasse. L'ambassadeur de la *tarîqa* à Ouagadougou, Hamadou Sawadogo a intégré le mouvement en 1990 par l'intermédiaire de Ahmad Sana, talibé de Sambloyssé. Une fois dans la *tarîqa*, il a noué des relations avec la branche mère de Kaolack, où il lia une amitié avec Hassane Cissé et son frère Tidjane Cissé (actuel imam de Kaolack). Après plusieurs visites à Kaolack, Hamadou Sawadogo invita Hassane Cissé en 1999 à Ouagadougou pour une prière de demande de paix et de quiétude, alors que le pays traversait une période de troubles sociaux à la suite de l'assassinat du journaliste d'investigation Norbert Zongo. À cette époque, Ouagadougou comptait déjà beaucoup de talibés des 12 grains. Hassane Cissé fut accueilli par d'éminentes personnalités religieuses telles que Oumarou Kanazoé (ex-président de la communauté musulmane du Burkina) et

Cheikh Aboubacar Doucouré (premier responsable *Tidjâne* de *Al Itihad al Islami*). Il fit une tournée dans les différentes bases de la confrérie. Sa première sortie hors de la capitale fut à Sambloyssé, où il inaugura une mosquée avant de visiter ensuite Kaya. Il passa également au Yatenga, où il rencontra des talibés à Ouahigouya et à Todjame. Lors de son séjour, il fut également reçu par des personnalités politiques telles que Kadré D. Ouédraogo (ex-premier ministre) et Salif Diallo (ex-ministre).

Le séjour de cheikh Hassane Cissé fut marqué par une grande mobilisation des talibés des 12 grains et d'autres musulmans, malgré un sérieux problème d'organisation[14]. C'est lors de cette visite qu'il suggéra de créer une association pour coordonner les activités. La tâche fut confiée à Hamadou Sawadogo. Selon les propos de ce dernier : « Après le départ du cheikh, j'ai convoqué une rencontre entre les talibés des 12 grains de la Tijâniyya au Burkina Faso, qui déboucha sur la création officielle de l'association Ahloul Faydhatou Tidjâniyya en 2000. »

Il poursuit en ces termes :

> « Quoique je ne sois pas érudit, l'assemblée m'a désigné à l'unanimité comme coordonnateur de l'association, avec pour président Imam Bangré Seydou. Après la mort du président en 2008, j'ai été nommé ambassadeur de la tarîqa au Burkina Faso par les responsables de la zawiya mère de Kaolack. »

15. La Zawiya Niassène de Zogona (Ouagadougou). Crédit photo: Sigué, juillet 2019.

Faute de siège, les rencontres à Ouagadougou se tiennent chez l'ambassadeur de la *tarîqa* dans sa résidence à la Zone du Bois et souvent dans la *zawiya* (lieu central d'une confrérie) de Zogona (photo 15).

16. Éécole primaire de la Faydha. Crédit photo: Sigué, juillet 2019.

17. La mosquée de la Faydha au secteur 44 de Ouagadougou. Crédit photo: Sigué, mai 2019.

Toujours selon Monsieur Sawadogo, il existe un projet d'aménagement en cours du siège de la *Faydha* burkinabè à la Trame d'accueil de Ouaga 2000.

Carte 7.1 : Les principales zawiyas de la Faydhatou Tidjaniyya à Ouagadougou

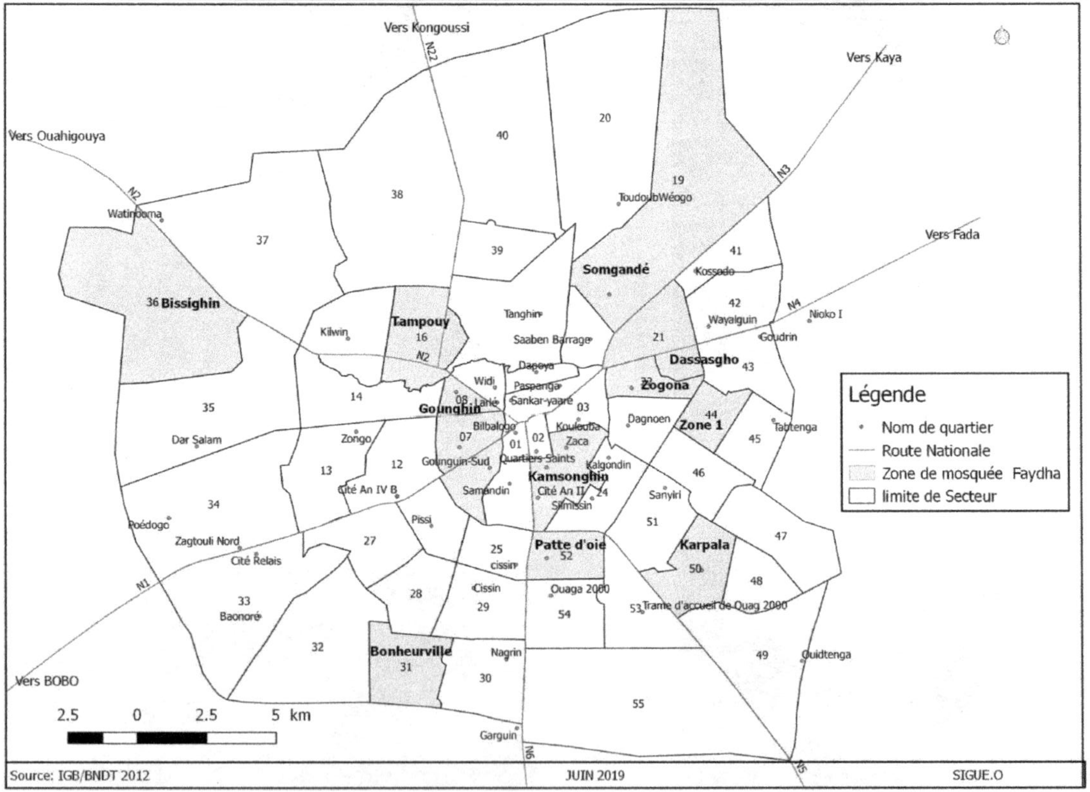

Légende

- Nom de quartier
- Route Nationale
- Zone de mosquée Faydha
- limite de Secteur

2.5   0   2.5   5 km

Source: IGB/BNDT 2012

JUIN 2019

SIGUE.O

La *tarîqa* dispose également d'une école primaire jumelée à une *zawiya* à la Zone 1 au secteur 44 de Ouagadougou.

À l'instar des autres associations islamiques disposant de leurs propres mosquées disséminées dans les différents quartiers à Ouagadougou, les Niassènes ouagalais détiennent leurs *zawiyas* dans les quartiers Hamdallaye, Kamsonghin, Zogona, Somgandé, Tampouy, Bissighin, Karpala, Bonheurville, Patte d'Oie, Dassasgho, Gounghin et à la Zone 1, comme l'indique la carte 7.1.

La carte 7.1 a été réalisée à partir des entretiens effectués auprès de l'ambassadeur de la Faydha à Ouagadougou. Elle montre les principales mosquées appartenant aux talibés des douze grains. Elles servent de lieu pour les cinq prières quotidiennes en islam et pour les *zikrs*[15] spécifiques de la Faydha.

Par ailleurs, la Faydha burkinabè apparaît comme une confrérie répartie entre plusieurs familles établies dans diverses localités. Cette apparence de dispersion ne doit cependant pas masquer le sentiment d'unité et de solidarité qui anime toutes les branches de la Tijâniyya (Mané 2012). Ce sentiment entre les adeptes les a poussés à créer leur association au Burkina Faso. Les talibés effectuent assez régulièrement des visites à Kaolack, mais la plus grande occasion de rassemblement signalée est constituée par les invitations mutuelles à prendre part à la célébration de Maouloud qui permettent aux fidèles de la confrérie de communier.

Selon les estimations de l'ambassadeur de la Faydha à Ouagadougou, les adeptes de la confrérie se comptent par milliers à Ouagadougou et auraient dépassé le million à l'échelle du pays. Mais faute de recensement, il est incapable de fournir des chiffres exactes. Cette assertion se vérifie chez les transporteurs qui sont nombreux à avoir décoré leurs véhicules avec le portrait du cheikh fondateur Ibrahim Niasse.

LA FAYDHA ET LE PORTRAIT DU CHEIKH NIASSE DANS LES TRANSPORTS

L'un des indicateurs majeurs de la présence de la Faydha à Ouagadougou est le portrait du cheikh Ibrahim Niasse peint sur les véhicules de transport. Les enquêtes réalisées auprès des chauffeurs montrent une présence relativement importante des Niassène à Ouagadougou, quand on sait que l'on trouve une multitude de confessions religieuses dans le pays. À l'intérieur d'une même confession religieuse se trouvent plusieurs associations et plusieurs courants. La présence de la Faydha se matérialise essentiellement par la présence du portrait ou de la photo du cheikh, aussi bien sur les véhicules de transport de marchandises que sur ceux des voyageurs, comme le montrent les images suivantes.

18. Portrait du cheikh Niasse sur un car à la gare routière à destination de Kongoussi (Ouagadougou). Crédit photo: Sigué, juin 2019.

19. Photo du cheikh Niasse sur un véhicule poids lourd à la gare de contrôle douanier Ouagarinter (Ouagadougou). Crédit photo: Sigué, juin 2019.

Les comptages réalisés dans différents sites montrent que le portrait du cheikh est fréquent sur les véhicules de transport de voyageurs, comme l'indique le Tableau 7.2.

Tableau 7.2 : Résultats du comptage du portrait du cheikh Niasse sur les véhicules de transport en commun à Ouagadougou

Types de véhicule	Effectifs	Véhicules peints	Pourcentage
Poids lourds	200	11	5,5 %
Taxis	200	3	1,5 %
Bus/ minibus	100	11	11 %
Total	500	25	5,00 %

Source : O. Sigué, comptage effectué en mai 2019.

Selon notre échantillon de véhicules comptés à Ouagadougou, il ressort qu'en moyenne 5 % des véhicules portent le portrait du cheikh Niasse. Les bus et les minibus affichent un taux de 11 %, contre 5,5 % et 1,5 % pour les véhicules poids ,lourds et les taxis artisanaux. Ce taux moyen de 5 % pour la Faydha paraît important, dans un contexte où il existe plus de 200 associations islamiques membres de la Fédération des Associations Islamiques du Burkina (FAIB). Mais ce chiffre est à prendre avec beaucoup de réserve, car les entretiens ont montré que certains transporteurs ou chauffeurs qui arborent le portrait du Cheikh sur leurs véhicules ne sont pas forcément de la confrérie, mais estiment que cela porte chance.

20. Photo du cheikh Niasse sur un minicar à la gare de Kaya (Ouagadougou). Crédit photo: Sigué, juin 2019.

Concernant l'accueil des migrants au niveau des transporteurs, les réponses des passagers interrogés sont mitigées. La tendance est que les migrants n'optent pas pour un véhicule en tenant compte du portrait du cheikh Niasse, parce qu'ils n'ont pas souvent le choix. Mais de nombreux interlocuteurs chauffeurs de véhicule de transport nous ont affirmé avoir reçu des félicitations de la part de passagers pour avoir affiché le portrait du cheikh Niasse sur leurs véhicules.

Les entretiens approfondis auprès des responsables de la Faydha à Ouagadougou, comme auprès des chauffeurs, montrent des avis controversés quant à la signification du portrait du cheikh Niasse. Pour l'ambassadeur, ce portrait sur les véhicules est une façon pour les transporteurs et les chauffeurs de manifester leur allégeance à la confrérie. Mais il ajoute : « certains des adeptes sont allés jusqu'à croire que le portrait est une protection. ».

Certains mettent le portrait du cheikh pour le vénérer. Selon les propos d'un des talibés interrogés : « On peint le portrait par amour, mais c'est très bien de le faire. La présence de la photo du cheikh produit beaucoup de merveilles. Quand tu aimes la photo, cela t'attire du bonheur et le contraire provoque un malheur, car le cheikh est un wali (allié de Dieu). »

Il cite une anecdote : « À Bittou en 2009, une femme enceinte avait percé les yeux du cheikh sur le portrait et à son accouchement, des aiguilles sont sorties des yeux de son bébé. »

Par conséquent : « Le portrait du cheikh sur les véhicules de transport permet d'éviter des malheurs en route (accidents), si vraiment on vénère le cheikh. »

Un des taximans enquêtés qui n'avait pas peint son véhicule affirme ceci : « Je suis de la Faydha et elle signifie connaître Dieu à travers le cheikh. Je suis né dans la Faydha, mais je n'ai pas peint mon véhicule car je n'aime pas les photos. »

Cette affirmation signifie que certains talibés n'affichent pas leur identité religieuse par les images. Dans ce même ordre d'idée, un chauffeur de minibus déclare :

> « Je suis musulman mais pas de la Faydha. J'ai collé la photo du cheikh parce que je l'aime, mais non pas pour une croyance quelconque. J'ai préféré coller cette photo, car elle vaut mieux que celles des artistes ou des footballeurs. »

Certains musulmans chauffeurs non-membres de la Faydha affichent une certaine adhésion vis-à-vis du cheikh Niasse, comme l'attestent les propos d'un chauffeur de car à la gare de Kongoussi :

> « Je ne suis pas de la Faydha, c'est le patron qui a peint le portrait sur le car. Mais je pense qu'il porte bonheur. Depuis que je conduis ce véhicule

avec le portrait, je n'ai pas eu d'accident. Le cheikh est un grand homme de Dieu, donc son image attire des bénédictions. »

Somme toute, la présence assez visible de l'image du leader de la Faydha dans le secteur des transports en commun à Ouagadougou traduit une adhésion à sa voie et une quête d'affirmation sociale qui pourraient se renforcer si les talibés font preuve de plus de dynamisme. La Faydha s'est propagée à Ouagadougou grâce à la mobilité permanente des migrants de retour et aujourd'hui encore, l'on observe d'importants mouvements de talibés vers le siège de la confrérie à Kaolack.

MOBILITÉ DES MEMBRES DE LA *FAYDHA* ET ACCUEIL DES MIGRANTS À OUAGADOUGOU

La pérégrination des hommes saints est une habitude soufie ancienne, comme elle l'est dans d'autres religions où les cheikhs, ou guides spirituels, partaient convertir et conquérir de nouveaux territoires. Les religions se sont toujours organisées pour être proches de leurs fidèles ; les hommes saints circulent à la rencontre des fidèles et *vice versa*. Les cheikhs partaient à la recherche d'un savoir, de connaissances sur le monde et se rendaient parfois dans des *zawiyas* (lieu central d'une confrérie) afin de questionner les maîtres soufis (Bava 2003). Cette situation trouve une illustration parfaite dans le cas du Burkina Faso où les mobilités permanentes des cheikhs Tijânis initiés ont permis d'implanter le mouvement à Ouagadougou à partir des régions du Nord et du Centre-Nord. Ainsi, le mouvement a été dynamisé par des migrants de retour et son expansion à Ouagadougou après les premières migrations du Nord est renforcée par une mobilité permanente de fidèles trouvant facilement le gîte et le couvert auprès de leurs coreligionnaires.

Des mobilités s'effectuent de façon saisonnière chaque année, à l'occasion de la célébration du Maouloud. Une importante délégation de talibés effectue le pèlerinage à partir de Ouagadougou et d'autres localités du Burkina Faso vers Kaolack, sur invitation des premiers responsables[16]. Ces mobilités sont organisées par l'ambassadeur sous forme de convoi. D'après un des talibés interrogés à Ouagadougou :

> « Chaque année, à l'approche du Maouloud, nous nous organisons pour y participer à Kaolack [au Sénégal]. Nous sollicitons des transporteurs privés qui ne sont pas de la tarîqa. Mais pour cette année 2020, un des nôtres vient de créer sa compagnie de transport et nous avons l'intention de le solliciter pour nous rendre à Kaolack. »

À cette occasion, les pèlerins y séjournent pendant dix jours où ils sont hébergés et nourris par les responsables de la mosquée de Kaolack. Lorsqu'un migrant reconnu ou recommandé du mouvement arrive à

Ouagadougou, quel que soit son pays d'origine, il est hébergé chez l'ambassadeur ou l'un des talibés.

CONCLUSION

La Faydhatou Tijâniyya a vu le jour au Sénégal et est arrivée au Burkina Faso dans les années 1950 à partir de Todjame, Sambloyssé, Kaya et Ouahigouya. Le mouvement s'est répandu très tôt dans la capitale Ouagadougou grâce aux mobilités des premiers cheikhs venant des localités évoquées ci-dessus, à la recherche de talibés comme cela est de coutume dans la tradition soufie. Grâce aux visites répétées, ces derniers réussirent à initier un nombre important de talibés aussi bien parmi les intellectuels que parmi les hommes d'affaires et les commerçants. Aujourd'hui la présence des talibés de la Faydha s'observe dans tous les secteurs d'activité, notamment parmi les transporteurs, à travers la photo du cheikh Ibrahim Niasse sur des véhicules de transport. Les uns estiment que l'image du cheikh joue un rôle protecteur pour les véhicules et les autres l'affichent par vénération pour ce dernier. Il est également important de souligner que tous ceux qui affichent la photo du cheikh ne sont pas forcément de la Faydha, alors que certains talibés n'ont pas peint leurs véhicules en son image.

Les talibés sont rassemblés autour de familles spirituelles (cheikhs) dans les *zawiyas* (lieu central d'une confrérie) à Ouagadougou, et chacune d'elles évolue indépendamment des autres. Les *zawiyas* se constituent en effet en fonction des cheikhs qui les initient. Ainsi, chaque talibé évolue sous la direction de son maître. Depuis l'an 2000, les talibés de la Faydha à Ouagadougou ont formé une association dénommée Faydatou Tijâniyya qui est membre de la Fédération des Associations Islamiques du Burkina (FAIB). Elle se veut une structure regroupant tous les membres de la Tijâniyya des douze grains du Burkina Faso. Elle se trouve aujourd'hui sous la coordination d'El Hadj Sawadogo Hamadou, nommé ambassadeur par le siège de Kaolack et confirmé par les talibés du Burkina Faso. L'association est toujours en quête d'un siège définitif pour ses activités.

Par conséquent, la Faydhatou Tijâniyya peut être qualifiée de mouvement en construction au Burkina Faso, tout en restant rattachée à sa source du Sénégal. Des talibés burkinabè effectuent des visites assez régulièrement à Kaolack dans l'optique de rechercher la *baraka* (bénédiction du cheikh). Mais la plus grande occasion de démonstration de la « force » de cette confrérie demeure la célébration de la naissance du Prophète de l'islam, où des milliers de pèlerins effectuent le déplacement à Kaolack.

À l'opposé des *Mourides* qui sont très visibles et influencent la vie sociale, politique et économique au Sénégal, les *Niassènes* burkinabè sont moins visibles. Cependant, le secteur des transports, semble être pour eux un facteur d'unification dans une phase de quête de présence sociale plus importante. Les mobilités permanentes vers Kaolack pourraient être à l'origine de la création de services de transport par des talibés dans cette quête permanente d'affirmation sociale et économique au sein du mouvement.

NOTES

1. Le *soufisme* est un terme dont l'étymologie est complexe. Selon Dassetto F. et Laurent P. J. (2006), il évoque l'idée de pureté (*safw*). Il peut faire référence aussi bien aux dévots qui vivaient dans la mosquée au temps du Prophète (*ahl al Soufa*, les « gens du banc ») qu'à la robe de laine (*al souf*) portée par ces mystiques en signe de pauvreté. Le soufisme désigne le mysticisme musulman en général.

2. Le « mouvement sunnite » est en effet le nom de l'association regroupant les musulmans du courant wahhabite, alors que la majorité des musulmans burkinabè sont dans les faits sunnites.

3. *Zawiya* peut être définie à la suite de Dassetto, Laurent et Ouédraogo comme un : « bâtiment ou ensemble de bâtiments qui est le lieu central d'une confrérie. Il abrite la maison du Cheikh, la ou les tombeaux des prédécesseurs et la mosquée centrale. C'est un lieu qui a une dimension sacrée, d'où émane une baraka. » (Dassetto, Laurent et Ouédraogo 2013 : 262).

4. Le terme est généralement traduit par confrérie en français, mais il peut être traduit littéralement par « voie ». (Dassetto, Laurent et Ouédraogo 2013 : 261).

5. Le nombre réduit de voyageurs interviewés est dû au fait qu'avec le contexte actuel du Burkina Faso marqué par l'insécurité, il est compliqué d'avoir accès à des interlocuteurs acceptant d'aborder les thèmes de cette recherche.

6. D'après J.L. Triaud, une confrérie peut se définir en islam comme : « un réseau de fidèles réunis autour d'une figure sainte, ancienne ou récente, autour de son lignage et de ses disciples. Cette figure charismatique, dont le tombeau devient lieu de pèlerinage, est réputée détenir et transmettre la baraka, une "bénédiction" d'origine divine qui confère à son détenteur, et à ses successeurs, des pouvoirs particuliers de protection, de clairvoyance, de guérison, etc. » (Triaud 2010 : 831).

7. Son mausolée y est de nos jours encore un lieu de pèlerinage.

8. Le mot « gamou » en wolof veut dire commémoration, événement, rassemblement. Le Gamou est un grand pèlerinage annuel organisé à Tivaouane par la confrérie Tijâniyya au Sénégal à l'occasion de la célébration du Maouloud.

9. D'après Dassetto et Laurent (2006), le Cheikh Hamallah est le fondateur de la Tijâniyya des « onze grains » à partir de 1920. Les « onze grains » signifient la récitation à onze reprises dans le dhikr de la litanie dite la « perle de la perfection » (Jawarat al kamâl). Cheikh Hamallah entend se distinguer du courant classique de la Tijâniyya qui récite cette litanie douze fois. En privilégiant le chiffre 11, symbole de la pure spiritualité, de la

communion avec Dieu, à la différence du chiffre 12, symbole de l'engagement temporel, cette variante entend signifier la nécessité de spiritualiser
la voie de la Tijâniyya et d'éviter tout engagement terrestre de celle-ci. De
manière implicite, cette approche suppose une prise de distance à l'égard
du colonisateur ainsi qu'une forme de résistance.

10. Entretien réalisé le 17 juin 2019 auprès d'El Hadj Hamadou Sawadogo,
ambassadeur de la Faydha au Burkina Faso.
11. Entretien réalisé auprès d'un des talibés de la Faydha à Ouagadougou, le
20 mai 2019.
12. *Idem.*
13. On peut citer, parmi les principales, la Communauté Musulmane du Burkina
Faso (CMBF), le Mouvement Sunnite du Burkina (MS), l'Association des
Élèves et Étudiants Musulmans au Burkina (AEEMB), le Cercle d'Étude, de
Recherche et de Formation Islamique (CERFI), Al Itihad al Islami et près
de 200 autres associations islamiques, dont la Faydhatou Tijâniyya.
14. L'affluence des talibés était si forte que les bousculades ont provoqué une
blessure sérieuse au cheick Hassane Cissé.
15. Le *dhikr ou zikr* est un ensemble de prières récitées en privé ou collective-
ment sous la forme de litanies.
16. Notre interlocuteur, un des talibés, estime que ces pèlerins se comptent par
centaines, mais ne dispose de chiffre précis.

BIBLIOGRAPHIE

Bava, S., 2003, « Les Cheikhs mourides itinérants et l'espace de la ziyâra
à Marseille », *Anthropologie et Sociétés*, 27 (1), 149–166. https://doi.
org/10.7202/007006ar
Dassetto, F., et Pierre-Joseph, L., 2006, « Ramatoullaye : une confrérie musulmane
en transition », *Recherches sociologiques et anthropologiques*, 37–2, pp 51–62.
Dassetto, F., Pierre-Joseph Laurent, et Tasséré Ouédraogo, 2013, *Un islam
confrérique au Burkina Faso. Actualité et mémoire d'une branche de la Tijâniyya*,
Paris, Karthala.
Gray, C., 1999, « The Rise of the Niassene Tijaniyya, 1875 to the Present »,
in Kane, Ousmane et Jean-Louis Triaud (dir.), *Islam et islamismes au sud du
Sahara*, Paris, Karthala, pp. 59–82.
INSD, 2009, Analyse des résultats définitifs : évaluation de la qualité des
données, Ouagadougou, Burkina Faso : Institut National de la Statistique et
de la Démographie, Ministère de l'économie et des finances, 100 p.
Kane, O., 1997, « Shaikh al-Islam Al-Hajj Ibrahim Niasse », in David Robinson
et Jean-Louis Triaud (dir.), *Le temps des marabouts. Itinéraires et stratégies
islamiques en Afrique occidentale française v. 1880–1960*, Paris, Karthala,
pp. 299–316.
Kane, O., 2000, « Muhammad Niasse (1881–1956) et sa réplique contre le
pamphlet anti-tijânî de Ibn Mayaba », *in* Triaud, Jean-Louis, et David Robinson
(dir.), *La Tijâniyya. Une confrérie musulmane à la conquête de l'Afrique de
l'Ouest*, Paris, Karthala, pp. 219–236.
Soares, B., 2000, « Notes on Tijaniyya Hamawiyya in Nioro du Sahel after the
second exile of its shaykh », *in* Triaud Jean-Louis, Robinson David (dir.), *La
Tijâniyya. Une confrérie musulmane à la conquête de l'Afrique*, Paris, Karthala,
pp. 357–366.

Samson, F., 2012, « Les classifications en islam » in Samson Fabienne (dir.), *L'islam au-delà des catégories*, *Cahiers d'études africaines*, n° 206–207, Éd. EHESS, Paris, pp. 329–349.

Sigué, O., 2015, Le transport international de marchandises au Burkina Faso : enjeux et perspectives, Thèse de doctorat unique en géographie, Université de Ouagadougou, 338 p.

Mané, M., 2012, « Les valeurs culturelles des confréries musulmanes au Sénégal », Recherche bibliographique, état des lieux des documents historiques, lieux de mémoire, étude et réflexion analytique, UNESCO, Dakar, 60 p.

Triaud, J.-L., 2000, « La Tijâniyya, une confrérie musulmane pas comme les autres ? », *in* Triaud Jean-Louis, Robinson David (dir.), *La Tijâniyya. Une confrérie musulmane à la conquête de l'Afrique*, Paris, Karthala, pp. 9–17.

Triaud, J.-L., 2010, « La Tijaniyya, une confrérie musulmane transnationale », Institut français des relations internationales, *Politique étrangère*, pp 831–842. https://www.cairn.info/revue-politique-etrangere-2010-4-page-831.htm

Triaud, J.-L., Robinson, D. (dir.), 2000, *La Tijâniyya. Une confrérie musulmane à la conquête de l'Afrique*, Paris, Karthala.

8.

LA MOBILITÉ THÉRAPEUTIQUE
VERS LE CENTRE MÉDICAL AHMADIYYA
À OUAGADOUGOU (BURKINA FASO).
DÉTERMINANTS RELIGIEUX OU SANITAIRES ?

Aude Nikiema, Aïssa Diallo
& Katrin Langewiesche

Au Burkina Faso, les acteurs religieux se sont impliqués dans les soins biomédicaux dès la colonisation. Depuis lors, les établissements sanitaires confessionnels, d'abord chrétiens et ensuite musulmans, sont devenus une partie constituante de l'organisation de la santé de ce pays. Comme ailleurs en Afrique de l'Ouest, l'État comble les lacunes de son système de soins en intégrant l'activité des intervenants religieux, afin d'assurer à la population des services de santé de proximité et de qualité. L'originalité du Burkina Faso se manifeste dans le fait que, dans un pays à majorité musulmane, les plus grands établissements sanitaires confessionnels sont des institutions chrétiennes. Elles accompagnent ainsi l'État dans la politique de soins qui leur confère la responsabilité de districts sanitaires. Coexistence et mixité, cette aberration pour tout intégrisme, s'avèrent être une réalité burkinabè – au moins dans le domaine de la santé.

Si les enjeux des interventions sanitaires des communautés religieuses se situent sur un terrain à la fois religieux, sanitaire et politique (Langewiesche 2011a), les populations leur associent souvent un label de qualité en matière de soins dispensés (Gruénais 2004). En effet, les politiques de santé ont conduit à une lente paupérisation des formations sanitaires publiques : « Le résultat étant à l'instauration de facto d'une médecine à deux vitesses, juxtaposant une médecine privée payante de bonne qualité et réservée aux riches, et des soins gratuits, mais de qualité inférieure, pour les populations les plus pauvres. » (Jacquemot 2020 : 7)

Dans ce contexte, la réputation des structures de soins confessionnelles contribue à assurer leur forte attraction. Implantées dans les villes, elles sont à l'origine de la mobilité de patients qui trouvent difficilement réponse à leurs besoins dans le système public ou au sein du secteur privé à but lucratif, trop cher pour la majorité de la population.

Aujourd'hui, tous les courants chrétiens et musulmans présents au Burkina Faso s'engagent dans le domaine de la santé. Un des centres musulmans importants est le Centre médical Ahmadiyya situé à Ouagadougou. Bien que la communauté Ahmadiyya soit exclue de l'Oumma, elle se désigne elle-même comme musulmane[1]. Son centre médical a longtemps été caractérisé par une forte attraction de populations venues de provinces très éloignées de la capitale du Burkina Faso. À tel point que la nouvelle équipe soignante, fonctionnelle depuis 2016, s'est interrogée sur l'origine et les raisons d'une telle mobilité pour les soins. La question posée est de savoir si la mobilité liée aux soins repose uniquement sur des critères sanitaires, ou si les motifs de choix du lieu de soins sont également religieux ? Plus largement, la mobilité pour motif sanitaire interroge, d'un côté, sur la place des établissements sanitaires confessionnels au sein du système de santé public et, de l'autre, sur le délicat sujet du prosélytisme religieux à travers les soins.

Pour répondre à ces questions, nous proposons, d'abord, de contextualiser le Centre médical Ahmadiyya dans l'offre de soins urbains et confessionnels du Burkina Faso. Cette perspective nous permettra de discuter ensuite de la mobilité des consultants et de leurs motivations.

MÉTHODOLOGIE ET APPROCHES THÉORIQUES

L'argumentation de ce chapitre est basée sur une méthodologie mixte combinant une approche quantitative et qualitative. Les données ont été collectées pour les besoins d'un mémoire de master SIG Agedd soutenu à l'Université Pr Joseph Ki-Zerbo[2]. L'approche quantitative a été privilégiée pour évaluer la fréquentation du Centre médical Ahmadiyya de Ouagadougou, grâce au dépouillement des registres de consultation des années 2015 et 2018. Ces dates ont été retenues pour deux raisons : le changement d'équipe médicale en 2016 et la disponibilité des registres, dont beaucoup avaient été perdus avant 2015. Au total, 34 registres de consultations quotidiennes dans 5 unités de soins ont été répertoriés. Les informations recueillies étaient relatives à l'âge, au sexe et à l'origine géographique du patient. Cette collecte a permis de porter un regard géographique sur la pratique de soins.

Les données ont été complétées par une démarche qualitative basée sur des enquêtes par questionnaire et des entretiens semi-directifs menés respectivement auprès des patients et du personnel de santé. Pour répondre à la question sur l'origine éloignée des patients, 131 d'entre eux, en consultation ou hospitalisés pour des raisons diverses, ont été interrogés entre août et novembre 2019. Il s'agit d'un échantillon de patients retenus sur le critère de l'origine géographique : 84 résidents de la capitale ou de ses environs proches et 47 résidents d'une localité éloignée de plus de 30 km. Cette distance repose sur la disponibilité de l'offre de soins de référence, Centre médical avec antenne chirurgicale (CMA) ou Centre hospitalier régional (CHR), dans lesquels les malades devraient se rendre, si on considère que la distance est la première raison du choix du lieu de soins. Les patients ont été interrogés après leur accord matérialisé par la remise d'une fiche de consentement. Enfin, l'étude a fait l'objet d'un accord de la part du comité d'éthique n° 26-2019/CEIRES du 25 août 2019.

D'un point de vue théorique, notre article repose sur une approche qui examine les significations sociales des phénomènes médicaux à plusieurs niveaux de l'organisation sociale, comme le proposent Geest et al. (1990). Il s'agit d'étudier en parallèle, au niveau des individus, la vision des patients de la mobilité sanitaire ; au niveau des institutions, l'organisation et les pratiques de la mobilité sanitaire ; ainsi qu'au niveau des formations internationales et étatiques, les politiques de santé influençant la mobilité sanitaire.

L'hypothèse de Geest et al. énonce que les changements aux différents niveaux du système sanitaire sont liés les uns aux autres et que la nature de ces liens doit être étudiée afin de comprendre précisément ce qui se passe à un niveau spécifique. Tout aussi importantes sont les opinions des individus concernés et les coutumes ou pratiques religieuses qui font progressivement partie du code social des groupes. Les « liens », dont parlent Geest et ses collègues, représentent des formes de communication transmises par les personnes ou par des moyens passant d'un niveau à un autre. Dans cette mobilité des personnes et des ressources, les significations des concepts et des objets, des mots et des institutions changent au fur et à mesure qu'ils passent d'un niveau de l'organisation sociale à un autre et en fonction de la période historique.

La mobilité pour les soins constitue un axe de nos questionnements. Utilisée dans le contexte de la santé, la notion de mobilité peut ainsi concerner les flux de médecins, d'experts et de patients vers les établissements de soins ; dans ce cas on parle de « mobilité thérapeutique » qui peut alors être réalisée sur de plus ou moins longues distances (Picheral 2001 ; Dilger et al. 2012).

La mobilité est un déplacement de courte durée (sans changement de résidence) entre le domicile et le lieu de travail. Ces mobilités diffèrent de la migration en raison de leur durée et de leur vocation qui n'est pas d'investir un nouveau lieu de vie. Dans le contexte burkinabè, la notion de mobilité thérapeutique sur une longue distance est d'autant plus intéressante à étudier parce qu'elle s'inscrit dans un paysage sanitaire construit sur la notion de proximité. La proximité a toujours servi de principe et de référence pour la mesure de la desserte des populations ou dans l'élaboration de politiques d'allocation de ressources sanitaires (Picheral 2001 ; Mullet-Quoy 2009).

À l'échelle du Burkina Faso, l'organisation de l'offre de soins repose sur quatre niveaux. L'échelon de base est constitué par des Centres de santé et de promotion sociale et les cabinets de soins infirmiers (uniquement en ville). Ils réfèrent leurs patients vers les Centres médicaux avec antenne chirurgicale ou les centres médicaux (uniquement en ville). Puis le deuxième niveau de référence est représenté par les Centres régionaux hospitaliers (uniquement dans les villes secondaires) et les cliniques (uniquement en ville) et le troisième niveau par les Centres hospitaliers universitaires ou nationaux présents dans les deux plus grandes villes du pays.

Toutefois, à ce modèle organisationnel bien établi s'opposent les pratiques de soins, puisqu'un individu peut se rendre directement dans un centre hospitalier (Harang-Cissé 2007). Par ailleurs, la proximité, caractéristique des établissements de soins de premier contact, ne constitue pas, en ville, un déterminant dans l'accès aux soins. Des travaux sur le recours aux soins à Ouagadougou montrent qu'il n'existe pas de corrélation entre la proximité du lieu de résidence avec le centre de soins choisi (Develay 1996). De même, au Bénin, seulement 5 % des urbains considèrent l'éloignement d'une structure de soins comme une raison de non-consultation (Doumbouya 2008). Le besoin de se soigner est donc à l'origine de mobilités urbaines et interurbaines.

LA PLACE DU RELIGIEUX DANS L'OFFRE DE SOINS EN MILIEU URBAIN AU BURKINA FASO

Une étude[3] menée par l'IRD, en 2018, a permis de réaliser une cartographie des équipements construits et gérés par des autorités religieuses en milieu urbain (Nikiema et al. 2018). Ainsi, dix villes[4] du Burkina Faso ont fait l'objet d'un géoréférencement des équipements sociaux privés confessionnels (relatifs à la santé, à l'éducation et à l'accès à l'eau potable). Cet état des lieux dans les deux villes principales du pays et huit centres urbains secondaires montre deux phénomènes (Tableau 8.1). Premièrement, l'éducation est le domaine le plus investi par les acteurs confessionnels. Deuxièmement, les catholiques sont les premiers investisseurs dans les villes secondaires, où l'engagement musulman est peu visible, que cela soit au niveau des établissements d'éducation ou sanitaire. Cependant, les tutelles sont réorganisées dans les plus gros pôles urbains, où les musulmans sont particulièrement représentés dans ces deux derniers domaines.

Tableau 8.1 : Nombre d'équipements en santé et en éducation
selon le profil confessionnel et le lieu

Lieux / équipements	Catholiques	Protestants	Musulmans
Villes secondaires / santé	12	6	2
Bobo-Dioulasso / santé	5	3	1
Ouagadougou / santé	7	7	5
Villes secondaires / éducation	49	30	15
Bobo-Dioulasso / éducation	33	48	17
Ouagadougou / éducation	21	81	45

Source : État des lieux du religieux au Burkina Faso, IRD, 2018.

À l'échelle du pays, les résultats de cet état des lieux sont confirmés par des études socio-historiques concernant l'implication des acteurs religieux dans l'équipement sanitaire. Au début du XXe siècle, les missionnaires catholiques, notamment les Pères Blancs, étaient les premiers à introduire une pratique médicale basée sur les avancées de la médecine académique et à créer des dispensaires (Benoist 1996). La tâche des Sœurs Blanches, homologues féminins des Pères Blancs, consistait à les soutenir dans le secteur de la santé, en particulier dans le traitement des femmes et des enfants. Un an après leur arrivée à Ouagadougou, les Sœurs Blanches ont ouvert un service hospitalier, qui existe encore aujourd'hui et qui a temporairement acquis une grande renommée grâce à de nombreuses opérations des yeux et au traitement de la maladie du sommeil. En 1931, les Pères et Sœurs Blancs avaient déjà construit 15 dispensaires de tailles diverses (Langewiesche 2014). Leur action sanitaire s'étend avec l'expansion spatiale des missions et constitue un précieux support sur lequel la christianisation s'appuie (Bouron 2012). Depuis la colonisation jusqu'à aujourd'hui, l'Église catholique a joué un rôle important dans les prestations de soins afin de suppléer les insuffisances des structures publiques de santé (Halpougdou et Langewiesche 2019).

Les différentes Églises évangéliques ont commencé leurs activités médicales à l'époque coloniale, mais ce n'est qu'à la fin des années 1990 que leurs services médicaux se sont développés de manière significative.

Selon les statistiques du Ministère de la santé, 64 % des structures médicales protestantes ont été ouvertes après 1990, essentiellement à Bobo-Dioulasso et à Ouagadougou[5]. Les centres de santé musulmans sont en revanche plus récents. Jusqu'à la fin des années 1980, il n'y avait que trois établissements de santé musulmans dans la capitale. Tous trois se sont développés dans le cadre d'activités religieuses et sociales. La mosquée, l'école coranique et un centre culturel ont d'abord été construits, puis, afin de fournir des soins médicaux adéquats aux étudiants et aux croyants, une petite infirmerie a été créée, et s'est développée au fil des ans pour ouvrir ses portes à toute la population. À la fin des années 1980, deux organisations musulmanes sont devenues particulièrement actives au Burkina Faso : l'Agence Musulmane d'Afrique et le mouvement Ahmadiyya qui disposent aujourd'hui de grands centres médicaux avec antenne chirurgicale à Ouagadougou (Langewiesche 2011b ; Couillard 2016).

La politique de contractualisation, destinée à s'appuyer sur la diversité croissante des acteurs religieux dans le système de santé publique, n'a commencé systématiquement qu'en 2000[6]. Certaines structures de soins confessionnelles sont devenues responsables de l'administration sanitaire d'une zone. Ainsi, des structures catholiques sont incluses dans la pyramide sanitaire publique (Fournet, Meunier-Nikiema et Salem 2008). C'est le cas du district sanitaire Paul VI à Ouagadougou[7]. Outre la libéralisation ayant entraîné l'ouverture du secteur aux privés en 1991 (Programmes d'ajustement structurels PAS), la raréfaction des capacités budgétaires publiques a favorisé le secteur de l'hospitalisation privée, en pleine croissance dans les capitales (Otayek 1997 ; Carin et al. 1998 ; Gobbers et Pichard 2000). Selon Grodos (2002), en l'absence d'un service public développé, les autorités n'ont eu d'autres choix que d'encourager la collaboration avec le privé et les initiatives de contractualisation. Les politiques de santé, et particulièrement l'Initiative de Bamako reposant sur une décentralisation du système et la création de districts sanitaires, ont donc bouleversé la distribution du pouvoir entre acteurs du système de santé (Ridde 2005). Ces choix politiques ont eu pour conséquence l'association des établissements de santé confessionnels à la hiérarchie sanitaire. Ces établissements privés à but non lucratif disposant d'un plateau technique, et en l'absence de structures de soins publiques de niveau équivalent, ont été désignés par les autorités comme structures de référence des districts sanitaires.

L'offre de soins confessionnelle à Ouagadougou s'est développée dans ce contexte. Au cours des années 1990, les accords tacites entre le ministère de la santé et certains hôpitaux confessionnels, commencés pendant la période coloniale, se sont formalisés. Depuis la mise en œuvre du Plan national de développement de la santé 2001–2010, toutes les institutions confessionnelles (catholiques, protestantes et musulmanes) sont liées par des contrats avec le Ministère de la Santé, ou en voie de l'être. Un rapport de la Banque mondiale constatait, en 2012, que les établissements de soins catholiques sont toujours les plus nombreux : 30 établissements parmi lesquels des grandes institutions hospitalières, contre 14 centres protestants et 8 musulmans. Dans ce paysage sanitaire, les formations de confession musulmane, entrées plus tardivement dans le domaine de l'offre de soin biomédical au Burkina Faso, restent rares et principalement présentes dans les deux plus grandes villes. Elles jouissent toutefois d'une bonne renommée (Harang 2007a). En 2018, cinq établissements appartenant à une organisation musulmane étaient répertoriés à Ouagadougou[8]. Il s'agit de dispensaires, mais surtout de centres médicaux où les soins sont fournis par des médecins et donnent accès à des spécialités.

LES AHMADIS ET L'OFFRE DE SOINS

Le Centre médical Ahmadiyya est l'œuvre d'une communauté religieuse controversée. Les membres de cette communauté se considèrent eux-mêmes comme musulmans, mais ne sont pas reconnus en tant que tels par une grande partie des musulmans (Lathan 2008). La raison principale de ceci est le fait qu'ils considèrent leur fondateur, non pas seulement comme un réformateur de l'islam, mais comme le Messie promis et l'Imam Mahdi. Ce point de vue les oppose à la majorité musulmane, en particulier à l'interprétation du dogme qui dit que Mahomet est « le Sceau des Prophètes ». L'Association Islamique Ahmadiyya du Burkina Faso fait partie du mouvement transnational Ahmadiyya apparu à la fin du XIXe siècle en Inde (Gaborieau 2001). Il s'est diffusé à partir de 1910 en Afrique de l'Ouest (Hanson 2017 ; Brégand 2006). Le mouvement Ahmadiyya est un mouvement de missionnaires musulmans. Actif dans le domaine de l'éducation et de la santé liant le savoir religieux à un savoir laïc, Ahmadiyya considère toutes ces activités comme relevant de la da'wa, c'est-à-dire une invitation à rejoindre l'Islam.

Comme les missionnaires chrétiens dont ils se sont inspirés, les missionnaires Ahmadis se sont appuyés, partout en Afrique, sur des institutions éducatives et sanitaires. Au Burkina Faso, l'Association Islamique Ahmadiyya, reconnue officiellement en 1986, a investi le secteur sanitaire depuis 1997, avec la construction d'un centre médical dans la capitale, des camps médicaux dans les villages et des interventions chirurgicales périodiques, comme les opérations de la cataracte, dans plusieurs villes du pays (Cissé & Langewiesche 2019).

La communauté religieuse est secondée dans ces activités par l'ONG Humanity First. Cette organisation humanitaire internationale fondée par le quatrième calife de l'Ahmadiyya n'a en revanche aucune visée mission-naire. Elle aligne ses activités sur la politique publique des pays où elle travaille et dans le cadre juridique de ces pays d'accueil (Langewiesche 2020). L'ONG, comme la communauté musulmane Ahmadiyya, exprime clairement leur volonté de coopérer avec le Ministère de la Santé. En dehors de la médecine allopathique, la communauté Ahmadie s'inves-tit dans l'homéopathie. Elle a formé de nombreux spécialistes dans ce domaine.

Au Burkina Faso, l'Association islamique Ahmadiyya compte environ 35 centres régionaux créés dans les 13 régions du pays. Si seule la mission centrale de Ouagadougou dispose d'un centre médical, chaque centre régional peut demander des camps médicaux dans les villages et proposer des interventions. La carte 8.1 ci-dessous indique que les activités dédiées au développement rural, à l'enseignement, à la santé et aux médias de la communauté Ahmadie et de leurs associations ou ONG sont présentes essentiellement dans les deux grandes villes et les villes secondaires. À partir de ces centres, leur influence se répand dans les zones rurales.

L'organisation hiérarchique permet aux communautés locales de réa-liser des projets qui, sans la contribution de la centrale, dépasseraient leurs moyens. En tant qu'organisations transnationales, l'Ahmadiyya et Humanity First assurent également les échanges de personnel, des ressources financières et du matériel sanitaire entre le Nord et le Sud et à l'échelle de la sous-région. D'autres grands établissements de santé gérés par l'Ahmadiyya existent, par exemple au Bénin et au Ghana.

LES SOINS AU CENTRE MÉDICAL AHMADIYYA, UN FACTEUR DE MOBILITÉ POUR LE PATIENT ?

Le Centre médical Ahmadiyya, situé dans le quartier Somgandé à Ouagadougou, a été créé au début des années 2000. Jusqu'en 2016, il a été dirigé par un médecin Ahmadi, originaire du Pakistan, exerçant avec l'aide de huit personnes. Puis, une nouvelle équipe, dirigée par un médecin burkinabè, est venue le remplacer, mais près des trois quarts du personnel sont restés. En 2018, l'équipe médicale était composée de 38 personnes, dont deux Ahmadis. Ces changements dans l'équipe soignante n'ont pas été sans conséquences.

Au cours des trois dernières années, l'offre de services proposés a été élargie. Ainsi, de nouvelles spécialités sont mises à la disposition des patients (graphique 8.1).

Cette diversification des soins dans le centre médical justifie, sans doute, le nombre croissant de patients, passé de 2 090 en 2015, à 6 712 en 2018 pour atteindre 8 176 personnes les neuf premiers mois

Carte 8.1 : Lieux d'intervention des Ahmadis au Burkina Faso

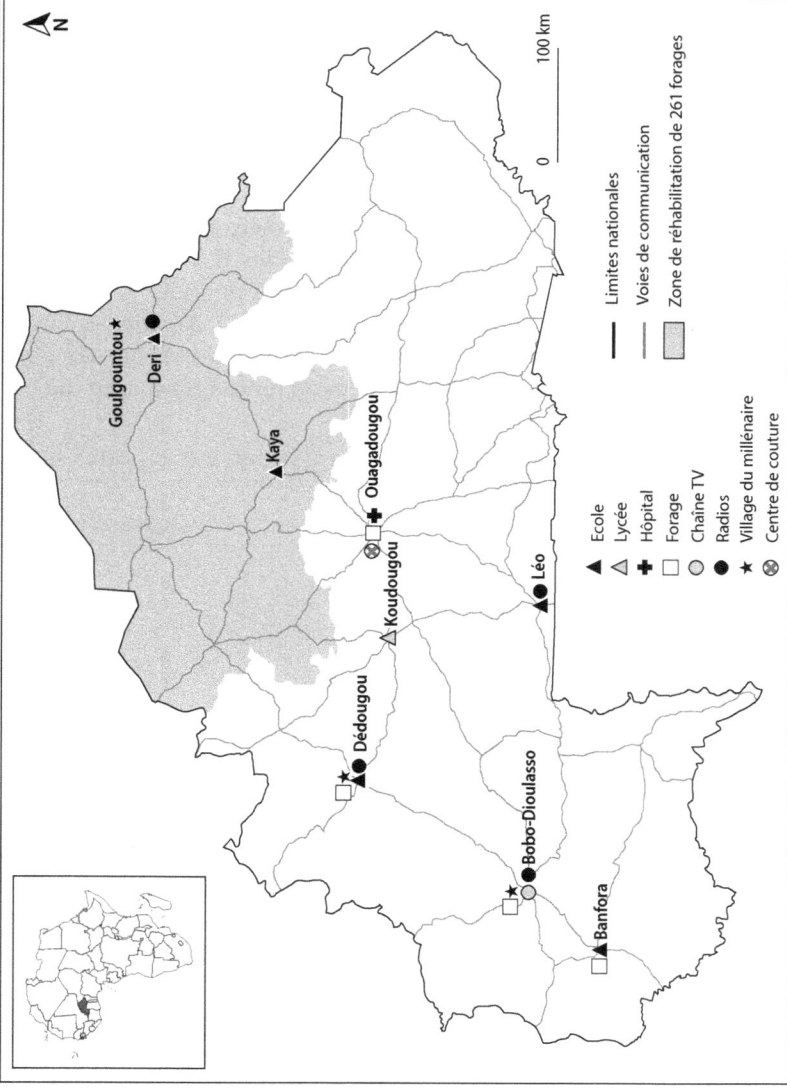

N

Goulgountou ★
Deri ●
Kaya ▲
Ouagadougou
Koudougou ⊗
Léo ●
Dédougou
Bobo-Dioulasso
Banfora ▲

Ecole ▲
Lycée △
Hôpital ✚
Forage □
Chaîne TV ◐
Radios ●
Village du millénaire ★
Centre de couture ⊗

Limites nationales
Voies de communication
Zone de réhabilitation de 261 forages

0   100 km

Graphique 8.1 : Année de mise en place des services de soins

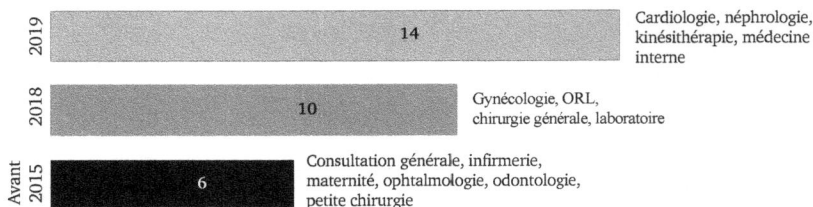

2019 — 14	Cardiologie, néphrologie, kinésithérapie, médecine interne
2018 — 10	Gynécologie, ORL, chirurgie générale, laboratoire
Avant 2015 — 6	Consultation générale, infirmerie, maternité, ophtalmologie, odontologie, petite chirurgie

Source : Enquêtes Aïssa Diallo, 2019.

de l'année 2019. Le nombre d'entrées[9] en consultation générale a été multiplié par 2,7 entre 2015 et 2018, et par 5,2 en ophtalmologie, mais divisé par 7 en chirurgie pour la même période. À la lecture de ces chiffres, il paraît évident que le changement d'équipe soignante a eu un impact considérable. Ce sentiment est renforcé par les données disponibles sur les classes d'âge des consultants (graphique 8.2).

Graphique 8.2 : Répartition par âge des patients en 2015 et 2018

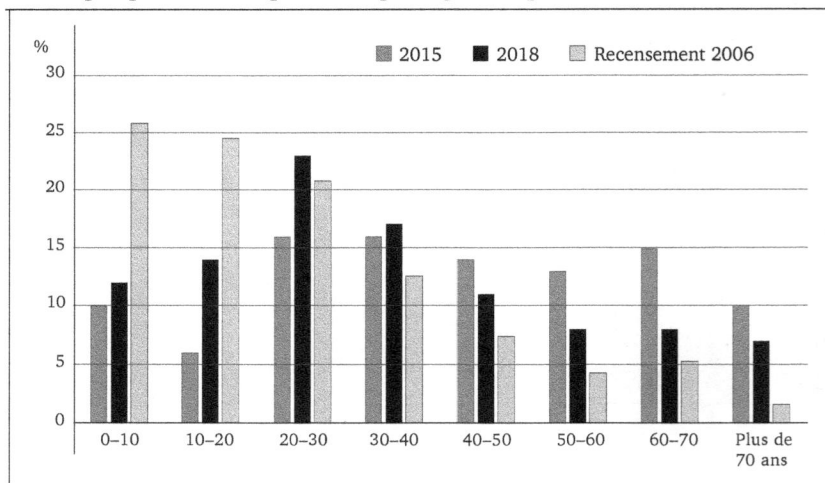

Source : Dépouillement des registres, Aïssa Diallo.

En 2015, les informations livrées par les registres montrent une certaine homogénéité des classes d'âge consultantes. Cette situation n'est pas celle attendue par la pyramide des âges de la capitale. Ainsi, les statistiques délivrées par le dernier recensement démographique de 2006 avancent la répartition suivante : les moins de 20 ans représentent 50,3 % ; les plus de 70 ans 1,6 %[10] (INSD 2009). La fréquentation de 2018 semble plus en conformité avec la distribution par âge de la population. La lecture du graphique 8.1 interroge sur les raisons de ces disparités de fréquentation.

Selon la littérature, le recours à une structure de soins biomédicale pour les plus jeunes est fréquent mais non systématique (Harang 2007a). Les services de soins publics seraient privilégiés et, dans une moindre mesure, les établissements confessionnels. Les plus pauvres ont tendance à utiliser les services publics gratuits (Rossier et Peytrignet 2019). Ceci est confirmé par d'autres études, « la gratuité des services aux mères et aux enfants au Burkina Faso améliore fortement et durablement l'accès et la fréquentation des services » (Haddad et al. 2013). Bien que la pratique soit exceptionnelle dans les formations sanitaires privées, le caractère confessionnel du Centre médical Ahmadiyya laisse supposer un accès aux populations les plus pauvres, dans une démarche de charité. C'est, en effet, ce dont font état les témoignages recueillis lors des entretiens menés auprès de personnes-ressources. En 2015, le médecin pakistanais menait fréquemment des distributions de médicaments au profit des populations vulnérables dans certaines régions du pays. Un programme de camps médicaux mobiles a ainsi eu pour conséquence de privilégier la pratique de soins pour les symptômes ou pathologies courants, comme le paludisme, la toux et le rhume, auprès de populations éloignées des centres de santé dans les régions Nord et Sahel. Les pathologies demandant des soins plus lourds, voire des interventions chirurgicales comme les hernies, étaient référées au Centre Ahmadiyya à Ouagadougou. Cette pratique a permis de fidéliser certaines catégories de patients, et ce pendant plusieurs années. Les témoignages actuels évoquent par ailleurs l'écoute accordée par l'ancien médecin et la qualité de l'accueil et des commodités offertes lors du séjour hospitalier. L'association de ces caractéristiques peut expliquer en partie le profil atypique des classes d'âge en consultation en 2015.

La forte représentation des personnes âgées est un élément singulier du profil des consultants du Centre médical Ahmadiyya. En effet, les personnes âgées sont plus représentées dans l'échantillon étudié que dans la population générale. Au Burkina Faso, les populations âgées sont inscrites par les autorités sanitaires dans la catégorie vulnérable mais non prioritaire (Briaud 2015). Leur prise en charge est considérée comme coûteuse par le système de santé. Ils sont donc négligés et souffrent d'un manque de structures de soins spécifiques. Au Centre médical Ahmadiyya, la diversification des services, dont certains sont attachés à des pathologies liées à l'âge, semble montrer un intérêt pour cette catégorie de personnes. Toutefois, ces spécialités ne peuvent expliquer l'attraction exercée sur les personnes de plus de 50 ans, puisqu'en 2015, elles étaient absentes ; pourtant les plus de 60 ans représentaient

25 % des patients, contre seulement 15 % en 2018. Les campagnes d'opération de la cataracte pourraient être avancées comme facteur explicatif puisqu'elles sont pratiquées depuis longtemps, mais elles ne peuvent justifier à elles seules le différentiel.

Par ailleurs, la répartition des patients selon le genre tendrait à confirmer le caractère spécifique des soins accordés par l'équipe soignante en 2015. En effet, les femmes représentaient à cette époque 35 % des consultants, contre 49 % en 2018 pour l'ensemble des consultants. Cette part est également en hausse pour les femmes venant en consultation et résidant à distance de la capitale, puisque le dépouillement des registres indique qu'elles représentaient 26 % en 2015 et 33 % en 2018. Les pourcentages contrastés entre les deux dates laissent supposer de profonds changements dans la pratique de soins. La situation semble donc quelque peu atypique au regard des constats faits par d'autres auteurs, et trouve sans doute une explication dans les types de soins offerts aux femmes, qui se sont diversifiés ces dernières années. Pourtant, des travaux montrent que les femmes, souvent dépendantes de la prise en charge financière de leur mari, ont tendance à consulter davantage dans un établissement public, contrairement aux hommes (Harang 2007a).

L'autre élément distinctif de ce lieu de soins est l'attraction qu'il exerce sur les patients originaires souvent de lieux très distants de la capitale (Tableau 8.2). Il fait partie d'un ensemble de centres de santé confessionnels dont la spécificité des soins et les tarifs très abordables pour les populations, leur assurent une renommée à l'échelle nationale (Harang 2007a).

Tableau 8.2 : Origine des patients du Centre médical Ahmadiyya

Année	Ouagadougou et environs	Plus de 30 km de Ouagadougou	Total
2015	1 066	1 024	2 090
2018	6 360	352	6 712

Source : Enquêtes Aïssa Diallo, 2019.

De manière générale, les structures de soins de médecine générale ont une plus grande influence à travers la ville que les structures de soins de base (Harang 2007b). Leur rayonnement s'étend sur l'ensemble du territoire urbain, contrairement aux établissements de santé de proximité dont l'essentiel de la patientèle est issu de leur zone d'implantation. À cet égard, le Centre Médical Ahmadiyya présente une particularité, puisqu'il recrute au-delà des limites habituelles. Cependant, la situation paraît exceptionnelle en 2015, puisque 49 % des consultants résidaient au-delà de 30 km (à vol d'oiseau) de la capitale. Ce pourcentage a chuté à 5,2 % en 2018 (Ministère de la santé 2018).

La répartition par âge des consultants vivant dans des régions éloignées de la capitale donne à voir un profil différent (graphique 8.3). L'absence ou la quasi-absence des enfants est un fait remarquable et montre bien que la proximité des soins est un facteur fondamental du recours pour cette catégorie d'individus (Harang-Cissé 2007b). L'autre élément marquant est, là encore, la forte représentation des populations âgées, qui s'est renforcée avec la nouvelle équipe. Les campagnes de soins, gratuits pour certains, ciblant les pathologies de personnes âgées (cataracte) expliquent sans doute cette prépondérance en 2015. Elle semblerait expliquer une grande partie des mobilités vers le centre médical en 2018, la part des plus de 60 ans étant en hausse par rapport à 2015[11].

Plus précisément, les consultants inscrits dans les registres du Centre Médical Ahmadiyya sont issus de l'ensemble des régions administratives, avec une plus forte représentation des régions sahéliennes (provinces du Soum, Oudalan et Séno) et, de manière plus isolée, de l'Est, province du Gourma (Carte 8.2).

Graphique 8.3 : Répartition par âge des patients originaires des provinces en 2015 et 2018

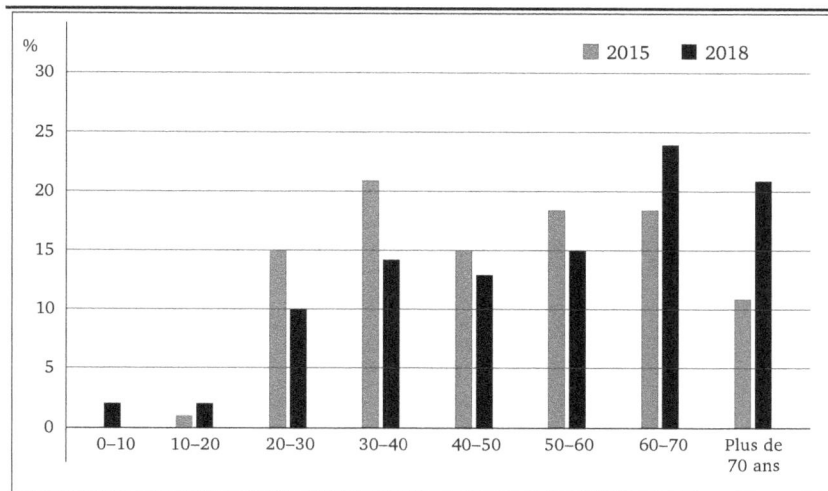

Source : Dépouillement des registres, Aïssa Diallo

En 2018, la région Sahel (qui regroupe les provinces du Soum, de l'Oudalan et du Séno) reste la principale origine, hors ville de Ouagadougou, bien que les flux de patients se soient considérablement réduits, sans

Carte 8.2 : Origine et nombre de patients résidant hors de la province du Centre

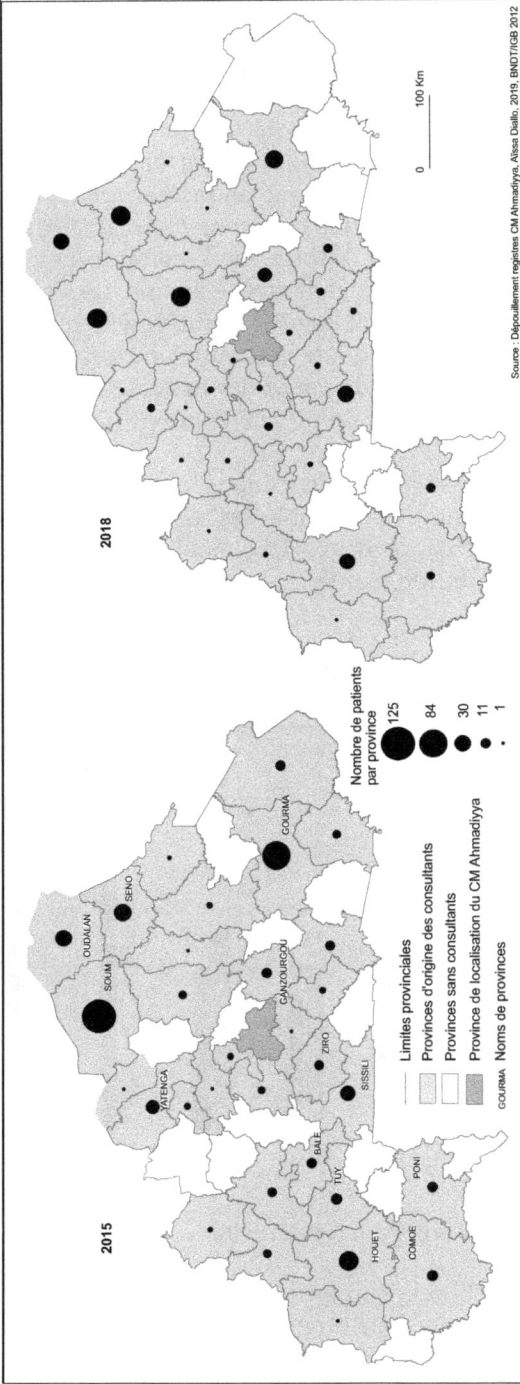

2015

2018

GOURMA

SENO

OUDALAN

SOUM

YATENGA

GANZOURGOU

ZIRO

SISSILI

BALE

TUY

PONI

HOUET

COMOE

Nombre de patients
par province

125
84
30
11
1

Limites provinciales

Provinces d'origine des consultants

Provinces sans consultants

Province de localisation du CM Ahmadiyya

GOURMA   Noms de provinces

0   100 Km

Source : Dépouillement registres CM Ahmadiyya, Aïssa Diallo, 2019, BNDT/IGB 2012 doute en raison du changement d'équipe et de l'insécurité croissante qui rend les déplacements du nord vers la capitale plus difficiles[12]. Les campagnes médicales mobiles dans la région du Sahel et la médiatisation des activités par la radio de Dori contribuent également à orienter les patients vers l'établissement de Ouagadougou. Le recrutement de ces derniers montre bien que la localisation n'influence pas la demande de soins, car celle-ci est avant tout déterminée par le type de structure (Harang 2007a). On peut alors s'interroger sur les facteurs de choix de la structure : type de soins ou caractère religieux ?

RELIGION OU SANTÉ, QUEL FACTEUR DE CHOIX PAR LES PATIENTS DU CENTRE MÉDICAL AHMADIYYA ET ÉLOIGNÉS DE LA CAPITALE ?

Parmi les déterminants du recours aux soins, l'appartenance religieuse, en raison des pratiques et croyances, peut se poser comme un obstacle (Delcus 2015) ou comme un critère de sélection du lieu de consultation. Or, « les programmes de santé publique, bien que soutenus par une rationalité scientifique, véhiculent des valeurs qui peuvent entrer en conflit avec celles véhiculées au sein de la population » (Battaglini 2005). La littérature relative à la question est le plus souvent tournée vers les effets sur la maladie et les soins accordés (Jarvis et Northcott 1987 ; Battaglini 1997), le choix du lieu de soins et le lien éventuel avec une appartenance religieuse restant peu explorés.

Selon les enquêtes menées auprès d'un échantillon de 131 patients, à la question (à choix multiples) « quel est le principal critère de choix du lieu de soins ? », les réponses sont : la qualité des soins ($n = 95$), l'accueil ($n = 40$), la proximité ($n = 40$). Les réponses : « la présence d'une mosquée ou l'appartenance à la communauté Ahmadiyya» étaient proposées, mais n'ont pas été retenues par les répondants. Notons que parmi les 131 patients enquêtés, 75 % se déclarent musulmans, 18 % catholiques et 7 % protestants. Le coût des soins n'est pas évoqué comme un facteur de fréquentation, ce critère n'a été cité que par 4 personnes. Toutefois, on peut s'interroger relativement à son impact sur l'attraction exercée. En effet, l'établissement pratique des campagnes régulières d'opération de la cataracte avec une prise en charge à moindres frais pour les personnes les moins aisées et la consultation générale se fait pour un montant de 1.000 FCFA[13]. Il reste que la qualité des soins est le facteur le plus important, avancé dans plusieurs autres études à Ouagadougou (Harang 2007a ; Gruénais 2004).

La qualité des soins est également, voire l'unique, motif de mobilité pour les patients résidant dans les régions éloignées de la capitale. Cette raison est exprimée sous différentes formes par 36 personnes :

entre la réputation ($n = 20$), la recherche de la qualité clairement exprimée ($n = 9$), la recommandation d'un membre de la famille ou de la communauté ($n = 6$), ou l'habitude de se soigner dans ce centre médical ($n = 1$). Les facteurs habituellement évoqués dans les études sur l'utilisation des équipements de soins sont absents des déclarations du groupe d'étude. Ainsi, accessibilité géographique ou financière ne font pas partie des réponses, bien que les entretiens aient évoqué ce dernier élément. Pourtant, ce sont deux facteurs intimement liés à la fréquentation (Audibert et Mathonnat 2012).

Toutefois, l'absence d'évocation de l'aspect financier est à relativiser, comme pourraient laisser l'entendre les informations issues des entretiens avec les 40 personnes résidant loin de la capitale, présentes dans l'échantillon. En effet, 17 de ces personnes sont des femmes, soit près de la moitié de l'échantillon. Il faut peut-être voir ici les effets de la politique de gratuité des soins mise en œuvre dans les établissements publics. Bien qu'elle soit consacrée aux enfants de moins de 5 ans et aux femmes enceintes, il a été prouvé au Mali, quatre ans après sa mise en œuvre, que la fréquentation des services par les femmes a augmenté de 30 % lors de la période de forte transmission du paludisme (Ridde et Queille 2012).

Par ailleurs, il faut noter que la tarification des actes au centre médical semble s'approcher de celle des établissements publics. Ainsi, la consultation générale dans un centre médical avec antenne chirurgicale (CMA) est au prix de 2.000 FCFA[14], et au minimum de 5.000 FCFA dans un établissement de soins privé laïc de même niveau. Enfin, la politique des soins mise en place par le Centre médical Ahmadiyya est favorable aux plus pauvres. En effet, il est fréquent que les soins soient dispensés de façon gratuite. Les entreprises sanitaires confessionnelles sont reconnues pour leur désintéressement et leur engagement envers les plus démunis (Gruénais 2004). C'est le cas pour les opérations de la cataracte. Ainsi, à la suite d'une première consultation et de l'identification de la pathologie, une procédure de prise en charge est mise en place, moyennant une faible participation de 60.000 FCFA par les patients hospitalisés à Ouagadougou, à la demande des autorités sanitaires. Plus globalement, la pratique de gratuité est ponctuelle dans le cadre d'autres pathologies. Elle s'appuie sur un fonds mis en place par la communauté Ahmadiyya, en collaboration avec l'ONG Humanity First. Elle contribue sans doute au rayonnement et à la réputation de l'établissement de soins. Mais la qualité du service et de la prise en charge reste le principal facteur d'attraction. La fréquence des visites en témoigne. Ainsi, parmi les 40 consultants hors Ouagadougou, 15 venaient au moins pour la deuxième fois en consultation[15] ou pour une hospitalisation, dont 2 pour la dixième fois. Certains ne sont pas toujours satisfaits des changements induits par la nouvelle équipe responsable de l'établissement, mais continuent de consulter : « Maintenant tout est payant ici. La salle, tous les produits, et c'est cher. Avec l'autre médecin, c'était moins cher et on pouvait faire tout ce qu'on veut ici, chauffer l'eau pour boire le thé, maintenant ils disent de faire ça à l'extérieur ».[16]

Le médecin responsable de la précédente équipe organisait réguliè-rement des camps mobiles au profit des populations du Sahel où les médicaments étaient distribués gratuitement.

Parmi les 131 enquêtés, seule une personne a déclaré avoir choisi le Centre médical Ahmadiyya pour une question de religion. Les patients ne semblent pas réticents à se faire soigner dans ce centre, qu'ils soient musulmans, soient trois-quarts de l'échantillon, et ce malgré la position marginalisée de l'Ahmadiyya dans le monde musulman, ou chrétiens. Les patients n'ont pas perçu de pratiques prosélytiques et l'organisation spatiale du site semble abonder dans ce sens. Seule indication discrète de l'appartenance religieuse du centre médical, les portraits du calife et de ses prédécesseurs accrochés au mur du bureau de consultation du médecin Ahmadi. Concernant le portrait du calife, les Ahmadis expliquent : « On les accroche partout parce qu'on aime notre calife, de le voir tous les jours nous rassure. Ensuite, ceux qui viennent nous rendre visite, demandent qui c'est ? Donc, on commence à discuter, on explique et c'est comme ça qu'on fait notre tabligh [prêche]. » (Entretien, novembre 2014).

Cependant, sans explications, une personne qui n'est pas familière de la communauté Ahmadie ne peut guère savoir qu'il s'agit du fondateur et des califes suivants jusqu'au dernier.

L'organisation spatiale du Centre médical Ahmadiyya révèle une cer-taine distanciation entre l'activité sanitaire et l'activité religieuse, bien qu'elles soient présentes sur le même site. La parcelle détenue par la communauté est située en zone lotie dans les quartiers nord de la capi-tale. Elle est divisée en deux parties distinctement séparées (Carte 8.3). Ainsi, la partie avant, par laquelle la population pénètre par un grand portail, est consacrée aux soins. Toutefois, la totalité de la surface n'est pas occupée, seule la partie droite accueille les locaux destinés aux soins, la partie gauche est consacrée à un espace de pratique sportive. La seconde partie, au fond de la parcelle, accueille la mosquée (à gauche) et les bâtiments qui servent de résidence aux personnes non locales (à droite). Ces espaces sont séparés physiquement par des alignements d'arbres et le positionnement des bâtiments. Il n'y a aucun signe inter-disant formellement la circulation, mais l'orientation des constructions et la présence de végétation constituent des barrières naturelles. Par ailleurs, une allée est esquissée par une végétation éparse composée d'arbustes, qui forme comme un axe de déplacement depuis l'entrée vers la seconde partie de la cour.

Le caractère religieux du Centre médical Ahmadiyya ne semble donc pas être un facteur primordial dans le choix du lieu de soins, sans doute parce que la qualité des soins reste une quête dont l'objectif est difficile à atteindre et constitue la préoccupation des populations.

Toutefois, même si la volonté de conversion des individus n'est pas clairement posée, elle reste sous-jacente. L'absence d'un prosélytisme ouvert et intentionnel ne signifie pourtant pas qu'il ne peut pas y avoir de chevauchement dans la pratique quotidienne. D'une part, la littérature

Carte 8.3 : Plan du Centre médical Ahmadiyya

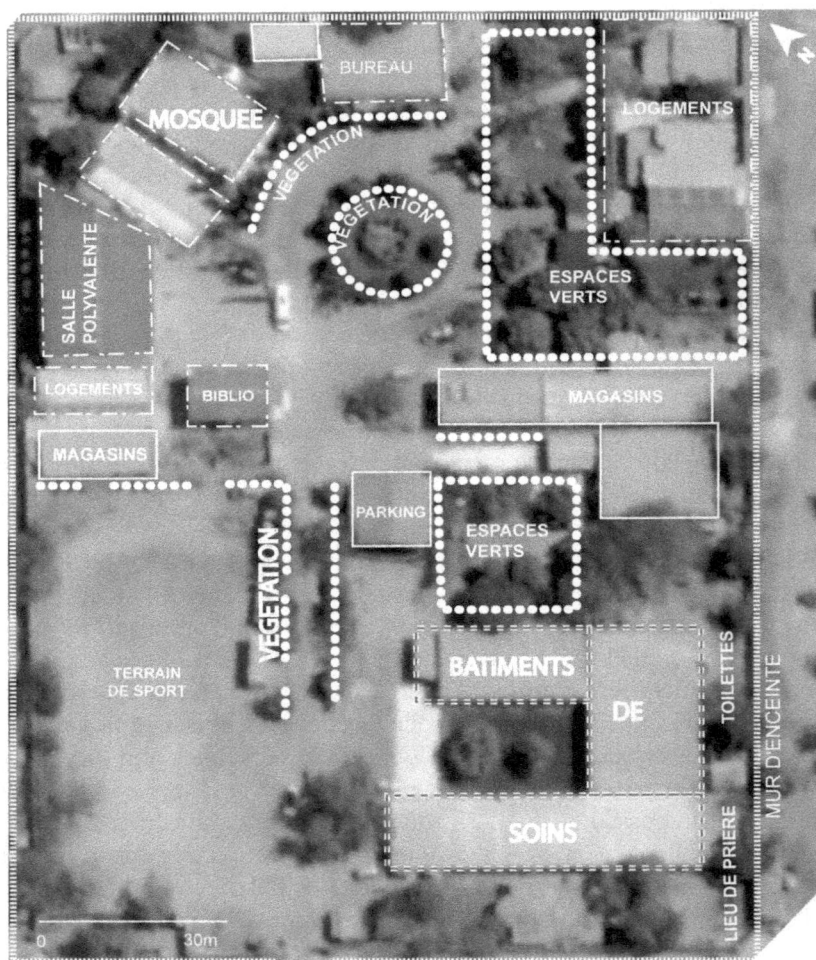

sur l'Ahmadiyya montre qu'elle est fortement prosélytique et orientée vers la mission (Burhani 2014 ; Gaborieau 2001 ; Jonker 2015 ; Ross-Valentine 2008 ; Skinner 2010). D'autre part, les recherches sur l'histoire sociale de la médecine en Afrique affirment que les actions médicales des communautés chrétiennes avaient souvent l'intention de soigner les corps et les âmes (Bouron 2012 ; Landau 1996 ; Hardiman 2006 ; Ranger 1981). Des travaux sur la pratique de la médecine de différents courants religieux contemporains soulignent également que l'activité thérapeutique peut être accompagnée de différents degrés de prosélytisme (Dericquebourg 2001 ; Bornstein 2005 ; Durisch-Gauthier et al., 2007).

Les entretiens menés avec des patients ainsi que l'analyse spatiale illustrent en revanche le fait qu'un mouvement religieux prosélytique, comme Ahmadiyya, peut mettre en place une vraie séparation entre la mission et les services sanitaires, illustrée par le contrôle des déplacements sur le site du Centre Médical grâce aux allées végétalisées (voir Figure 8.3). Fondées sur les mêmes valeurs et normes religieuses, les deux institutions, le Centre médical et la communauté religieuse, répondent différemment aux besoins de la population. La communauté religieuse s'investit dans la construction de mosquées et des aspects de la da'wa, tandis que le Centre médical se concentre sur une offre de soins de qualité accessible pour tous. Même lorsque les responsables sont contre le prosélytisme actif, il est incontestable que la réussite médicale et la conversion sont proches l'une de l'autre. Mais il convient de souligner, en même temps, que le prisme du prosélytisme peut vite devenir réducteur. Ainsi, les registres du religieux sont très diversifiés et dépassent largement une logique de conversion. Ils se manifestent à travers les différents niveaux du système sanitaire, par une certaine éthique du travail ou un sentiment de familiarité entre les individus, une accessibilité financière et des dispositions pour l'accès des personnes vulnérables à l'établissement, ainsi que des connexions internationales grâce à leur intégration dans des réseaux religieux et médicaux.

« La santé est l'un des besoins fondamentaux engendrant des déplacements » (Diaz-Olvera et Plat 2008). L'espace de soins d'un malade repose sur des facteurs souvent différents que ceux mis en place par les modèles administratifs (Bonnet et Eliot 2007). « La localisation n'influence pas la demande de soins, car celle-ci est avant tout déterminée par le type de structure » (Harang 2007b). Le niveau de soins ou la présence de spécialités médicales sont pour les patients potentiels un gage de qualité de service offert.

CONCLUSION

En suivant une approche qui examine les significations des phénomènes médicaux à différents niveaux de l'organisation sociale, nous avons situé le Centre médical Ahmadiyya dans la dynamique historique de l'ensemble des établissements sanitaires confessionnels de la capitale burkinabè. Depuis les années 1980, les structures musulmanes de Ouagadougou se sont multipliées, même si elles restent minoritaires par rapport aux structures chrétiennes et à leur capacité hospitalière. Les établissements sanitaires fondés par des catholiques restent jusqu'à présent les plus nombreux et les plus grands à Ouagadougou.

Malgré la position marginalisée du mouvement Ahmadiyya dans le monde musulman, son centre de santé jouit de la reconnaissance des malades de toutes les religions et du Ministère de la Santé burkinabè. Les activités historiques de l'Ahmadiyya, jusqu'aux récentes activités humanitaires et sanitaires en Afrique de l'Ouest, sont basées sur la doctrine du mouvement, combinant l'épanouissement social et spirituel des individus. En dépit du zèle missionnaire des Ahmadis et leurs efforts en matière de da'wa, les analyses des entretiens des malades et de la disposition spatiale du centre ont mis en évidence que le Centre médical Ahmadiyya se caractérise par le refus de lier le prosélytisme religieux directement à l'action sanitaire, la professionnalisation de ses structures et une collaboration avec les services de la santé publique.

Nous avons approché la question initiale consistant à se demander si la mobilité liée aux soins repose uniquement sur des critères sanitaires, ou si les motifs de choix sont également religieux, à travers une évaluation de la fréquentation du centre médical à des périodes clé de son histoire, et à travers des entretiens avec des patients retenus sur le critère de leur origine géographique. L'analyse de la mobilité thérapeutique des usagers habitant loin du Centre médical Ahmadiyya a révélé une combinaison de plusieurs déterminants pour expliquer leurs choix : la qualité de soins en premier lieu, la réputation d'un centre médical accessible financièrement, ainsi que les réseaux sociaux, familiaux et religieux des patients. Les circulations thérapeutiques des personnes peuvent être considérées comme le produit de la rencontre entre des attentes thérapeutiques de type biomédical et des attentes de bien-être social, religieux ou culturel, déterminé par la capacité de prise en charge des structures confessionnelles, même des plus modestes.

Notre analyse d'un type de circulation thérapeutique à l'intérieur du pays souligne que la question du prosélytisme religieux à travers les soins doit nécessairement s'intégrer dans une perspective globale qui croise les échelles. Pour ne pas réduire les complexités des mobilités thérapeutiques, il semble indispensable de prendre en compte autant les niveaux de l'expérience individuelle que les politiques publiques en matière de santé et les dynamiques historiques.

NOTES

1. Les croyances des Ahmadis sont plus proches de la tradition sunnite que de la tradition chiite, comme les cinq piliers de l'Islam et les six articles de la foi islamique. De même, les Ahmadis acceptent le Coran comme leur texte sacré, font face à la Kaaba pendant la prière, pratiquent la Sunnah et acceptent l'autorité des Hadiths. Sur la question de l'orthodoxie de l'Ahmadiyya, voir Lathan (2008).
2. Aïssa Diallo, 2020, Système d'information géographique pour l'aménagement et la gestion du développement durable.
3. Cette étude, menée par l'IRD sur financement de l'Union européenne, avait plusieurs partenaires, dont l'Institut des sciences des sociétés (INSS/CNRST), l'IMAF et l'Université de Mainz (Allemagne).
4. Il s'agit des villes de Banfora, Bobo-Dioulasso, Dédougou, Dori, Fada N'Gourma, Koudougou, Ouagadougou, Ouahigouya, Tougan, et Tenkodogo.
5. *Fichier des établissements privés de soins du Burkina Faso,* 2008, Ministère de la Santé, Direction générale de la tutelle des hôpitaux publics et du sous-secteur sanitaire privé.
6. Pour le Burkina Faso : Langewiesche (2011b), pour le Cameroun, la Tanzanie, le Tchad et l'Ouganda : Medicus Mundi (2009). Voir aussi : Perrot et Roodenbeke (2005).
7. Notons que le Centre médical avec antenne chirurgicale (CMA) Paul VI, établissement confessionnel catholique, référence du district, est devenu hôpital, le 10 janvier 2019.
8. Dispensaire Ridwane, Centre médical Islamique de la Patte d'Oie, Centre médical IBN SINA (AMA), Centre médical Al Houda à Tanghin, et le Centre médical Ahmadiyya.
9. Les chiffres sont donnés en fonction des services actifs aux deux dates retenues par l'étude et en fonction également de la disponibilité des registres, dont un grand nombre ont disparu pour différentes années.
10. Les 20–30 ans sont représentent, 8 % ; les 30–40 ans représentent 12,66 %; les 40–50 ans représentent 7,44 %; les 50–60 ans représentent 4,33 %; et les 60–70 ans représentent 5,33 %.
11. Rappelons que le nombre de consultants résidant à l'extérieur de la capitale a considérablement diminué.
12. En 2015, le pays a subi plusieurs attaques terroristes, à Tambao, dans l'Oudalan, et à Samorogouan, dans le Kénédougou. Ces attaques terroristes se sont intensifiées avec deux attentats en 2016 et en 2017 au cœur de la capitale burkinabè. Depuis, les attaques terroristes sont devenues le quotidien des populations burkinabè. Selon ACLED, Armed Conflict Location & Event Data Project, la violence au Sahel s'est élargie et a changé en 2019 ; conflits intercommunautaires, violence islamiste et la réponse du gouvernement à la violence ont explosé (https://acleddata.com/2020/05/20/state-atrocities-in-the-sahel-the-impetus-for-counter-insurgency-results-is-fueling-government-attacks-on-civilians/ consulté le 5 novembre 2020).

13. L'enquête QUIBB sur la pauvreté des ménages de 2014 fixait à 153.530 FCFA le seuil absolu de pauvreté (INSD).
14. Pour rappel, elle est de 1.000 FCFA au Centre médical Ahmadiyya.
15. 10 étaient en consultation et 5 en hospitalisation.
16. Entretien avec un patient hospitalisé le 10 septembre 2019 au CM-A.

BIBLIOGRAPHIE

Audibert, M., et Mathonnat, J., 2012, Favoriser l'accès aux soins dans les pays à faible revenu : contribution aux débats, FACTs reports, n° 8, pp. 4–7.

Banque mondiale, 2012, *Étude sur le secteur privé de la santé au Burkina Faso,* Banque mondiale, Washington, p. 136.

Battaglini, A., 2005, « Religion, santé et intervention », in Lefebvre, S. (ed.), *La religion dans la sphère publique,* Montréal, Presses de l'Université de Montréal pp. 137–151.

Battaglini, A., *1997, Bilan des interventions en soutien parental et en stimulation infantile auprès de clientèles pluriethniques,* Direction de la santé publique de Montréal-Centre, pp. 17–29.

Benoist, J., 1996, « Singularité du pluriel ? », in Jean Benoist, *Soigner au pluriel. Essais sur le pluralisme médical,* Paris, Karthala, pp. 17–27.

Bonnet, E., et Eliot, E., 2007, « Santé et mobilité », *Territoire en mouvement,* n° 4, pp. 1–2.

Bornstein, E., 2005, *The Spirit of Development.* Stanford, Stanford University Press.

Bouron, J.-M., 2012, « Le paradigme médical en milieu catholique : offre sanitaire missionnaire et demande de santé en Haute-Volta (actuel Burkina Faso) », *Histoire et missions chrétiennes,* n° 21, pp. 103–136.

Briaud, T., 2015, « Les associations de personnes âgées au Burkina Faso : négociation d'un "droit à jouer" ou constitution d'un groupe de défense des intérêts de la vieillesse ? », *Mondes en développement,* n° 171, pp. 65–82.

Burhani, A. N., 2014, « Conversion to Ahmadiyya in Indonesia: Winning Hearts through Ethical and Spiritual Appeals », *Journal of Social Issues in Southeast Asia* Vol. 29, No. 3, pp. 657–690.

Carrin, G., Jancloes, M., et Perrot, J., 1998, « Towards new partnerships for health development in developing countries: the contractual approach as a policy tool », *Tropical Medicine and International Health,* vol. 3, n° 6 pp 512–514

Cissé, I., et Langewiesche, K., 2019, « L'Association Islamique Ahmadiyya au Burkina Faso », in Degorce, A., Kibora, L.O., et Langewiesche, K. (eds.) *Rencontres religieuses et dynamiques sociales au Burkina Faso.* Dakar, Amalion, pp. 90–107.

Couillard, K., 2016, « Établissements d'enseignement et de santé confessionnels, espace public et agency à Ouagadougou (1987–2010) », *Canadian Journal of African Studies/Revue canadienne des études africaines,* 50 : 1, pp. 87–104.

Delcus, C., 2015, « Religion et refus de soins », *L'aide-soignante,* vol. 29, n° 163, pp. 15–16.

Dericquebourg, R., 2001, *Croire et guérir. Quatre religions de guérison.* Paris, Éditions Dervy.

Develay, A., Sauerborn, R., et Diesfeld, H.J., 1996, « Utilization of health care in African urban area: results from a household survey in Ouagadougou, Burkina Faso », *Social Science and Medicine*, vol 43, n° 11, pp. 1611–1619.

Diaz-Olvera, L., Plat, D., et Pochet, P., 2008, Le rôle du transport dans l'accès à la santé à Conakry et Douala. ASRDLF, CRDT. *Territoires et action publique territoriale : nouvelles ressources pour le développement régional* – 45e colloque de l'ASRDLF, Rimouski, Canada. 15 p.

Dilger, H., Kane, A., et Langwick, S.A., (eds.), 2012, *Medicine, Mobility, and Power in Global Africa. Transnational Health and Healing*, Bloomington, Indiana University Press.

Doumbouya, M.L., 2008, Accessibilité des services de santé en Afrique de l'Ouest : le cas de la Guinée, working paper n° 2, LEFI, Université Lumière Lyon 2, 20 p.

Durisch-Gauthier, N., Rossi, I., et Stolz, J., (eds.), 2007, *Quêtes de santé. Entre soins médicaux et guérisons spirituelles*. Genève, Labor et Fides.

Élat, J., et Étongué Mayer, R., 2010, « Déficiences du système public de soins de santé à Mbetta (Cameroun) : réponse de l'Église catholique et des communautés locales », *CJRS (Online)/RCSR (en ligne)*, Vol. 33 (1), pp 157–168

Fournet, F., Meunier-Nikiema, A., et Salem, G., 2008, *Ouagadougou (1850–2004). Une urbanisation différenciée*. Marseille, IRD Éditions.

Gaborieau, M., 2001, « De la guerre sainte au prosélytisme. Les organisations transnationales musulmanes d'origine indienne », in Bastian, Champion, Rousselet (eds.), *La globalisation du religieux*, Paris, L'Harmattan, pp. 35–48.

Gruénais, M.E., 2004, « Les qualités de l'offre de soins confessionnelle en Afrique subsaharienne », *Autrepart*, n° 29, 2004, pp 29·46

Grodos D., et Tonglet, R., 2002, « Maîtriser un espace sanitaire cohérent et performant dans les villes d'Afrique subsaharienne : le district de santé à l'épreuve », *Tropical Medicine and International Health*, vol. 7, n° 11, pp. 977–992

Gobbers, D., et Pichard, E., 2000, « L'organisation du système de santé en Afrique de l'Ouest », *ADSP* n° 30, pp. 35–42

Haddad, S., Zombré, D., Queuille, L., et Ridde, V., 2013, La gratuité des services aux mères et aux enfants au Burkina Faso améliore fortement et durablement l'accès et la fréquentation des services, note de politique CHUM Université de Montréal, 8 p. http://www.help-ev.de/en/projects/burkinafaso/ (ONG HELP) et http://www.equitesante.org/helpburkina/

Halpougdou, M., et Langewiesche, K., 2019, « L'Église catholique au Burkina Faso. Diversité et changements », in Degorce, Kibora, et Langewiesche (eds.) *Rencontres religieuses et dynamiques sociales au Burkina Faso*, Amalion, Dakar, pp. 111–130.

Hanson, J.H., 2017, *The Ahmadiyya in the Gold Coast: Muslim Cosmopolitans in the British Empire*, Bloomington, Indiana University Press.

Harang, M., 2007a, « Système de soins et croissance urbaine dans une ville en mutation : le cas de Ouagadougou (Burkina Faso) », Thèse de géographie, Université Paris I – Nanterre, 507 p.

Harang-Cissé, M., 2007b, « La carte sanitaire à l'épreuve des pratiques sanitaires des citadins. Analyse des aires d'attraction des structures de soins à Ouagadougou (Burkina Faso) », pp. 34–46.

Hardiman, David (ed.), 2006, *Healing Bodies, Saving Souls. Medical Missions in Asia and Africa*, Amsterdam-New York, Clio Medica 80.

INSD, 2009, *Recensement général de la population et de l'habitat. État et structure de la population,* 181 p.

IRD, 2018, *Cartographie des équipements confessionnels dans dix villes du Burkina Faso,* rapport d'étude, UE–IRD, 43 p.

Jacquemot, P., 2020, « Les systèmes de santé en Afrique mis à l'épreuve », *Policy Brief* 20–32, Policy Center for the New South, 14 p.

Jarvis, G.K., et Northcott, H.C., 1987, « Religion and Differences in Morbidity and Mortality », *Social Science and Medicine,* n° 25, 1987, pp. 813–824.

Jonker, G., 2015, « In Search of Religious Modernity: Conversion to Islam in interwar Berlin », in Bekim Agai, Umar Ryad, Mehdi Sajid (eds.), *Muslims in Interwar Europe. A Transcultural Historical Perspective.* Leiden, Brill. MUMI Series 17, pp. 28–67.

Kane, I., 2015, État et minorités religieuses : les représentations des catholiques au Burkina Faso et au Sénégal, thèse en sciences politiques, Université d'Ottawa, 321 p.

Kane, A., 2012, « Flows of Medicine, Healers, Health Professionals and Patients between Home and Host Countries », in Hansjörg Dilger, Abdoulaye Kane, et Stacey A. Langwick (eds.), *Medicine, Mobility, and Power in Global Africa. Transnational Health and Healing,* Bloomington, Indiana University Press, pp. 190–212.

Landau, P., 1996, « Explaining surgical evangelism in colonial southern Africa : Teeth, pain and faith », *Journal of African History,* n° 37, pp. 261–281.

Langewiesche, K., 2011a, « Le dialogue interreligieux au service du développement. Élites religieuses et santé publique au Burkina Faso », *Bulletin de l'APAD,* n° 33, pp. 91–119.

Langewiesche, K., 2011b, « Konfessionell, national, global: Das Gesundheitswesen in Burkina Faso aus historischer Perspektive », in Schareika, Nikolaus, Eva Spies & Pierre-Yves Le Meur (eds.), *Auf dem Boden der Tatsachen. Festschrift für Thomas Bierschenk.* Rüdiger Köppe Verlag, Köln, pp. 415–434.

Langewiesche, K., 2014, « Missionnaires et religieuses dans un monde globalisé. Les Sœurs Missionnaires de Notre-Dame d'Afrique », *Histoire, Mondes & Cultures religieuse,* n° 30, pp. 9–32.

Langewiesche, K., 2020, « Politics of Humanitarianism. The Ahmadiyya and the provision of Social Welfare », in Holger Weiss (ed.), *Muslim Faith-Based Organizations and Social Welfare in Africa,* New York, Palgrave Macmillan, pp. 247–272.

Lathan, A., 2008, « The Relativity of Categorizing in the Context of the Ahmadiyya », *Welt des Islams,* Vol. 48 Issue 3/4, pp. 372–393.

Medicus Mundi, 2009, La contractualisation entre secteur confessionnel et secteur public de la santé en Afrique subsaharienne : un processus en crise ? Les cas du Cameroun, de la Tanzanie, du Tchad et de l'Ouganda, rapport Mai.

Muller-Quoy, I.V., 2009, « La territorialisation des politiques sanitaires », *in* Cécile Castaing (ed.), *Droit et gestion des collectivités territoriales.* Tome 29. L'action sociale des collectivités territoriales. pp. 79–89.

Nikiema, A., Sidbega, S., Ouedraogo, O., et Zougouri, A., 2018, Cartographie des équipements confessionnels dans dix villes du Burkina Faso, Rapport pour le programme « État des lieux des connaissances sur le religieux au Burkina Faso », IRD, Ouagadougou

Otayek, R., 1997, « L'Église catholique au Burkina Faso : un contre-pouvoir à contretemps de l'histoire ? », *in* Constantin, F. et Coulon, C. (eds.) *Religion et transition démocratique en Afrique.* Paris, Karthala, pp. 221–258.

Perrot, J., et Roodenbeke, Éric de (éds.), 2005, *La contractualisation dans les systèmes de santé. Pour une utilisation efficace et appropriée.* Paris, Karthala.

Politique nationale de contractualisation dans le système de santé au Burkina Faso, *Journal Officiel* n° 37 du 10 septembre 2009.

Ranger, T., 1981, « Godly Medicine: The Ambiguities of Medical Mission in Southeast Tanzania 1900–1945 », *Social Science and Medicine* 15B, pp. 262–277.

Ridde, V., 2005, Politiques publiques de santé et équité en Afrique de l'Ouest. Le cas de l'Initiative de Bamako au Burkina Faso, Thèse de santé publique, Université de Laval, 683 p.

Ridde, V., et Queille, L., 2012, « Les États africains ne sont pas capables de mettre en œuvre la gratuité des soins ! », *Idées reçues* n° 8, Gratuité des soins en Afrique sub-saharienne : en finir avec certaines idées reçues, OXFAM, CHUM, HELP, 22 p.

Rossier, C., et Peytrignet, M.C., 2019, « Pauvreté et santé dans les quartiers de l'OPO : une approche qualitative », in Rossier, C., Soura, AB., et Duthé, G. (eds.), *Inégalité de santé à Ouagadougou. Résultats d'un observatoire de la population urbaine au Burkina Faso,* INED, Paris, pp. 71–100.

Ross-Valentine, S., 2008, *Islam and the Ahmadiyya Jama'at: History, Belief, Practice,* London, Hurst.

Skinner, D.E., 2010, « Da'wa and Politics in West Africa: Muslim Jama'at and Non-Governmental Organizations in Ghana, Sierra Leone and The Gambia », in Bompani, B., et Frahm-Arp, M. (eds.), *Development and Politics from Below,* New York, Palgrave Macmillan, pp. 99–130.

Van der Geest, S., Speckmann, J.D., et Streefland, P.H., 1990, « Primary Health Care in a Multi-Level Perspective: Towards a Research Agenda », *Social Science and Medicine,* 30 (9), pp. 1025–1034.

9.

LES LIEUX DE LA RELIGION CATHOLIQUE
DANS LA VILLE DE OUAGADOUGOU

Issouf Bonsa, Aude Nikiema
& Alice Degorce

L a ville africaine offre une image complexe. Elle est le produit d'une
construction issue de politiques souvent appliquées aux villes du
nord et calquées au sud. À ce modèle d'urbanisation viennent
cependant se superposer des pratiques du territoire qui lui sont spécifiques. Ces spécificités sont tout d'abord d'ordre économique, avec des
activités informelles disparates qui contribuent à sa construction (Cissé
2018). Les lieux de culte participent également aux dynamiques urbaines
africaines. En effet, les espaces urbains sont fortement imprégnés par
les références religieuses. « [L]es expressions et solidarités religieuses,
loin de se dissoudre dans l'urbain, ont conservé une place importante et
connaissent même une montée en visibilité » (Lasseur 2016). Marqueur
spatial dans certains quartiers, le lieu de culte « contribue à rendre
l'organisation de la ville visible, marquant les grandes étapes de la
croissance urbaine et offrant des points de repère fixes à ceux qui par-
courent la ville » (Lasseur et Mayrargue 2011).

Les centres urbains du Burkina Faso sont marqués par ce phénomène.
La présence du religieux dans ces espaces est visible par la toponymie,
la forme du bâti, l'ambiance quotidienne (style vestimentaire, mobilité, etc.) (Timéra, Niang Diene et al. 2016), mais aussi par la monu-
mentalité et l'architecture des lieux de culte. Le religieux dans la ville
est également représenté par la diversité de cultes, de pratiques et de
représentations, participant ainsi à la production, à la structuration et
à l'animation des espaces urbains.

Ouagadougou, capitale du Burkina Faso, est modelée par les emprunts,
les mimétismes et les évolutions convergentes des différents mouvements
religieux. Nous avons choisi de porter une attention particulière aux
lieux de culte catholiques. Leur présence est concomitante d'une histoire

politique passée où ils ont joué un rôle structurant dans la construction urbaine. Leur localisation au cours des décennies n'a cessé de répondre à des logiques à la fois pragmatiques, foncières et territoriales. Cette construction dans le temps s'inscrit aujourd'hui à plusieurs échelles et marque symboliquement et physiquement le paysage urbain, les représentations et les pratiques citadines. Parce que leur implantation anticipe souvent la production urbaine aux marges, ils accompagnent le développement de la ville.

Comment l'Église catholique occupe-t-elle l'espace urbain ouagalais et influence-t-elle les pratiques de culte des paroissiens ? L'objectif de ce chapitre est d'identifier les spatialités liées aux pratiques du culte catholique dans la capitale du Burkina Faso et de comprendre comment ces lieux confessionnels participent à la construction de la ville.

MÉTHODOLOGIE

Les enquêtes[1] ont été menées dans la ville de Ouagadougou, en 2018, au cours d'une phase préparatoire du projet ANR « L'insertion des migrants par le religieux au Burkina Faso » (Relinsert). La capitale du Burkina Faso est caractérisée par une expansion spatiale et démographique importante depuis le début des années 1980 (Fournet et al. 2008). En 2012, sa population s'élevait à 1 915 102 habitants (INSD 2012). Le dernier Recensement général de la population et de l'habitation (RGPH 2006) dénombrait à l'échelle de la capitale 57,4 % de musulmans, 34,9 % de catholiques et 6,2 % de protestants. Les fidèles des religions traditionnelles et les « sans religions » étaient faiblement représentés (INSD 2009).

La méthodologie repose sur les méthodes mixtes. Elle croise les outils de recueil quantitatifs et qualitatifs, à travers les approches géographique et socio-anthropologique. D'un point de vue géographique, l'étude a été menée dans quatorze quartiers de la capitale (Carte 9.1). Le choix s'est fondé sur deux critères de sélection afin d'assurer la représentativité de la diversité spatiale de la ville. Le premier critère concerne la situation géographique (centre, périphérie lotie, périphérie non lotie). Le second concerne le niveau de vie des populations. L'étude menée par Boyer et Delaunay (2009) a servi de support à la sélection et à la délimitation des quartiers ainsi qu'à l'identification du niveau de vie. Pour un recueil exhaustif, chaque rue des quartiers sélectionnés a été sillonnée et les coordonnées des lieux de culte relevées à l'aide du *Global Positioning System* (GPS). Des questionnaires ont été administrés auprès des responsables religieux afin de recueillir des informations descriptives sur les lieux de culte identifiés.

Carte 9.1 : Présentation de la zone d'étude

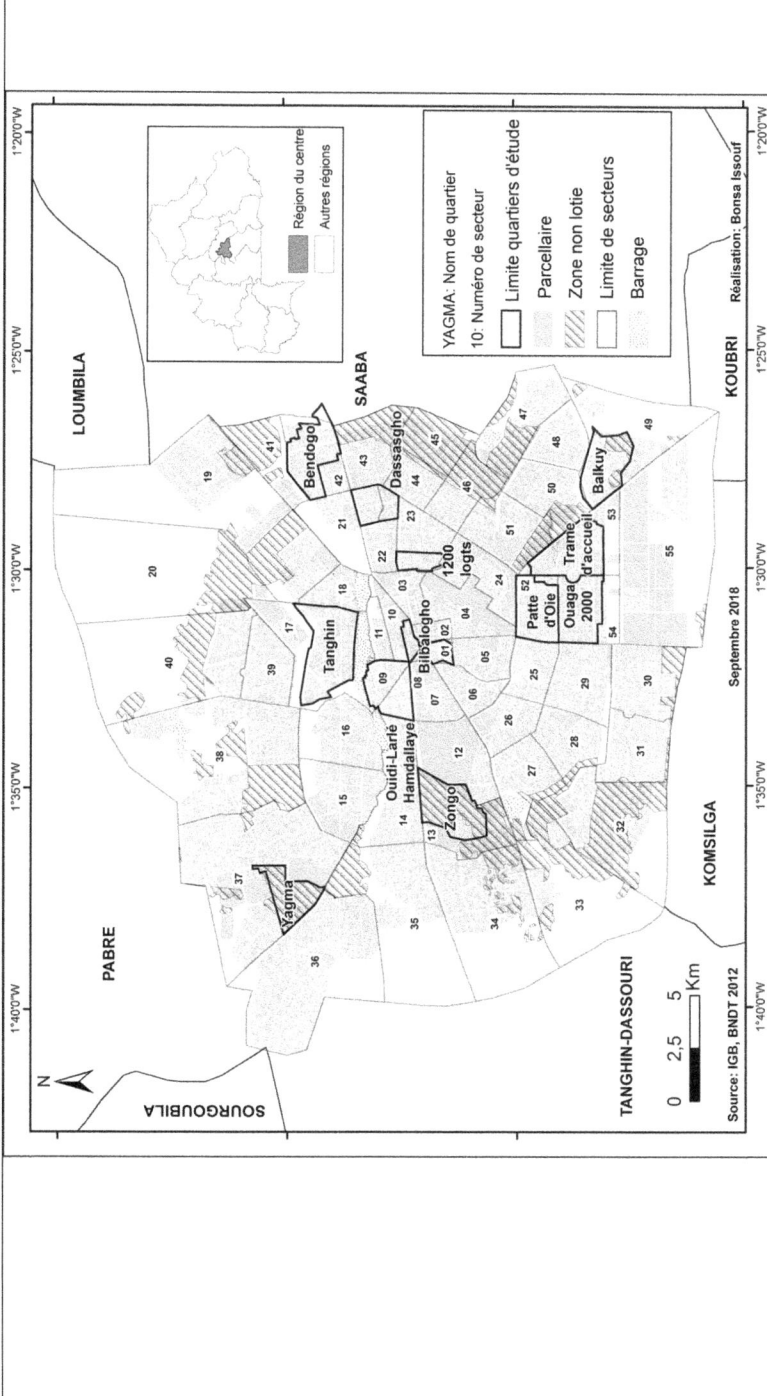

Concernant le volet socio-anthropologique, les enquêtes se sont déroulées en deux phases. Au cours de la première, des entretiens ont été réalisés avec les fidèles catholiques à la sortie des messes dominicales dans 10 églises sélectionnées. Le critère de sélection des lieux d'enquête s'est basé sur le niveau hiérarchique du lieu de culte, la fréquence et le nombre de messes dominicales. Au total, 316 personnes ont été enquêtées. Les questionnaires étaient administrés dans au moins un lieu de culte de chaque quartier retenu par l'étude, soit au total 10 sites. Le nombre d'entretiens réalisés a varié d'un lieu à l'autre. Les raisons sont liées à la disponibilité des fidèles et à l'organisation d'évènements sur les sites religieux qui permettaient de maintenir des enquêtés potentiels plus longtemps après la sortie de l'office (Tableau 9.1). L'objectif était de recueillir des informations (notamment géographiques et sociales) sur le choix du lieu de prière.

Tableau 9.1 : Effectifs des enquêtés en fonction du nombre de messes et du lieu de culte

Nom de l'église	Nombre de messes	Nombre d'enquêtés
Paroisse Saint-Camille	2	52
Centre spirituel Saint-Jean-Paul II	2	39
Paroisse Notre-Dame de Fatima	2	50
Paroisse Notre-Dame des Apôtres	2	25
Paroisse Jean XXIII	2	23
Chapelle Saint-Jean de Bendogo	1	16
Chapelle Saint-Thomas de Balkuy	1	29
CCB Saint-Jean-Baptiste	1	13
Chapelle Saint-Raphaël de Zongo	1	45
CCB Saint-Abraham	1	24
Total	15	316

Source : enquêtes terrain, 2018.

Au cours de la seconde phase, 59 entretiens qualitatifs ont été effectués auprès des fidèles catholiques et des responsables religieux (prêtres, curés, vicaires). Les entretiens semi-directifs ont été réalisés au cours de séances individuelles et ne dépassaient généralement pas trente minutes. Ceux avec les fidèles catholiques étaient souvent les plus longs. De façon générale, l'entretien se déroulait au domicile de l'interviewé, au service ou à l'église pour les fidèles catholiques. Quant aux responsables religieux, tous les entretiens se sont déroulés dans l'église où ils officiaient. La langue d'échange était le français, sauf pour cinq des entretiens, menés en mooré, car ils impliquaient des individus parlant peu ou pas le français.

RÉSULTATS

Les résultats de cette étude mettent en évidence le rôle de l'Église catholique dans la production urbaine à Ouagadougou. L'implantation des lieux de culte contribue en effet à façonner la ville à partir des pratiques sociales locales. Les fidèles catholiques, par le choix du lieu de culte qu'ils fréquentent, participent également à révéler la fonctionnalité différentielle des espaces qui composent la capitale.

Une organisation hiérarchique aux multiples adaptations locales

Dans les pays du nord, la religion catholique a joué un rôle important dans le processus de construction et de fixation des limites territoriales (Plouchart 2009). Au Burkina Faso, le processus est inversé. L'Église catholique du Burkina Faso, soumise au pouvoir colonial, s'est appuyée sur les limites administratives préexistantes pour l'encadrement religieux des fidèles.

Aujourd'hui, l'organisation ecclésiastique burkinabè se conforme à la hiérarchie catholique commune. Son sommet est représenté par l'archidiocèse. Il regroupe les diocèses, eux-mêmes composés par les vicariats qui rassemblent les paroisses. Toutefois elle s'adapte au niveau local avec les coordinations et les communautés chrétiennes de base (CCB). Cette différence se retrouve dans la responsabilité des unités ecclésiastiques, dirigées par le clergé du diocèse à la paroisse, mais gérées par des fidèles laïcs pour les CCB. Par ailleurs, la correspondance des découpages religieux et administratifs disparaît à mesure que l'on descend dans cette hiérarchie. L'ensemble de ces entités est regroupé autour d'un noyau central constitué par la cathédrale Notre-Dame de l'Immaculée Conception. En sa qualité de première église de la ville, la cathédrale dispose d'un statut qui s'impose à l'ensemble de ces entités.

Au Burkina Faso, l'Église a peu à peu adapté son fonctionnement et son organisation aux spécificités locales de deux manières différentes, à commencer du point de vue spatial. En effet, dans les pays du nord, d'où sont issues les missions des Pères Blancs venus évangéliser les populations colonisées, les paroisses étaient des territoires fixes sur lesquels l'administration s'est longtemps reposée, mais qui tendent à disparaître

(Humeau 1997). À Ouagadougou, la présence de ces édifices et les rassemblements de fidèles ont contribué à délimiter certains quartiers, comme celui dénommé « Quartiers Saints », organisé autour de la cathédrale en centre-ville. L'autre particularité repose sur le social. Ainsi la vie sociale et religieuse des fidèles catholiques concourt au maintien et à la création des paroisses à l'échelle locale, grâce à l'organisation d'un service « d'Église de proximité ». Mais la particularité des paroisses est qu'elles sont très évolutives dans leurs limites géographiques. Les paroisses évoluent par rapport à leur place dans l'espace, leur importance dans la catholicité, mais aussi dans les liens entretenus avec le tissu social qu'elles recouvrent ou qu'elles donnent à voir (Pina 2015). Contrairement aux paroisses rurales assez stables dans leur découpage, la paroisse urbaine ne constitue qu'une portion d'un territoire urbain en constante mutation. Le fait paroissial se développe donc avec la ville. Pour l'Église catholique, il apparaît comme une façon particulière d'organiser l'espace, de le contrôler et de lui donner un sens (Plouchart 2009). Depuis la création du diocèse de Ouagadougou, ses formes paroissiales ont continué à évoluer avec le temps.

Trois motifs principaux justifient la modification des limites des paroisses existantes : une étendue trop grande de la paroisse, la création d'une nouvelle paroisse, la redéfinition des frontières de celles existantes. Il s'agit pour les responsables catholiques de rendre l'Église et le clergé plus proches des fidèles, dans un contexte où les territoires paroissiaux s'élargissent en périphérie de la ville.

Une paroisse qui occupe un territoire restreint a l'avantage de constituer une communauté de fidèles aux liens solides et étroits. Selon Boulanger (2008), les besoins des fidèles doivent être à la base d'un processus de découpage paroissial et non pas la façon la plus commode pour les prêtres d'assumer le ministère paroissial. Les petites surfaces ont également l'avantage d'ajuster les paroisses aux réalités humaines. Par ailleurs, le territoire paroissial ainsi défini peut recouper ou non le maillage politique (limite des secteurs et arrondissements). En général, les rues et les phénomènes naturels (cours d'eau, bas-fonds) constituent les limites de ces différentes paroisses. Par ailleurs, la redéfinition des contours de la paroisse contribue à la modification de l'organisation du diocèse, mais également des rapports entre le clergé et les paroissiens.

Aux côtés de ces paroisses dites « territoriales » se sont constituées des paroisses dénommées « personnelles » ou « universelles » à Ouagadougou (carte 9.2). Les paroisses personnelles n'ont pas de territoire. Elles sont liées à un lieu, généralement un lieu d'activités, mais qui parfois peut réunir un grand nombre d'individus autour de la langue ou de l'activité socioprofessionnelle. À Ouagadougou, elles sont au nombre de quatre (Saint-Albert le Grand, Notre-Dame du Liban, Saint-Sébastien

Carte 9.2 : Répartition des églises paroissiales
dans la ville de Ouagadougou

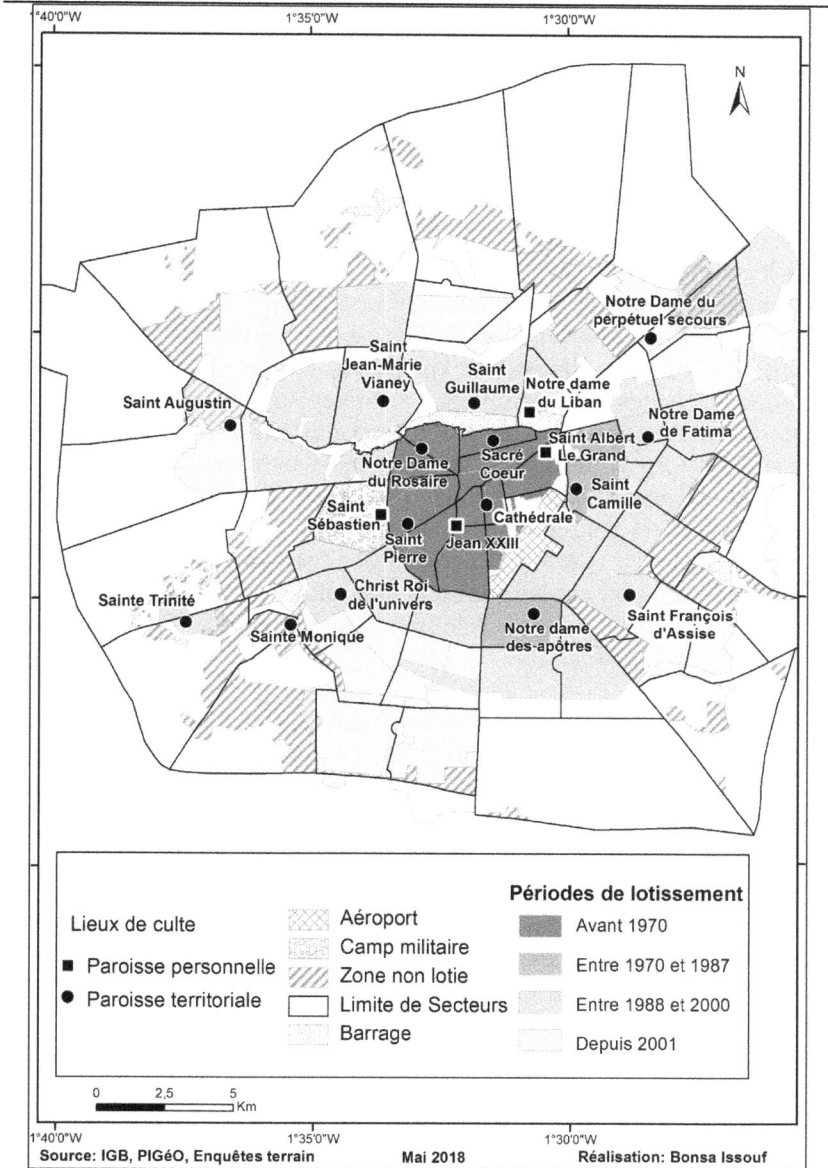

et Jean XXIII). Ainsi, la paroisse Saint-Sébastien, dont le lieu de culte est situé au sein du camp Sangoulé Lamizana, est destinée aux militaires et la paroisse Saint-Albert le Grand, qui jouxte l'Université de

Ouagadougou, accueille les étudiants. Quant à la paroisse Jean XXIII, elle n'est pas attachée à un type d'activité, mais réunit les fidèles autour de la langue. Elle accueille souvent des communautés étrangères qui décident de célébrer la messe avec leurs ressortissants (c'est l'exemple de la communauté béninoise résidente à Ouagadougou). La paroisse Notre-Dame du Liban fonctionne de façon indépendante. Elle est gérée par la communauté des Libanais. Toutefois, ces églises restent ouvertes à tous les fidèles catholiques et fonctionnent de la même façon que les paroisses territoriales. Elles ont chacune un curé chargé de la vie spirituelle et des fidèles.

La localisation des paroisses personnelles montre une centralité des établissements à propos de laquelle il est difficile de tirer des conclusions. En effet, une partie d'entre elles est conditionnée par la fonction des lieux dont elles dépendent (militaire, université). L'autre partie est attachée à des communautés de fidèles très dynamiques et à la disponibilité de terrains dont la constructibilité interroge en raison de leur situation en zone inondable (cas de la paroisse Jean XXIII). En revanche, les paroisses territoriales présentent une dynamique ancrée dans les quartiers les plus anciennement lotis, avant les années 2000, soit 11 sites sur 15 (Carte 9.2). Les sièges des nouvelles paroisses sont peu nombreux et évitent les quartiers non lotis. La stratégie d'expansion repose sur d'autres moyens développés alors par la base de la hiérarchie catholique.

Les communautés chrétiennes de base (CCB) : des entités associées au front d'urbanisation

Dans la ville de Ouagadougou, les lieux de culte catholiques sont les églises paroissiales, les chapelles et les CCB. Les églises paroissiales assurent le culte catholique à travers la permanence des prêtres. Un secrétariat ouvert du lundi au vendredi organise l'accueil, l'inscription des messes et des baptêmes, le paiement des dîmes, etc. Un prêtre a la charge de l'écoute et de la célébration du culte célébré chaque jour. À l'échelon suivant de la hiérarchie catholique se trouve la chapelle. Il s'agit d'une petite église où les messes dominicales sont célébrées une fois par semaine (contre plusieurs fois dans des langues différentes pour la paroisse) et, très rarement, les mariages et les baptêmes. La permanence dans la chapelle est assurée par un catéchiste. La chapelle peut également se trouver dans un établissement tiers (écoles, hôpitaux...) et est alors désignée sous le terme de « chapelle intérieure ».

La CCB offre un profil original dans cette hiérarchie, témoin du dynamisme de la communauté religieuse. Regroupant fidèles et catéchumènes, elle est entièrement gérée par les fidèles catholiques (photo 21 et 22), bien qu'étant placée sous la responsabilité d'un prêtre. Elle est

21. CCB. Credit photo Bonsa I, Bendogo, septembre 2018.

le premier degré du laïcat à l'échelle des secteurs administratifs et des quartiers de la ville et l'expression de la solidarité catholique. Les messes y sont rarement célébrées. Certaines apparaissent toutefois comme des exceptions, avec des messes hebdomadaires ou bimensuelles, comme la CCB Saint-Abraham de la Trame d'accueil ou Saint-Jean-Baptiste de Ouaga 2000. Cela s'explique par l'éloignement et l'isolement de ces quartiers par rapport aux lieux où sont dites les messes.

Les CCB sont des lieux de culte de proximité où sont pratiquées des prières quotidiennes à l'échelle des quartiers de la ville. En outre, elles jouent un rôle important dans la vie sociale des fidèles. C'est ce qu'illustrent les propos d'un président de CCB :

« Je prends un exemple simple, un cas habituel. Il y a un décès dans la communauté. C'est la communauté qui doit soutenir la famille affligée, la communauté doit réserver un culte honorable au défunt. Il faut organiser ce culte, il faut organiser l'inhumation, il faut organiser les différents aspects sociaux (…) il faut soutenir la famille financièrement, morale- ment, matériellement, la veuve ou les orphelins » (Entretien, quartier des 1.200 logements, 20 juillet 2018).

22. CCB. Credit photo Bonsa I, Balkuy, août 2018.

Le découpage de la paroisse en CCB se fait en fonction de la taille de la zone et du nombre de familles catholiques qui y résident. Ainsi, la création d'une communauté nécessite en amont un recensement des fidèles catholiques. Leur nombre et leur dispersion expliquent la grande disparité spatiale des CCB dans la ville. Principalement observées sur les marges urbaines, certaines CCB peuvent être très vastes et sont peu à peu réorganisées en sous-communautés. Avec les réformes récentes de l'Église catholique du Burkina Faso, toute sous-CCB qui dispose d'un lieu de prière peut demander à devenir une CCB. L'objectif de ces découpages est le rapprochement des fidèles à la base entre eux. Il s'agit pour les responsables religieux de développer des stratégies pour amener les chrétiens à ne pas être seulement des spectateurs de la vie de l'Église, mais aussi des acteurs. Les principaux critères qui sous-tendent la structuration des communautés de base insistent sur les points suivants : se réunir, prier, célébrer l'eucharistie, s'organiser pour les ministères, s'engager en solidarité avec le milieu, veiller à la

Carte 9.3 : Répartition des lieux de culte dans les quartiers d'étude

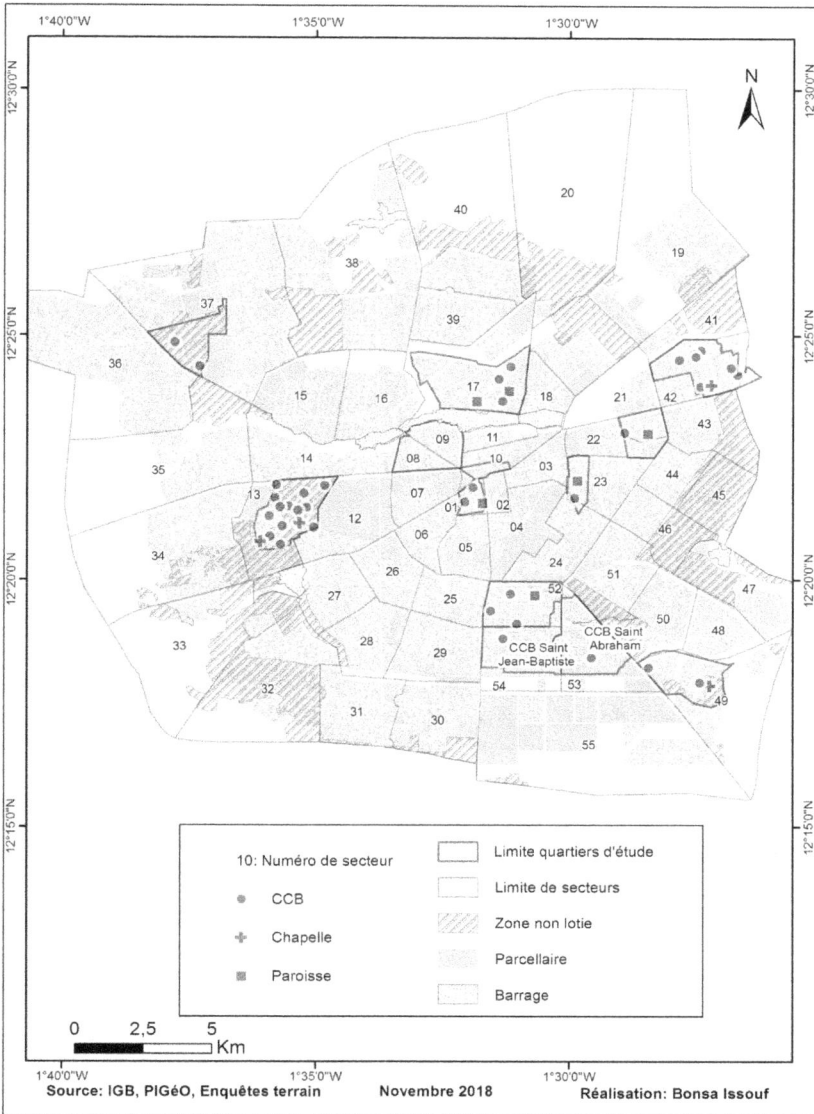

relève vocationnelle et s'efforcer à l'ouverture missionnaire. Ces deux derniers points sont particulièrement importants dans un contexte de forte mobilité religieuse (Langewiesche 2003).

Toutefois, des nuances peuvent être observées selon les périphéries. Au sud de la ville, les quartiers périphériques lotis de la Patte d'Oie, Ouaga 2000 et Trame d'accueil donnent à voir une forte dispersion des

CCB. La période de lotissement et leur histoire expliquent ces profils différents. Le quartier de la Patte d'Oie, loti dans les années 1990, est le plus densément occupé des trois. Son ancienneté le fait bénéficier d'une église paroissiale, contrairement à Ouaga 2000, quartier caractérisé par un haut niveau de vie, et à la Trame d'accueil, destinée à accueillir les familles déguerpies et modestes des espaces concernés par le projet ZACA en centre-ville, lancé en 2001.

Les quartiers non lotis (Zongo), ou lotis depuis moins d'une décennie (Bendogo), disposent d'une présence de CCB bien plus importante, sans que ce phénomène soit observé ailleurs. En effet Yagma, au nord de la ville, ou Lanoayiri au sud, également des quartiers nouveaux, ne présentent pas le même profil. L'implantation des populations de façon récente et l'existence d'un lieu de pèlerinage peuvent être avancées pour le premier. Pour le second, la question reste posée et demande à être explorée. La faible présence de CCB dans les quartiers centraux pourrait, quant à elle, s'expliquer par l'existence des églises paroissiales qui limitent leur fonction et leur utilité, en raison de la présence de prêtres en permanence.

L'observation de la répartition spatiale des lieux de culte catholiques dans les quatorze quartiers enquêtés témoigne des stratégies d'accompagnement de la croissance urbaine. Leur implantation apparaît comme des formes de conquête territoriale reposant sur des logiques de prosélytisme. Ils reconfigurent l'espace de vie en pôles, en lieux de solidarité ou d'exclusion (Timéra, Diongue et al. 2016). La typologie des lieux de culte renseigne sur les stratégies d'occupation de l'espace. Elle confère une centralité aux églises paroissiales, contrairement aux CCB et aux chapelles, prépondérantes dans les zones périphériques de la ville. Éléments de base du maillage territorial, les CCB sont destinées à maintenir la présence et la visibilité de l'Église catholique dans une logique de mission.

Motifs de choix des lieux de culte par les fidèles catholiques

La prière est l'une des formes et des pratiques de la vie religieuse la plus partagée des sociétés africaines (Trouillet et Lasseur 2016). Les dimanches matin, des mobilités intra-urbaines s'opèrent dans la ville de Ouagadougou. Il est difficile de préciser les distances parcourues, en raison de l'impossibilité de connaître précisément le lieu de résidence des enquêtés, mais 45,6 % des fidèles enquêtés déclarent ne pas se trouver dans le lieu de culte le plus près de leur domicile (Carte 9.4). Les églises paroissiales (territoriales et personnelles ou universelles) apparaissent comme des lieux attractifs, notamment en raison du nombre élevé et de la fréquence des messes et de la variété des langues.

Carte 9.4 : Mobilité des fidèles catholiques
lors des messes dominicales

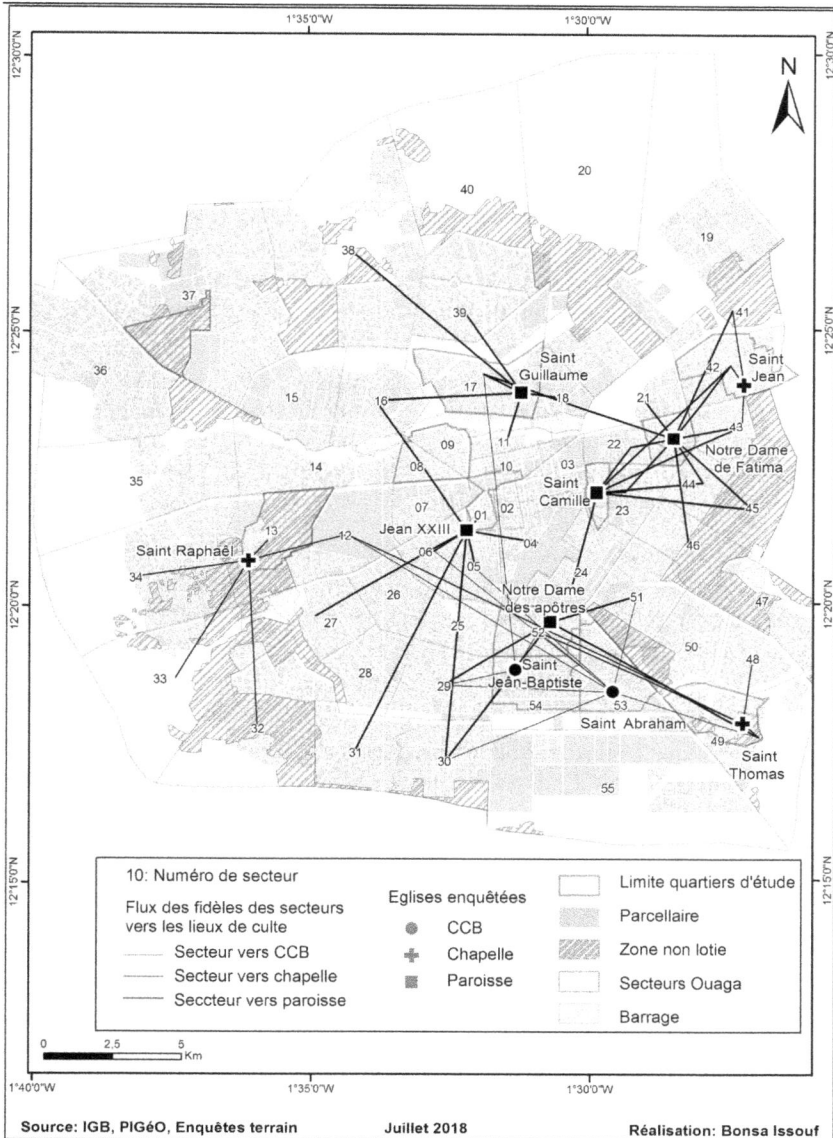

Les motifs des mobilités pour la messe dominicale varient selon les enquêtés. Dans le cadre des entretiens, certains fidèles ont évoqué l'attachement au lieu de culte comme motif de choix. La plupart d'entre eux l'expliquent par le fait qu'ils rencontrent des amis, des parents, des collègues. Une des fidèles déclarait que :

« À Saint-Camille j'ai mes repères, j'ai mes amis. Quand j'arrive je connais tous les prêtres, je connais les choristes, les amis du Saint Sacrement, en fait voici ce qui m'attache à Saint-Camille (…), moi je te dirais que même si je suis à Ouaga 2000, je viendrai toujours à Saint-Camille juste pour l'ambiance, mes connaissances et le fait de se sentir aussi faisant partie de la paroisse. » (Entretien, quartier Dagnoen, 4 août 2018).

Par conséquent, même s'ils ne vivent plus dans le même quartier, certains fidèles ont tendance à venir célébrer leur messe dominicale dans leur quartier d'origine. Cet attachement explique que les quartiers centraux vieillissants et peu peuplés, mais où se trouvent un grand nombre d'églises paroissiales, restent les lieux de convergence des déplacements des catholiques. Les propos du prêtre de la paroisse Saint-Camille sont illustratifs :

« Les fidèles qui sont à l'intérieur de notre paroisse sont attachés à d'autres installations parce qu'avant de venir à Saint-Camille, ils étaient dans d'autres quartiers, et donc, ils ont tendance à repartir là où ils ont été baptisés, mais tout en relevant de notre paroisse. » (Entretien, quartier des 1 200 logements, 20 juillet 2018).

L'habitude est un autre facteur de choix. Le fait d'être habitué à voir certaines personnes à la sortie de la messe, à la chorale d'une église, de contribuer par des cotisations à la construction d'une chapelle ou d'une l'église paroissiale conduisent certains fidèles à fréquenter un lieu de culte. Cette forme de socialisation est illustrée par les propos d'une enquêtée :

« C'est vrai que l'Église catholique est universelle. Les messes sont dites de la même façon, mais il y a des visages auxquels on est habitués, la manière de prêcher et surtout la chorale qui est un aspect très important pour moi […]. Quand je suis arrivée à Nagrin, les deux premières semaines, j'ai essayé de faire la messe à Tingandogo, mais je ne me suis pas tellement bien sentie. Je ne critique pas, mais je vis mieux la messe quand je suis à Jean XXIII. » (Entretien, quartier Bilbalogho, 21 août 2018).

Ce phénomène est observé également autour des mosquées. Ces espaces favorisent les relations sociales. « La mosquée n'est pas seulement un lieu de rencontre après les rituels religieux, mais aussi un lieu où se tissent les liens importants entre religiosité et sociabilité » (Gomez-Perez 2009). Ainsi, les lieux de culte (musulman et chrétien) deviennent par excellence les lieux de rassemblement communautaire. Ce sont aussi des lieux où les croyants se réunissent pour discuter des problèmes de natures diverses liés à la communauté (Gomez-Perez 2009).

La personnalité du prêtre est un autre facteur attractif. Cela se traduit le plus souvent par l'homélie. Une des fidèles raconte :

« Il fut un temps où les fidèles applaudissaient à la fin de la messe, mais avec le temps, l'Église a dû interdire cette pratique parce qu'un prêtre qui à la fin de la messe n'est pas applaudi aura le sentiment de n'avoir pas bien fait la messe » (Entretien, quartier de la Patte d'Oie, 13 août 2018).

Les horaires des messes sont un autre facteur de choix. La fréquentation des lieux de culte en fonction des horaires de la messe est un élément non négligeable chez les fidèles catholiques. Comme en témoigne ce fidèle :

« Je préfère simplement cette église parce que près de chez moi, pour aller à la messe, il faut se réveiller forcément avant 6 heures alors qu'ici on a plusieurs possibilités : soit samedi soir à 18 h 30, soit dimanche à 6 h 30 ou à 9 heures » (Entretien, quartier Tanghin, 13 septembre 2018).

Les responsables religieux s'adaptent aux pratiques des fidèles. Ainsi, ceux de la CCB Saint-Jean-Baptiste de Ouaga 2000, dépendante de la paroisse Notre-Dame des Apôtres, célèbrent désormais les messes dominicales à 11 heures, après avoir constaté la désertion de leur paroisse par les habitants de Ouaga 2000. Ceux-ci préféraient célébrer leurs messes dominicales à la cathédrale, afin de profiter de leur matinée pour se reposer.

« À Saint-Jean-Baptiste, la messe est à 11 heures et cette heure me convient parce que j'ai le temps de me reposer, sinon en termes de proximité c'est la paroisse Notre-Dame des Apôtres qui est l'église la plus proche de chez moi » (Entretien, quartier Ouaga 2000, 9 octobre 2018).

La durée des messes pousse également les fidèles catholiques à une grande mobilité intra-urbaine. Celle-ci peut varier entre une heure et une heure trente minutes. Des fidèles déplorent le manque de respect de cette durée dans certaines églises, en raison des multiples annonces à la fin du culte. Une enquêtée déclare :

« Des fois, on peut prendre 30, 40 minutes, souvent une heure pour des annonces. Ça dépasse même la messe, mais quand tu pars dans des églises comme la Rotonde, il n'y a pas trop d'annonces, donc ça te permet rapidement après la messe de vaquer à d'autres occupations, mais quand il y a trop d'annonces, bon !! Ce n'est plus la messe quoi (rire) !!! » (Entretien, quartier Tanghin, le 3 octobre 2018).

La langue dans laquelle est dite la messe conditionne le choix des lieux de culte. Dans les églises paroissiales, elles sont dites deux fois : la messe de 6 h 30 est en mooré et la messe de 9 h 00 en français. En fonction de la langue, les fidèles décident d'aller dans un autre lieu de culte. Les données de l'enquête montrent que les paroisses dirigées par des prêtres expatriés, notamment des Indiens, sont celles qui voient leurs fidèles beaucoup plus mobiles. Ainsi, à la paroisse Saint-François d'Assise de Karpala, certains fidèles ont des difficultés de compréhension. Une enquêtée témoigne :

> « Pour une question de langue, comme les Pères sont des Indiens, moi je n'arrive pas à comprendre quand ils parlent. Quand ils s'expriment, je ne comprends pas bien et c'est ce qui fait que je fais régulièrement la messe à la Patte d'Oie, sinon je relève du territoire paroissial de Saint-François d'Assise » (Entretien, quartier de la Patte d'Oie, 13 août 2018).

Interrogés sur la mobilité des fidèles catholiques, les responsables religieux insistaient sur l'hétérogénéité de la provenance géographique des adeptes. Selon le prêtre de la paroisse « personnelle » Saint Jean XXIII, dans le quartier Bilbalogho, la messe attire des fidèles de l'ensemble de la ville, voire au-delà, contrairement aux paroisses territoriales où une grande partie des fidèles vit à proximité. Le curé de la paroisse Notre-Dame de Fatima abonde dans ce sens : « Les gens viennent de partout. Il y a des fidèles qui viennent de l'extérieur. Quand je dis de l'extérieur, c'est d'autres paroisses, parce que je crois qu'il y a des fidèles de Saaba qui préfèrent venir ici, il y a aussi Saint-François d'Assise, on a aussi Saint-Camille et quelquefois Kossodo » (Entretien, quartier Dassasgho, 28 juillet 2018).

Par ailleurs, le caractère universel de l'Église catholique reste cependant à l'origine de l'indifférence de certains fidèles dans le choix des lieux de culte pour la célébration de la messe. Pour la plupart d'entre eux, leur choix est dicté en fonction de l'endroit où ils se trouvent.

DISCUSSION

La revue de littérature montre les liens entre ville et religion (Racine et Walther 2003). Dejean évoque l'impact des transformations sociales vécues par la ville industrielle et le fait que le territoire urbain est devenu « le cadre privilégié de nouvelles formes de pratiques et d'une grande inventivité dans les domaines pastoral et missionnaire » (Dejean 2011 : 67). Dans le cas de la religion catholique à Ouagadougou, il s'agit moins d'une adaptation dans la pratique que dans la façon d'occuper l'espace. Elle s'inscrit dans un contexte de forte concurrence et de mobilité religieuse, très fréquemment observée parmi les urbains burkinabè (Langewiesche 2003). L'enjeu actuel est de pouvoir s'adapter à la culture et aux espaces urbains, alors qu'il existe une forme de concurrence de nouveaux courants évangéliques et musulmans qui ont trouvé sur le territoire urbain l'opportunité de rassembler de nouveaux fidèles. Les travaux de Dejean (2011) menés en France et au Canada sur l'implantation des Églises évangéliques montraient comment la localisation des lieux de prière était stratégique. L'accessibilité du point de vue des déplacements et du stationnement, la négociation avec les populations vivant près du lieu de culte (éviter le bruit) sont des critères d'influence qui obligent à prendre en considération l'environnement et la présence de moyens de transport lors de son implantation (Dejean 2011). Ces éléments semblent totalement absents des préoccupations, tant des responsables religieux que des fidèles au Burkina Faso. La création d'un lieu de culte relève moins d'une préoccupation d'insertion urbaine que d'un souci de pluralisme religieux et concurrentiel observé dans la capitale burkinabè. Il existe « une forte compétition locale pour l'occupation de l'espace public » (Samson 2017). La multiplication des CCB dans les quartiers périphériques témoigne des dynamiques du prosélytisme et de la « compétition » interconfessionnelles. Ceux-ci permettent d'inscrire la communauté de fidèles « dans un territoire dynamique [qui] la façonne autant qu'elle le produit » (Miran-Guyon 2016).

Les mobilités liées au culte traduisent, au-delà de l'attractivité des lieux, la particularité de la ville africaine. Selon Gagnon (2005), la ville incarne « l'effritement des formes sociales au profit de formes plus vagues et éphémères d'interaction entre les individus ». Or, l'idée d'une prédominance de relations impersonnelles associées à ce milieu de vie semble écartée par les pratiques culturelles qui exercent une forme de ciment entre les individus. L'attachement social ou affectif contribue à recomposer la notion de proximité/distance. En effet, l'éloignement géographique de la paroisse n'implique pas un éloignement social. Les fidèles se côtoient sur la base d'affinités et non sur le principe de proximité géographique (Dejean 2011). Dejean relève que Webber (1963) parle de « communauté sans proximité ».

Toutefois, lorsqu'on change d'échelle et que l'on observe le territoire à celle de la communauté, celle des catholiques de base, la proximité est synonyme de cohésion et constitue le moyen d'occuper l'espace, donc d'être visible, et d'assurer la conversion. L'appropriation du territoire reste symbolique, il n'y a pas toujours de marquage territorial visible, et elle repose souvent sur la capacité des membres de la CCB à tisser des liens.

CONCLUSION

Le religieux occupe une place centrale dans le processus de construction de la ville de Ouagadougou et se place au cœur des stratégies d'occupation de la ville. L'espace urbain ou son contrôle apparaissent ainsi comme « la condition d'existence » des mouvements religieux, dont les signes ou les symboles, les lieux de culte, les pratiques composent un paysage à l'aspect multiforme.

Cette étude a permis de mettre en lumière la façon dont l'Église catholique du Burkina Faso participe à la production urbaine en s'adaptant. Les modalités de territorialisation des lieux de culte catholiques se posent différemment selon leur typologie, entraînant ainsi la transformation du paysage religieux de la ville et les pratiques des fidèles catholiques.

Par ailleurs, le déploiement paroissial, le découpage de l'espace urbain en CCB et leur étiquetage par le nom de saints permettent de les démarquer des autres strates territoriales (quartiers, secteurs et arrondissements). Ces territoires ainsi constitués contribuent à la définition du sentiment d'appartenance et d'identité des fidèles catholiques. En outre, l'ensemble de ces entités rend l'Église visible par la présence de ses édifices, mais aussi par le rassemblement de fidèles qu'elles créent.

Au-delà de l'organisation de l'espace urbain et de la production de nouveaux territoires religieux dans la ville, les fidèles catholiques produisent également la ville par leurs pratiques, notamment dans le choix des lieux de culte pour la célébration des messes dominicales. En effet, ceux-ci sont très mobiles dans la ville de Ouagadougou. D'après les témoignages recueillis, leur mobilité relève d'un éventail de facteurs, comme la commodité du lieu de culte, la langue dans laquelle est dite la messe, les horaires des messes, l'habitude, l'attachement au lieu de culte, la durée des messes, ainsi que la personnalité du prêtre. Les motifs de choix des lieux de culte participent ainsi à révéler la fonctionnalité différentielle des espaces qui composent la ville de Ouagadougou.

NOTE

1. Ce chapitre est tiré d'un mémoire de Master Professionnel SIG-AGEDD : Bonsa I., 2018. Dynamique d'implantation des lieux de culte catholiques dans la ville de Ouagadougou. Université Joseph Ki-Zerbo, Ouagadougou, 111 p.

BIBLIOGRAPHIE

Boulanger, G., 2008, *La paroisse communauté eucharistique et les réaménagements paroissiaux*. Thèse de doctorat, Université Saint-Paul Ottawa-Canada, 289 p.

Boyer, F., et Delaunay, D., 2009, « Peuplement de Ouagadougou et développement urbain », Rapport provisoire, Ouagadougou, IRD, 250 p.

Cissé, C., 2018, « En Afrique la ville est fabriquée en permanence par la planification et par l'informel », *L'Afrique des idées*, en ligne : http://www.lafriquedesidees. org/afrique-ville-fabriquee-permanence-planification-linformel/

Dejean, F., 2011, « Les dimensions spatiales et sociales des Églises évangéliques et pentecôtistes en banlieue parisienne et sur l'île de Montréal ». Thèse de doctorat, Université Paris Ouest-Nanterre-La Défense, 385 p.

Fournet, F., Nikiema, A., et Salem, G., 2008, *Ouagadougou (1850–2004), Une urbanisation différenciée*, IRD, Marseille, 144 p.

Gagnon, J.E., 2005, L'aménagement des lieux de culte minoritaires dans la région montréalaise : transactions sociales et enjeux urbains. Thèse de doctorat, Université du Québec, 314 p.

Gomez-Perez, M., 2009, « Autour de mosquées à Ouagadougou et à Dakar : lieux de sociabilité et reconfiguration des communautés musulmanes », *in* L. Fourchard, O. Goerg et M. Gomez-Perez (dir.), *Lieux de sociabilité urbaine en Afrique*, Paris : L'Harmattan, pp 405–433.

Humeau, J. B., 1997, « Paroisses et paroissiens en milieu rural dans l'Ouest de la France », *Norois*, n° 174, pp. 253–273.

INSD, 2009, *Monographie de la ville de Ouagadougou,* 130 p.

INSD, 2012, *Annuaire statistique,* Ouagadougou, 370 p.

Langewiesche K., 2003, *Mobilité religieuse. Changements religieux au Burkina Faso*, Münster: Lit Verlag, Mainzer Beiträge zur Afrika-Forschung, 438 p.

Lasseur, M., 2016, « Le pluralisme religieux dans la production des villes ouest-africaines », *Géoconfluences, 8 p.*

Lasseur, M., Mayrargue, C., 2011, « Le religieux dans la pluralisation contemporaine éclatement et concurrence », *Politique africaine,* n° 123, pp. 5–25.

Pina, C., 2015, « Diocèse 2000 comme processus de réaménagement paroissial dans le diocèse de Nice. Procédés et institutionnalisation », *Archives de sciences sociales des religions*, vol. 170, pp. 145–169.

Miran-Guyon, M., 2016, « Le territoire de la prière. Grammaire spatiale des mosquées d'Afrique de l'Ouest », *Les Cahiers d'Outre-Mer* [En ligne], 274 | Juillet-Décembre, mis en ligne le 1er juillet 2019, consulté le 6 juin 2018, URL : http://journals.openedition.org/com/7805 ; DOI : 10.4000/com.7805

Plouchart, L., 2009, « Le maillage religieux de l'espace », *Annales de Bretagne et des Pays de l'Ouest* [Enligne], 116-3 | 2009, mis en ligne le 3 octobre 2011, consulté le 3 septembre 2016. URL : http://abpo.revues.org/506 ; DOI : 10.4000/abpo.506.

Racine, J.-B., Walther, O., 2003, « Géographie et religions : une approche territoriale du religieux et du sacré », *L'information géographique,* n° 3, pp. 193–221.

Samson, F., 2017, « Pluralisme et concurrence islamique dans l'appropriation d'un espace public religieux. Analyses comparées au Sénégal et au Burkina Faso », *in* G. Holder et J.-P. Dozon (dir.), *Les politiques de l'islam en Afrique. Mémoires, réveils et populismes islamiques*, Karthala, pp. 281–298.

Timera, M.B., Niang Diene, A. et Sakho, P., 2016, « Les territorialités religieuses dans les villes sénégalaises : une étude exploratoire sur l'islam et sur la production urbaine », *Revue de Géographie de l'Université Joseph Ki-Zerbo*, Ouagadougou, n° 5, 19 p.

Timera, M.B., Diongue, M., Sakho, P., Niang Diene, A. et Diagne, A., 2016, « Islam et production des espaces urbains au Sénégal : les mosquées dans la périphérie de Dakar (Keur Massar extension) », *Germivoire*, Abidjan, 4, pp. 226–244.

Trouillet, P.Y., et Lasseur, M., 2016, « Introduction – Les lieux de culte entre territoires et mobilités du religieux : cadre théorique et perspectives contemporaines depuis les Suds », *Les Cahiers d'Outre-Mer,* n° 274, Revue de géographie de Bordeaux, Presses universitaires de Bordeaux, 2018, 69 (274), https://journals.openedition.org/com/7928. <halshs-01804212>

Webber, M.M., 1963, « Order in diversity: community without propinquity », *in* Lowdon Wingo (ed.), *Cities and Space: The future use of urban land,* Baltimore, The Johns Hopkins Press, pp 23–54.

www.ingramcontent.com/pod-product-compliance
Lightning Source LLC
Chambersburg PA
CBHW021555210326
41599CB00010B/457